KB205978

Four Views on Hell
Second Edition

Denny Burk / John G. Stackhouse Jr.
Robin A. Parry / Jerry L. Walls

edited by
Stanley N. Gundry
Preston M. Sprinkle

지옥 논쟁

지옥에 관한 네 가지 성경적·신학적 견해

데니 버크 / 존 G. 스택하우스 2세
로빈 A. 패리 / 제리 L. 월스 지음

스탠리 N. 건드리 시리즈 편집
프레스턴 M. 스프링클 책임편집

김귀탁 옮김

Holy
WavePlus

▶ 차례 ◀

▶ 서론
▶ 프레스턴 M. 스프링클

지옥에 관한 교리는 언제나 기독교 신학의 일부였다. 그런데 유감스럽게도 지옥의 과거는 조금 복잡하다. 먼저 외경인 "베드로의 묵시록"은 펄펄 끓는 구덩이 위에 매달린 여인들의 섬뜩한 모습을 묘사한다. 이어서 단테(Alighieri Dante, 1265-1321)는 『신곡』의 제1부 "지옥 편"에서 등골이 오싹한 지옥의 모습을 그려냈다. 조나단 에드워즈(Jonathan Edwards, 1703-1758)의 "진노하시는 하나님의 손안에 떨어진 죄인들"이라는 신랄한 설교도 있다. 그리고 미국의 바이블-벨트를 중심으로 20세기에 활동한 설교자들은 임박한 진노에 관해 입에 거품을 물고 목소리를 높였다. 그들은 모두 사람들에게 겁을 주어 순종을 독려하거나 십일조를 더 많이 바치게 하는 데 지옥을 이용—남용으로 보는 사람도 있다—했다.

그런데 오늘날 그리스도인들은 그 어느 때보다 전통적 지옥 교리에 관해 의구심을 품고 있다. 지난 100년 동안 탁월한 기독교 사상가들이 비전통적 용어로 지옥을 묘사해왔다. 칼 바르트(Karl Barth), C. S. 루이스(C. S. Lewis), 존 스토트(John Stott), N. T. 라이트(N. T. Wright) 등의 신학자나 저술가들은 모두 지옥을 믿었다. 하지만 지옥에 관한 그들의 묘사는 그동안 많은 그리스도인이 믿어온 것과 일치하지 않았다. 좀 더 최근에는 지옥에 관한 전통적 견해나 비전통적 견해를 지지하기 위해 자기 견해의 근거를 성경에서 찾는 사람들이 많아지면서 논쟁이 격화되었다.

스펙트럼 시리즈에서 새롭게 선보이는 이 책은 지옥의 본질에 관해 갑자기 활발해진 논쟁에 이바지한다. 이 책은 1996년에 같은 주제로 출간된 책의 두 번째 판이다. 이번에 새롭게 구성한 필진은 지옥의 본질에 관해 이야기하는 최신 문헌들과 논쟁의 폭풍 속에서도 신선한 통찰을 소신 있게 제시해줄 것이다.

이 책의 첫 번째 판이 출간될 즈음, 복음주의 지도자로서 저명한 존 스토트가 절멸주의에 관한 지지 의사를 밝혔다.[1] 이를 이해하기 어려웠던 복음주의 진영 전체가 당혹감에 휩싸였다. 나는 스토트가 변했다는 말을 들었을 때 "난 존 스토트가 그리스도인이라고 생각했었는데!"라고 속으로 중얼거렸다. 사실 성경이나 초기 교회의 신조에서 절멸주의를 비기독교적이거나 이교적인 견해로 보는 경우는 단 하나도 없다. 그러나 내가 보인 반응은 보통 사람들이 지옥을 영원한 의식적 고통과 연결하지 않는 누군가에게 드러냈던—여전히 드러내는—자동반사적 반응이었다. 그러나 지금은 사정이 다르다. 복음주의자들은 소중하게 간직해온 교리 몇 가지를 재검토하고 있고, 지옥의 본질에 관한 교리도 탁자 위에 놓여 있다.

지난 20년 동안 이 책의 필요성을 불러일으킨 세 가지 중요한 변화가 있었다.

첫째, 지옥에 관한 절멸주의 견해가 복음주의자들 사이에서 점차 인기를 얻었다. 이제 수많은 신학자, 목사, 평신도가 지옥에 관한 절멸주의를 수용하거나 포용한다. 전에는 주로 전통적 견해를 견디기 힘들어했던 사람들이 하나님의 심판에 관한 이 "온건한" 견해를 선택했다. 그러나 지금은 성경 본문에 관한 참신한 관점의 조명 아래서 많은 복음주의자가 이

1_John Stott, David Edwards, *Evangelical Essentials: A Liberal-Evangelical Dialogue* (Downers Grove, IL: InterVarsity Press, 1989).

견해에 안착하고 있다.

둘째, 보편구원론 역시 기반을 확대하고 있다. 보편구원론―결국에는 모든 사람이 지옥에서 구원받을 것이라는 믿음―을 지지하는 어떤 이들의 기초는 감성적이다. 하지만 또 다른 이들은 그 기초를 성경 이야기 속에서 찾아내고 있다. 곧이어 확인하게 되겠지만, 이에 관해 그리스도인들이 붙들고 씨름해야 할 강력한 성경적 주장이 몇 가지 있다. 이제 어떤 복음주의자도 보편구원론이 오프라윈프리쇼를 너무 오래 봐서 생긴 부작용이라고 비웃을 수 없다.

셋째, 복음주의자들 사이에 에큐메니즘 정신이 점차 뿌리를 내리고 있다. 소수의 개신교인과 가톨릭 교인은 예전부터 어느 때고 대화를 나눌 수 있었다. 그런데 지금은 그 수가 늘어나고 있으며, 그중에는 가톨릭 교인인 형제자매의 신앙을 무시하기가 훨씬 더 어려워졌다고 느끼는 젊은 신앙인이 특히 많다. 상호 대화에 관한 이런 갈망은 신학적 교류를 촉진해왔다. 이제 개신교인들은 지옥과 내세에 관한 가톨릭의 전통적인 관점을 탐구하고 있으며 역으로도 마찬가지다. 우리가 이 책에서 살펴볼 것처럼 연옥은 복음주의자들 사이에서 신학적 대안의 하나로 자리 잡아가고 있다. 이에 관한 평가는 연옥이 갖는 주석적·신학적 설득력에 기초해서 이루어져야 한다. 연옥을 단순히 비개신교적(혹은 비기독교적)이라고 무시해서는 안 된다.

역사가 증명하는 것처럼 교리들은 시험대에 오르며 더 강력해지곤 한다. 지난 20년은 앞서 밝힌 세 가지 변화에 맞서 전통적 지옥 교리에 대한 열정적인 지지가 무수히 드러난 시간이었다. 새롭게 목소리를 높인 사람들은 전통적 견해가 무조건 옳다고 상정하지 않고 재검토를 통해 전통적 견해가 옳다는 사실을 다시 확인했다. 어떤 이는 전통적 견해에 포함된

몇 가지 비성경적 요소들을 털어버린 후에 전통적 견해로 돌아왔다.[2] 이제는 앞서 살펴본 변화들을 고려하지 않은 채 지옥에 관한 전통적 견해를 옹호하는 책을 찾아보기란 어렵게 되었다.

지금까지 살펴본 여러 가지 이유로 인해 이 책이 절실하게 필요한 시점임을 알 수 있다. 이 책은 계속해서 이어지는 논의의 꼭짓점에 자리한다. 이 책은 앞서 살펴본 세 가지 변화를 지옥에 관한 전통적 견해와의 대화에 반영한다. 그 어느 때보다 지금 그리스도인들은 성경이 지옥에 관해 진실로 무엇을 말하는지 알고 싶어 한다.

지옥의 존재

독자는 이 책의 기고가 가운데 지옥의 **존재**를 부인하는 사람이 하나도 없다는 사실에 주목해야 한다. 그들이 제기하는 질문은 "지옥은 있는가?"가 아니라 "지옥은 어떤 곳인가?"다. 이 책에 제시된 모든 견해는 성경이 분명히 지옥에 관해 말한다는 사실에 기초한다.

신약성경에서 주로 지옥을 가리키는 데 사용된 그리스어는 "게헨나"로서 총 12회 등장한다. 이 단어는 악인들에게 임할 하나님의 심판을 이야기하는 구약성경의 예언적 본문에 등장하는 힌놈 골짜기, 즉 "게-힌놈"에서 유래한다(렘 7:29-34; 19:6-9; 32:35). 예수님 당시의 유대인들에게 힌놈 골짜기가 구체적인 처벌의 장소로 늘 각인되어 있던 것은 아니었다. 하지만 그들은 악인이 처벌받을 장소를 가리키기 위해 "게헨나"(지옥)라

2_ 예를 들어 Joshua Ryan Butler, *The Skeletons in God's The Mercy of Hell, the Surprise of Judgment, and the Hope of Holy War*(Nashville: Thomas Nelson, 2014)를 보라.

는 말을 사용하기 시작했다. 이 처벌 장소를 묘사할 때는 "게헨나"라는 말의 쓰임과 상관없이 불, 멸망, 어둠, 울음 같은 여러 이미지가 사용되었다.

신약성경을 해석할 때 우리는 그 배경이 되는 유대교적 세계관의 조명 아래 서야만 한다. 이때 우리는 예수님과 신약성경의 저자들이 "게헨나"라는 어휘 및 영원한 불, 울음, 사망, 멸망, 어둠, 불 못과 같이 지옥을 묘사하는 심상들을 악인의 운명을 묘사하기 위해 빌려 썼다는 사실을 확인할 수 있다. 신약성경 저자들도 동시대의 유대인들과 똑같이 지옥은 악인을 처벌하는 끔찍한 장소라고 믿었다.

성경은 분명히 지옥에 관해 말한다. 이 책의 기고가들은 모두 이 사실에 동의한다. 그들은 지옥이 존재한다는 사실에 동의하지만 지옥이 어떤 곳인지에 관해서는 차이를 보인다.

지옥의 본질

성경이 지옥의 존재보다는 지옥의 본질에 관해 보다 덜 분명하게 언급한다는 것은 거의 틀림없는 사실이다. 이로 인해 성경을 믿는 그리스도인들은 "지옥은 어떤 곳인가?"라는 질문에 성경이 어떻게 답변하는가에 관해 서로 의견을 달리한다. 어떤 성경 본문은 전통적 견해를 지지하는 것처럼 보인다. 예를 들어 마태복음 25:46은 "영벌에" 들어가는 악인의 운명을 "영생에" 들어가는 의인의 운명과 대조한다. "영벌"과 "영생"의 이런 대조는 악인의 처벌이 실제로 영속적일 것임을 보여준다(단 12:2; 계 14:9-11도 보라).

그러나 다른 성경 본문들은 사망이나 멸망이라는 용어—처벌의 지속적 행위가 아니라 최종적 성격을 암시하는 말—로 악인의 운명에 관해 말한다. 예수님은 "몸은 죽여도 영혼은 능히 죽이지 못하는 자들을 두려워하지 말고 오직 몸과 영혼을 능히 지옥에 멸하실 수 있는 이를 두려워하라"(마 10:28)고 말씀하신다. 여기서 "죽이다"와 "멸하다"라는 개념의 평행은 악인의 처벌이 의식적 존재로서 계속 받아야 할 것이 아니라 죽음, 곧 생명의 끝이라고 말하는 듯하다.

동시에 또 다른 본문들은 모든 사람이 종국에는 하나님과 화목하게 될 것을 보여준다. 바울은 아담의 죄로 **많은 사람**(all people)이 정죄에 이르렀다"고 말한다. 이는 문맥상 단순히 모든 유형의 사람을 가리키는 것이 아니라 하나하나의 모든 사람을 가리킨다고 보아야 한다. 그런데 이어서 바울은 "한 의로운 행위로 말미암아 **많은 사람**(all people)이 의롭다 하심을 받아 생명에 이르렀느니라"(롬 5:18)고 말한다. 앞의 "많은 사람"이 모든 사람을 의미한다면 그다음 "많은 사람"은 단순히 **그리스도인만**을 의미할까? 보편구원론자들은 그럴 수 없다고 대답한다. 두 경우 모두 "많은 사람"은 모든 사람을 의미한다는 것이다.

한편 그리스도를 믿는 신자들이 사후에 통과하는 모종의 정화에 관해 말하는 것처럼 보이는 성경 본문도 있다(고전 3:10-15). 거의 모든 개신교인은 이미 성취된 그리스도의 사역을 모독한다는 이유로 이런 연옥 개념을 거부한다. 그러나 연옥이 이미 성취된 하나님의 속죄 사역이 아니라 신자가 참여하는 성화와 관련된다면 어떨까? 이는 개신교의 이신칭의 사상과 어긋나는 것인가? 혹은 더 중요한 점을 짚어보자. 이는 성경적인가?

이런 질문들이 이 책에서 붙들고 씨름해야 하는 문제들을 보여준다. 우리는 지옥의 본질에 관한 각기 다른 견해를 상세히 제시하고 지지해줄 기독교 학자들로 탁월한 필진을 구성했다.

필진 소개

데니 버크(Denny Burk)는 전통적 견해, 즉 지옥은 악인이 영원한 의식적 고통을 겪는 장소라는 입장을 제시하며 포문을 연다. 버크는 보이스 대학교의 성서학 교수이자 "복음과 문화 연구소" 소장이다. 성서학자로서 그는 자신의 견해를 개진할 때 전통에 의존하기보다 성경적 논증을 폭넓게 활용한다. 또한 거기에 신학적 추론을 통합해 성경이 하나님의 성품과 죄의 심각성에 관해 뭐라고 말하는지 가장 잘 알려주는 관점이 지옥에 관한 전통적 견해라고 주장한다.

존 G. 스택하우스 2세(John G. Stackhouse Jr.)는 자신이 "종결적 형벌"(terminal punishment)이라 부르는, 혹은 "조건주의"나 "절멸주의"로 알려진 견해를 표명할 것이다. 스택하우스는 캐나다 뉴브런즈윅주 멍크턴에 있는 크랜달 대학교의 종교학 교수로서 새뮤얼 J. 미콜라스키 석좌교수이며 교수개발원 원장을 맡고 있다. 그는 신학, 윤리, 역사에 관한 여러 권의 책을 썼을 뿐 아니라 단행본에 수록된 기고문 및 각종 논문을 600편 이상 저술했다. 전에 그는 전통적 지옥 견해를 받아들였다. 하지만 지금 그는 비신자들이 분명히 지옥에서 처벌을 받지만 그 형벌은 사망과 멸망으로 이루어질 것이라고 믿는다. 그의 견해에 따르면 비신자들은 의식적 고통을 느끼는 상태로 영원히 살지는 **않을** 것이다. 그들의 생명이 심판의 날 이후에 종결되기 때문이다. 스택하우스는 관련 본문들에 관한 주석과 신학적 논증을 엮어 도발적인 비-전통적 지옥 견해 한 가지를 제시한다.

로빈 A. 패리(Robin A. Parry)는 영국 글로스터셔 대학교에서 박사학위를 취득한 후 위프앤스톡 출판사의 기획 편집자로 일하고 있다. 또한 패리는 『복음주의적인 보편구원론자』(*The Evangelical Universalist*)를 비롯해 여러 권의 책을 썼다.[3] 패리는 "기독교적 보편구원론" 또는 "궁극적 화목"이라고 불리는 견해—이 책의 초판에서는 다루지 않았었다—를 대표한다.

패리의 견해는 통상 "모든 길은 천국으로 통한다"라는 말로 표현되는 다원주의적 보편구원론과 구별되어야 한다. 패리는 천국(또는 새 창조)으로 가는 길은 오직 하나, 곧 그리스도의 길이라고 주장한다. 단 모든 피조물은 그리스도의 속죄 사역을 통해 궁극적으로 창조주와 화목하게 될 것이다. 어떤 그리스도인들은 사람들을 지옥에 보내시는 하나님을 믿고 싶지 않은 마음이나 감상적인 이유로 보편구원론을 받아들인다. 하지만 패리는 성경 본문을 폭넓게 활용하며 성경 자체가 미래의 심판 이후에 화목이 있음을 가르친다고 주장한다.

마지막 논문을 쓴 사람은 휴스턴 침례대학교의 철학 교수인 제리 L. 월스(Jerry L. Walls)다. 월스는 내세에 관한 기독교 신학을 다룬 세 권의 책을 썼다. 그중 『연옥: 완전한 변화의 과정』(*Purgatory: The Logic of Total Transformation*)에는[4] 이 책에서 월스가 주장하는 견해가 매우 상세히 기록되어 있다.

월스는 기본적으로 전통적 지옥 견해를 취하지만 그리스도 안에 있는 의인이 죽음과 부활의 사이에 있는 성화의 시기를 거칠 것이라고 주장한다. 그에 따르면 연옥은 죄의 **보속**(또는 속죄)과 관련되는 것이 아니라 **성화**(거룩함으로 나아감)와 관련된다. 신자의 죗값은 그리스도의 피로 남김없이 치러졌다. 이는 개신교인이라면 누구나 받아들이는 핵심적 교리다. 그런데 개신교인들은 모두 그리스도인이 성화를 추구해야 한다고 믿는다. 이에 관해 월스는 현세에서 충분히 성화에 이르지 못한 신자가 사후에 그

3_Gregory McDonald, *The Evangelical Universalist: The Biblical Hope that God's Love will save Us All* (London: SPCK, 2008). Gregory McDonald는 Parry의 필명이다(편집자 주).

4_Jerry Walls, *Purgatory: The Logic of Total Transformation* (Oxford: Oxford University Press, 2011).

과정을 치르게 된다고 주장하는 것이다.

독자에게 주는 도전

다시 말하지만 이 책의 어느 기고가도 지옥의 존재를 부인하지 않는다. 기고가들은 모두 성경의 충분한 영감과 권위를 믿는 경건한 그리스도인이다. 그들은 지옥의 **존재**가 아니라—성경이 지옥은 있다고 분명히 말하기 때문이다—지옥의 **본질**을 둘러싸고 논쟁을 벌일 것이다. 각 기고가는 자기 입장을 상세히 설명할 뿐 아니라 성경적·신학적 논증을 사용해 다른 견해들을 반박한다. 그들은 감정적이거나 감상적인 주장에 의존하지 않는다. 또 자기 견해의 기초를 경험에 두지도 않는다. 그들은 성경과 신학적 추론에 토대한 서로 다른 관점들을 도출하여 분명하게 제시해줄 것이다.

독자 대다수의 마음속에는 이미 굳게 자리 잡은 선입관이 있을 듯하다. 나는 독자 여러분이 이 책에 소개된 주장들을 숙고하는 동안에는 그런 선입관을 느슨하게 풀어놓을 수 있기를 바란다. 만약 자신의 견해를 너무 굳게 붙드는 나머지 그 견해를 성경에 따라 재검토하는 데 미온적인 태도를 갖게 된다면 여러분은 성경보다 자신의 전통과 전제를 더 높은 위치에 두는 것이다. 여러분이 지금까지 믿어왔던 견해가 확실히 성경적이라면, 다른 견해들을 들여다보거나 붙들고 씨름하는 것에 어떤 두려움도 없어야 한다. 만약 성경이 명확하다면 그 명확성은 금방 드러날 것이다. 그러나 여러분이 현재 고수하는 견해가 성경적이지 않을 수도 있다. 그러므로 우리는 모두 선입관으로 자리 잡은 견해가 성경을 통해 교정될 기회를 열어주어야 한다.

종교개혁의 뒤를 이은 학자들은 "교회는 (개혁되고 또) 항상 개혁해야 한다"(ecclesia semper reformanda est)고 말하곤 했다. 종교개혁자들은 성경으로 돌아가 성경의 궁극적 권위를 모든 믿음과 실천 위에 두었다. 그들은 **개혁된**(reformed) 자(즉 개신교인)였을 뿐 아니라 성경에 비추어 **끊임없이 개혁하기**(reforming)를 늘 힘썼다. 이런 태도는 한 번 보여주고 그칠 것이 아니라 계속 이어져야 한다. (개신교) 교회는 전통적으로 유지되어온 교리들을 끈질기게 성경 본문으로 끌고 와 부지런히 재검토해야 한다.

보통 검토되지 않은 신념들은 시간이 흐르면 반복을 거치면서 본래의 성경적 근거와 분리되기가 쉽다. 우리는 어떤 사실들을 확신하지만 그 이유는 잘 모른다. 우리는 늘 특정 교리들을 믿으면서도 그 교리들을 성경적으로 옹호할 능력이 부족하다. 그러나 영감 받은 하나님의 말씀을 진리에 관한 궁극적이고 최종적인 권위로 믿는다고 말하는 사람은 이를 용납하면 안 된다. 우리는 개혁되고 항상 개혁해야 한다.

그러므로 나는 이 책의 기고문들이 제시하는 성경적·신학적 증거에 기초해 여러분이 각 견해를 평가해주기 바란다. 만약 여러분이 여전히 자신의 견해가 옳다고 전제하면서 그에 따라 이 책을 읽는다면, 각 기고문이 가진 성경적 설득력은 물론이고 여러분 자신의 지옥관조차 제대로 평가하지 못할 것이 뻔하다. 그런 태도는 "항상 개혁하는 교회"와는 거리가 멀다. 그리스도인으로서 우리는 논박하기 전에 먼저 이해하려고 애를 써야 한다. 또한 논박한다면 두려움이나 선입관에 따를 것이 아니라 강력한 성경적 증거를 토대에 두어야 한다. 물론 여러분은 이 책의 기고문 가운데 어느 하나에 동조하면서 다른 세 가지는 거부할 것이다. 그러나 거부 자체가 곧 논박은 아니라는 사실을 마음에 새기길 바란다. 우리는 우리가 거부하는 견해들의 논거를 논박하면서 우리가 견지하는 견해의 더 강력한 성경적 증거를 제시할 수 있어야 한다. 그리스도인으로서 우리는 영감

받은 하나님의 말씀 위에 굳게 서야 한다. 비록 그것이 우리를 우리가 이전에 믿었던 것과는 다른 결론으로 인도한다고 해도 말이다.

1

영원한 의식적 고통

_데니 버크

존 스토트는 많은 사람이 예나 지금이나 마찬가지로 전통적 지옥 교리에 관해 본능적으로 보이는 반응을 정리했다. 그는 다음과 같이 말한다. "나는 그 개념을 견딜 수 없다. 나는 사람들이 그런 중압감 아래서 어떻게 감정이 마비되거나 분열되지 않고 살아갈 수 있는지 이해하지 못하겠다."[1] "영원한 의식적 고통"에 관해 스토트가 느끼는 극도의 반감은 분명히 낯선 것이 아니다. 영원한 지옥의 고통을 겪어야 할 운명을 짊어져야 하는 누군가를 생각하면서 몸서리치지 않을 사람은 거의 없다. 그러나 나는 이 문제를 판단하는 결정적 요소가 전통적 견해에 관한 진지한 성찰을 가로막는 감정적 반응이어서는 안 된다는 스토트의 견해에 동의한다. 그 대신 이 논쟁의 최종 판결자는 성경 본문이 되어야 한다. 그러나 많은 독자가 전통적 견해에 관해 느끼는 거부감은 어떤 성경 해석들에 대한 방어기제로 작용한다.[2] 사람들은 전통적 견해가 정의롭고 사랑이 풍성하신 하나님의 방식과 어떻게 조화를 이루는지 잘 이해하지 못한다.

한편 어떤 사람들은 주석적인 근거를 들어 전통적 견해를 반대한다. 또 다른 사람들은 본질상 신학적인 이유로 전통적 견해에 이의를 제기한

1_David L. Edwards, John R. W. Stott, *Evangelical Essentials: A Liberal-Evangelical Dialogue*(Downers Grove, IL: InterVarsity, 1988), 314-15.

2_John G. Stackhouse Jr., "Foreword," in *Rethinking Hell: Readings in Evangelical Conditionalism*, eds. Christopher M. Date, Gregory G. Stump, Joshua W. Anderson (Eugene, OR: Cascade Books, 2014), ix-xiv도 그렇다.

다. 바빙크(Herman Bavinck)는 "사람들이 지옥의 영원한 형벌을 반대하는 이유는 언제나 같다"고 말한다.[3] 그가 제시하는 다섯 가지 이유 가운데 앞의 세 가지는 특정 성경 본문이 아니라 하나님이 일하시는 방법에 관한 인간적 평가에 기반한다. ① 영원한 형벌은 하나님의 선하심, 사랑, 자비와 모순되고 하나님을 폭군으로 만든다. ② 영원한 형벌은 해당하는 죄와 조금도 비례하지 않으므로 하나님의 공의와 모순된다. ③ 교정이 아니라 순전히 처벌이 목적인 영원한 형벌은 분명한 가치가 없다.[4] 사실 이런 주장들은 아우구스티누스(Aurelius Augustinus, 354-430)가 1,500년 전에 영원한 의식적 형벌 교리를 옹호하면서 광범위하게 다루었던 것들이다.[5] 실제로 오랫동안 이어져 온 이런 반론들은 특정한 본문 해석을 가로막는 감정적 반응을 불러일으킬 수 있다. 또한 이런 반론들은 어떤 사람들이 전통적 견해 안에는 충분한 답변이 없다고 생각하는 질문을 불러일으킨다. 영원한 의식적 고통이 가해지는 장소를 관리하는 하나님은 도대체 어떤 분이시란 말인가? 성경이 말하는 사랑의 하나님이 회개하지 않는 자를 그런 식으로 처벌하는 책임자이실 수 있을까?

이 기고문은 관련된 성경 본문들이 실제로 뭐라고 가르치는지를 설명하는 데 목표를 둔다. 그러나 성경이 말하는 바를 살펴보기 위해서 전통적 견해에 반감을 갖게 하는 신학적 선입관에 이의를 제기하며 논문을 시작하는 것이 좋을 듯하다. 이를 위해 독자 여러분을 주인공으로 하는 일

3_ Herman Bavinck, *Reformed Dogmatics*, ed. John Bolt, trans. John Vriend, vol. 4, Holy Spirit, Church, and New Creation(Grand Rapids: Baker, 2008), 704.

4_ Ibid.

5_ 특히 다음 책을 보라. Book XXI in Augustine, "The City of God," in *Augustine: City of God, Christian Doctrine*, ed. Philip Schaff, trans. Marcus Dods, Nicene and Post-Nicene Fathers 2(Peabody, MA: Hendrickson, 2004).

종의 비유를 먼저 제시하겠다.[6]

형벌과 공의에 관한 비유 하나

어느 날 여러분이 길을 따라 걷고 있는데 한 낯선 남자가 벤치에 앉아 있다고 상상해보자. 그 옆을 지나던 여러분은 그가 무언가를 손에 쥐고 있다는 사실을 알아차린다. 처음엔 정확히 그것이 무엇인지 구분할 수 없지만 가까이 다가가 보니 그 남자는 메뚜기를 손에 들고 다리를 떼어내고 있다. 그때 여러분은 어떻게 반응하겠는가? 여러분은 그가 이상한 짓을 하고 있고, 어른이 곤충의 몸을 해체하는 것이 좀 괴상하다고 생각할지도 모른다. 그래서 여러분은 평소보다 발걸음을 재촉해 그 곁을 지나칠 것이다. 그러나 메뚜기를 함부로 다룬다고 따지며 굳이 시비를 걸지는 않을 것이다.

장면을 되돌려보자. 이번에는 여러분이 그 낯선 남자가 개구리의 다리를 잘라내고 있는 모습을 보았다고 상상해보자. 이때는 어떻게 반응하겠는가? 메뚜기의 경우보다는 좀 더 혼란스러울 것이다. 그러나 그렇다고 그 상황에 개입하게 될까? 그렇지 않을 것이다. 다시 돌아가 보자. 여러분이 그 낯선 남자에게 다가갔는데 그가 새의 다리를 찢고 있었다면 어떨까? 그때는 어떻게 반응하겠는가? 최소한 그에게 항의하는 말 한마디 정도는 할 것이다. 하지만 그런다고 경찰을 부를까? 경찰을 부를 정도는 아닐 것이다. 장면을 한 번 더 되돌려보자. 그 남자가 강아지의 다리를 찢으

6_ 약 20년 전에 절친한 친구이자 스승인 블랜큰쉽(Joe Blankenship)의 설교에서 이 예화를 처음 들었다. 블랜큰쉽은 현재 오클라호마주 털사에 있는 스프링스오브그레이스바이블 교회(http://springsofgracebiblechurch.org)의 목사다.

려고 한다면 어떨까? 그렇다면 확실히 문제가 다르다. 강아지라면 방법을 생각해서 개입해야 하지 않겠는가? 그런 경우 여러분은 위험을 무릅쓰고 개인적으로 개입하지는 않더라도 최소한 경찰은 부르려고 할 것이다. 마지막으로 한 번만 더 상상해보자. 그 낯선 자가 아기를 손에 잡고 다리를 뜯어내려고 한다면 어떻겠는가? 그 상황에서 어떻게 할지는 굳이 질문할 것도 없다. 만약 아기를 죽이려고 시도하는 장면을 목격했다면, 여러분은 모든 수단과 방법을 동원해 아기를 구하려 할 것이다. 아기를 구하려고 위험을 무릅쓸 수도 있다. 정의는 당신이 아기를 위해 개입하라고 요구할 것이고 당신은 그 요구에 따라 행동할 것이다.

지금까지 다룬 각 장면의 차이는 무엇인가? 여러분은 왜 메뚜기 다리를 떼어내는 것에는 사실상 무관심으로 반응하고, 아기의 다리를 찢으려고 하는 것에 대해서는 영웅처럼 개입하는가? 이런 반응의 차이는 왜 발생할까? 지금까지 살펴본 각 장면에서 "죄"는 모두 다리를 찢는 것으로, 똑같다. 차이가 있다면 죄가 저질러지는 대상이 다르다는 것뿐이다. 그리고 그것이 여러분이 아기를 구하기 위해서는 물불을 안 가리고 뛰어들지만 메뚜기를 구하기 위해서는 아무 일도 하지 않는 이유다. 여러분이 이처럼 다르게 반응하는 것은 죄의 심각성이 단순히 죄 자체(다리를 찢는 것)로 측정되지 않고, **죄가 저질러지는 대상의 가치와 값어치에 따라** 측정되기 때문이다. 고상하고 소중한 피조물일수록 그에게 가해지는 죄의 가증함과 비난의 정도도 그만큼 더 커진다. 그리고 메뚜기와 아기 사이에는 엄청난 차이가 있다.

이것이 여러분이 읽을 이 논문의 토대를 이루는 신학적 원리다. 죄의 심각성 — 그리고 그 죄에 합당한 처벌의 심각성도 마찬가지다 — 은 단순히 죄 자체가 아니라 죄가 저질러진 대상의 가치와 값어치에 따라 달라진다.[7] 만약 하나님이 메뚜기라면 하나님께 범하는 죄는 도덕적으로 큰 문제가 되지 않을 것이다. 만약 하나님이 메뚜기라면 영원한 의식적 고통은 정당하지 않은 과민반응이라 할 수 있다. 만약 하나님이 정확히 여러분이나 나와 똑같은 분이라고 해도 그것은 과민반응이 맞을 것이다. 그러나 하나님은 메뚜기가 아니시다. 그리고 정확히 여러분이나 나와 같은 존재도 아니시다. 하나님은 거룩하고 무한하신 분이다. 하나님은 자비와 은혜를 베푸신다. 하나님은 아름다움의 결정자시다. 하나님은 아기보다 무한히 보배로운 분이시다. 하나님은 가장 훌륭한 사람보다 무한히 훌륭한 분이시다. 하나님은 으뜸가는 최고의 존재시다. 하나님의 영광과 가치는 한계가 없다. 따라서 이처럼 무한히 영광스러운 존재에게 저지르는 죄는 무한히 끔찍한 형벌이 어울리는 무한히 극악한 죄다.

전통적 지옥 교리를 반대하는 우리의 감정적 반응은 우리가 하나님에 관해 진실로 믿는 것이 무엇인지를 그대로 보여준다. 우리는 하나님을 과소평가하기에 죄를 과소평가하는 관점―죄의 심판에 대해서도 마찬가지나―을 가지게 된다. 우리가 상상하는 신은 때로 성경이 말하는 하나님께 미치지 못한다. 우리는 마땅히 해야 할 만큼 진지하게 하나님을 받아들이지 못하기 때문에 죄와 심판도 마땅한 정도로 진지하게 받아들이지 못한다. 따라서 우리는 종종 지옥의 형벌―하나님의 진노 아래서 겪는 영원한 의식적 고통을 말한다―을 하나님의 과민반응으로 간주하려는 유혹에 시달린다. 내 생각에는 우리가 하나님을 더 잘 알았다면 그런 식의 생각은 하지 않았을 것이다. 그리고 전통적 견해에 반대하는 태도를 지닌 채 성경을 해석하려 들지도 않았을 것이다. 완전히 다른 발판 위에서 시작했을 것이기 때문이다.

7_Bavinck, *Beformed Dogmatics*, 4:711. 또한 Augustine, "The City of God," XXI. 11도 보라.

영원한 의식적 고통에 관한 질문은 실제로 하나님이 누구신지에 관한 질문으로 귀착한다. 하나님은 죄를 그런 식으로 처벌하실 수밖에 없는가, 그렇지 않으신가? 성경은 하나님과 그분으로부터 도출되는 심판에 관해 무엇을 말하는가? 이런 질문들에 답변하고, 성경이 회개하지 않고 죽는 모든 사람은 **지옥**이라 불리는 장소에서 영원한 의식적 고통을 겪는다고 가르친다는 사실을 밝히는 것이 이 글의 목표다. 이 세상에서 사는 동안 예수님을 믿지 않아 구원받지 못하는 사람은 누구든지 그리스도가 재림하실 때 부활해서 정죄를 받을 것이다. 그다음 그들은 지옥에 던져져 끝없는 처벌을 받게 된다. 하나님의 심판에 관한 이런 견해는 그리스도인들을 당혹스럽게 하는 원인이 아니다. 오히려 궁극적으로 하나님의 무한한 선하심과 공의를 증명함으로써 성도들의 기쁨과 찬양의 원천이 된다 (계 18:20; 19:3).

지옥에 관한 성경의 가르침

결국 가장 중요한 것은 전통적 지옥 교리가 신학적 추측이 아니라 성경적 진리에 근거를 두어야 한다는 사실이다. 따라서 회개하지 않은 자가 영원한 의식적 고통을 겪는 장소가 지옥이라는 사실에 관한 성경적 기초를 확립해야 한다. 피터슨(Robert A. Peterson)은 지옥과 악인의 최후 상태를 명시적으로 다루는 성경 본문이 적어도 열 가지는 된다고 주장하며 이사야 66:22-24, 다니엘 12:2-3, 마태복음 18:6-9, 25:31-46, 마가복음 9:42-48, 데살로니가후서 1:6-10, 유다서 1:7, 13, 요한계시록 14:9-11, 20:10,

14-15을 제시했다.[8] 이 본문들을 각각 살펴보면 지옥에 떨어진 자의 최후 상태에 최소한 세 가지 특징, 즉 ① 최종적 분리, ② 끝없는 경험, ③ 정당한 형벌이 있음을 알게 된다. ① **최종적 분리**는 최후 심판의 자리에서 이루어진다. 이때 악인은 의인으로부터, 하나님의 긍휼로부터 완전히 분리된다. ② **끝없는 경험**은 지옥의 형벌이 의식적으로 영원히 이어지는 것이며 지옥에 떨어진 자의 끝이 절멸이나 최종적 구원이 아님을 암시한다. ③ **정당한 형벌**은 지옥에 떨어진 자에게 주어지는 두려움이 구속이나 거듭남의 수단이 아니라 악에 대한 보응임을 말한다. 처벌의 심판은 하나님의 공의를 두드러지게 한다. 이런 지옥의 세 가지 특징은 앞서 제시한 열 가지 성경 본문에서 도출된다. 또한 이 세 가지 특징은 그 정의상 절멸주의(지옥의 고통이 영속적임을 부인하는 견해), 보편구원론(모든 사람이 결국은 구원받으리라고 보는 견해), 연옥론(최후 심판의 불길이 영생을 위한 잠재적 관문이라고 보는 견해)을 배제한다.

기초 1_이사야 66:22-24

이사야 66:22-24은 전통적 견해를 명확히 지지하는 구약의 두 본문 가운데 하나다. 이사야 66:22-24이 중요한 이유는 예수님이 친히 이 본문을 끌어와 악인의 최후 상태를 묘사하셨기 때문이다. 흔히 지옥과 연결되는 핵심적인 두 심상—죽지 않는 벌레와 꺼지지 않는 불—이 이 본문에서 나왔다.

8_Robert A. Peterson, "The Foundation of the House: Scripture," in Edward William Fudge, Robert A. Peterson, *Two Views of Hell: A Biblical & Theological Dialogue,* Spectrum Multiview Books(Downers Grove, IL: InterVarsity, 2000), 129-69.

최종적 분리

이사야 66:22은 "새 하늘과 새 땅"을 진술의 배경으로 제시한다. 이는 이 사야가 당대의 직접적 사건들이 아니라 하늘과 땅의 종말론적 갱신을 내 다보고 있음을 보여준다.[9] 하나님은 최후의 심판 후에 "새 하늘과 새 땅" 을 창조하겠다고 약속하신다(사 65:17). 이 새로운 공간에는 울음이 없고 (사 65:19) 일찍 죽는 일도 다시 없다(사 65:20). 그곳에는 결핍도 없으며(사 65:21-22), 살벌한 갈등이나 악도 다시는 없다(사 65:25). 그곳은 하나님의 모든 백성에게 하나님의 임재와 위로가 있는 공간이다. "뭇 나라와 언어 가 다른 민족들"이 결국은 하나님의 영광을 보고 하나님의 영광을 선포할 것이다(사 66:18-19).

그러나 악인은 새 창조의 기쁨에 참여하지 못한다. 실제로 새 하늘과 새 땅에 거하며 예배하는 자들은 하나님을 "거역한" 자의 운명이 그들 자 신의 운명과 전혀 다르다는 점을 확인할 수 있을 것이다. 예배하는 자들 은 성전을 나설 때 야웨께 거역한 원수들의 시체가 흩어져 힌놈 골짜기처 럼 된 것을 보게 된다.[10] 힌놈 골짜기는 아하스와 므낫세가 우상인 몰렉에 게 인간을 제물로 불살라 바친 장소였다(왕하 16:3; 21:6). 이런 사실은 이 장소가 불과 연결되는 이유를 설명해준다. 그 원수들은 "새 하늘과 새 땅" 의 기쁨에서 소외되고, 대신 불과 벌레의 심판을 받는다(사 66:24). 여기서 벌레는 야웨의 원수들이 심판 후에 방치되어 그 시체가 썩어가는 치욕스 러운 모습을 보여준다. 스미스(Gary V. Smith)는 이 심상이 "하나님이 산헤

9_ Daniel I. Block, "The Old Testament on Hell," in *Hell Under Fire: Modern Scholarship Reinvents Eternal Punishment,* eds. Christopher W. Morgan, Robert A. Peterson(Grand Rapids: Zondervan, 2004), 60.

10_ 예레미야 7:32-8:3과 비교해보면, 이곳이 힌놈 골짜기라는 것이 드러난다. Robert A. Peterson, *Hell on Trial: The Case for Eternal Punishment*(Harmony Twp., NJ: P&R Publishing, 1995), 31도 확인하라.

립의 군대를 패퇴시켜 앗수르 군인의 시체 18만 5,000구가 예루살렘 근방의 들판에서 썩고 있었음"을 말하는 이사야 37:36의 장면에서 나왔다고 주장한다.[11] 이사야는 불을 하나님의 거룩한 임재를 가리키는 심상으로 사용하기도 한다(예. 사 33:14). 그래서 여기서 불은 무고한 자를 몰렉의 불길 속에 던져 넣은 자들에게 주어지는 정당한 응징이라고 볼 수도 있다. 어쨌든 벌레와 불은 지옥에 떨어진 자에게 임하는 두려움을 생생하게 보여주는 심상이다.[12]

예배하는 자들은 거룩한 성에서 "나가서"(사 66:24) 심판받은 자들의 시체를 본다. 따라서 이 심판은 거룩한 성에서 일어나는 것이 아니다. 오래되고 끈질긴 대중적인 오해에도 불구하고, 힌놈 골짜기가 쓰레기장으로 사용되었다는 증거는 전혀 없다.[13] 힌놈은 쓰레기 더미가 불타는 것으로 악명이 높은 그런 장소가 아니었다. 오히려 힌놈은 하나님의 심판이 그분의 원수들에게 결정적으로 임할 장소로서 성 밖에 있는 가증한 우상 숭배의 처소로 가장 잘 알려져 있었다. 최소한 힌놈은 의인과 악인의 분리를 상징하는 곳이다. 악인은 야웨를 예배하는 자의 범주에서 멀어져 밖에 있는 심판의 장소로 넘겨진다.[14] 이 심상은 워츠(John D. W. Watts)가 하

11_ Gary V. Smith, *Isaiah 40-66*, New American Commentary 15B(Nashville: B&H, 2009), 752-53.

12_ C. F. Keil, F. Delitzsch, *Commentary on the Old Testament*, trans. James Martin, vol. 7, Isaiah(Peabody, MA: Hendrickson, 2011), 640-41.

13_ Lloyd R. Bailey, "Gehenna: The Topography of Hell." *Biblical Archaeologist* 49, no. 3(1986), 189. 다음 자료들도 마찬가지다. G. R. Beasley-Murray, *Jesus and the Kingdom of God*(Grand Rapids: Eerdmans, 1986) 376-77, n. 92; Peter M. Head, "The Duration of Divine Judgment in the New Testament," in *Eschatology in Bible & Theology: Evangelical Essays at the Dawn of a New Millennium,* eds. K. E. Brower, M. W. Elliott(Leicester: Apollos, 1997), 223; Francis Chan, Preston M. Sprinkle, *Erasing Hell: What God Said about Eternity and the Things We Made Up*(Colorado Springs: David C Cook, 2011), 59-61.

14_ Brevard S. Childs, *Isaiah,* The Old Testament Library(Louisville, KY: Westminster John Knox, 2001), 542도 확인하라.

나님을 예배하는 자와 하나님께 거역한 원수의 "완전한 분리"라고 지칭한 것과 연결된다.[15]

끝없는 경험

이사야 66:22에서 야웨를 예배하는 자들이 "새 하늘과 새 땅"이 있는 동안에 항상 지복을 "경험할" 것이라는 사실에 주목하라. 이는 예배하는 자들의 최종 상태가 영속적인 경배와 지복이라는 의미다. 즉 야웨의 임재 속에서 경배와 기쁨을 끝없이 경험하는 것이다. 이와 마찬가지로 악인의 최종 상태도 영속적이다. 하나님을 "거역한 자들의 시체"는 영원히 치욕을 당하는 상태에 있을 것이다(사 66:24). 불과 벌레는 통상적인 상황에서는 아무것도 남지 않을 때까지 시체를 소멸시킨다. 그러나 종말의 상황은 통상적이지 않다. 게걸스럽게 먹어치우는 벌레는 "죽지 아니하고", 소멸시키는 불은 "꺼지지 않을 것이다"(사 66:24). 이는 악인이 겪는 신체적 수모가 새 하늘과 새 땅과 같은 기한으로 이어지며 절대 끝나지 않을 것이라는 의미다. 어떤 종류의 신체가 영원히 생생한 불과 벌레를 견뎌낼 수 있을까? 본문에는 구체적으로 명시되지 않지만 이 장면은 끝없는 형벌을 받기에 적합한 몸이 하나님의 원수들에게 주어진다고 가정하는 듯하다. 이는 지옥에 떨어진 자의 특수한 부활을 암시한다. 이사야 26:19에서 예견되었던 이 부활은 이후에 다니엘 12:1-2을 통해 아주 명확히 계시된다.[16] 이 부활은 그들이 끝없는 형벌을 의식적으로 경험하게 된다는 것을 암시한다.

15_John D. W. Watts, *Isaiah 34-66,* Revised, Word Biblical Commentary 25(Waco, TX: Thomas Nelson, 2000), 941.

16_Block, "The Old Testament on Hell," 59.

정당한 형벌

끝없는 형벌의 정죄를 받은 자에게 미래의 구속이 주어지는 일은 일어나지 않는다. 이사야 66:24은 이사야서의 마지막 구절로서 이 최종적 어구가 악인들의 최종 상태와 이루는 대응을 보아야 한다. 이는 악인의 처벌이 **징계**나 **회복**을 목적으로 하지 않는다는 의미다. 오히려 이는 하나님에 대한 악인의 거역에 상응하는 **형벌적** 조치다. 하나님의 "삼키는 불"이 "영영히 타는" 것은 악을 처리하지 않고 악을 처벌한다(사 33:14).

기초 2_다니엘 12:2-3

N. T. 라이트(N. T. Wright)는 다니엘 12:2-3에 등장하는 개념과 심상의 주요 원천이 이사야서라고 주장한다. 그중 "가장 명백한 원천"은 이사야 26:19이다. 이사야 26:19이 다니엘서 본문의 배경이라는 점은 "거의 의심의 여지가 없다."[17] 이는 다니엘이 사후에 있을 부활을 제일 먼저 제시한 인물이 아니라는 의미다. 다니엘의 예언은 앞서 기록된 이사야서의 내용과 일치한다.[18]

최종적 분리

다니엘 12장은 죽어서 "자는" 자의 두 가지 운명을 다음과 같이 예언한다.

17_N. T. Wright, *The Resurrection of the Son of God*, Christian Origins and the Question of God 3(Minneapolis: Fortress, 2003), 115-16. 또한 Daniel P. Bailey, "The Intertextual Relationship of Daniel 12:2 and Isaiah 26:19: Evidence from Qumran and the Greek Versions, *Tyndale Bulletin* 51, no. 2(2000), 305-8도 보라.

18_Chase는 부활의 소망은 이사야서만이 아니라 율법서, 예언서, 시가서의 다른 곳에도 이미 나타난 사상이라는 점을 증명한다. Mitchell Lloyd Chase, "Resurrection Hope in Daniel 12:2 An Exercise in Biblical Theology"(Ph. D. diss., The Southern Baptist Theological Seminary, 2013), 77-161을 확인하라.

땅의 티끌 가운데에서 자는 자 중에서 많은 사람이 깨어나 영생을 받는 자도 있겠고 수치를 당하여서 영원히 부끄러움을 당할 자도 있을 것이며(단 12:2).

어떤 사람은 다니엘 12장의 부활을 모든 인간이 아니라 특정 집단에 속한 사람의 부활로 한정해 이해한다.[19] 하지만 요한복음에서 예수님은 분명히 다니엘서의 예언을 전제하면서 모든 사람의 최종적 부활을 말씀하셨다.

[28]이를 놀랍게 여기지 말라. 무덤 속에 있는 자가 다 그의 음성을 들을 때가 오나니 [29]선한 일을 행한 자는 생명의 부활로, 악한 일을 행한 자는 심판의 부활로 나오리라(요 5:28-29).[20]

따라서 다니엘 12:2-3은 원래의 의미나 함축적 의미에서 모두 사후에 있을 최후 심판의 자리에서 모든 사람이 궁극적으로 겪을 일을 묘사한다. 두 종류의 부활이 있다. 의인만이 아니라 악인도 사후에 부활한다. 여기서 분명히 암시되는 사실은 인간이 누구나 궁극적으로 "영생"을 얻기 위해 부활하든지, "수치와 영원한 부끄러움"을 당하기 위해 부활하든지 둘 중 하나라는 점이다(단 12:2). 밀른(Bruce Milne)은 이 본문에서 "이끌려 나오는 가장 강렬한 함축적 의미는 **분명히 둘 중 하나라는 것**"이라고 말하며 "인간의 운명에 관한 한, 제삼의 범주나 제삼의 선택은 결단코 없다"

19_ 예를 들어 Wright, *The Resurrection of the Son of God,* 110을 보라.

20_ Chase는 요한복음 5:28-29이 다니엘 12:2-3을 암시한다고 보는 이유 다섯 가지를 제시한다. Chase, "Resurrection Hope in Daniel 12:2: Exercise in Biblical Theology," 203을 보라. 또한 J. Köstenberger, "John," in *Commentary on the New Testament Use of the old Testament,* eds. G. K. Beale, D. A. Carson (Grand Rapids: Baker, 2007), 442도 보라.

고 해석한다.[21] 궁극적으로 이 두 집단의 운명은 서로 갈릴 수밖에 없다.

끝없는 경험

이 최종적 분리는 영속적이다. 생명으로 부활한 자의 상태는 "영구적"이고 "영원하다." 영어 성경(NASB)에서 "영구적"(everlasting)이라는 의미로 번역된 히브리어는 "올람"이다. 이 단어는 종종 먼 과거와 미래로 무한히 확대된 시간의 의미를 함축한다. 의인이 미래에 누릴 생명은 끝이 없다.[22] 마찬가지로 악인이 미래에 겪을 "수치와 영구적인 부끄러움" 역시 끝이 없다. "영구적"(올람)이라는 어휘는 의인과 악인 모두에게 해당하는 지속 기간을 묘사한다. 따라서 그들의 운명도 분명히 동등한 기간만큼 이어진다.[23]

영어 성경(NASB)에서 "수치"(contempt)라는 의미로 번역된 히브리어 "데라온"은 구약성경에서 단 한 번만 더 나타난다. 바로 이사야 66:24에서인데, 하나님의 심판 아래 떨어진 자들의 널브러진 시체들과 연결된 구절이다. 이 어휘는 다니엘서 본문에서도 "수치"를 당하기 위해 부활한 자는 심판과 처벌을 받기 위해 깨어난다는 점을 암시하면서 동일한 심상을 불러일으킨다. 여기서 깨어난다는 것은 의식을 함축하는데 이 의식은 끝이 없는 심판과 종말론적 "수치"에 연관된다.

21_ Bruce Milne, *The Message of Heaven and Hell: Grace and Destiny,* The Bible Speaks Today(Leicester, England; Downers Grove, IL: InterVarsity, 2002), 104.

22_ E. Jenni, "עוֹלָם *'ōlām* Eternity," in *Theological Lexicon of the Old Testament,* eds. Ernst Jenni, Claus Westermann, trans. Mark E. Biddle, vol. 2(Peabody, MA: Hendrickson, 1997), 852-62, 특히 860을 보라.

23_ Milne, *The Message of Heaven and Hell,* 104.

정당한 형벌

이 종말론적 심판은 끝이 없다. 따라서 어떻게 보든 구속이나 변화가 이 심판의 목적이 될 수는 없다. 이 심판의 목적은 죄의 제거가 아니라 회개하지 않은 죄의 응징이다. 여기서 지옥에 떨어진 자의 최종 상태가 인과응보라는 결론이 도출된다. 이는 이 본문에 관한 롱맨(Tremper Longman III)의 다음과 같은 주석과 맥을 같이한다.

인과응보의 문제는 성경에서, 특히 구약성경에서 중대한 문제다.…그런데 다니엘 12장은 악인이 궁극적으로 마땅히 받아야 할 파멸과 수치에 처할 것이라는 점을 분명히 한다.[24]

기초 3_마태복음 18:6-9

성경에서 예수님만큼 지옥에 관해 더 분명히 여러 차례 언급한 사람은 아무도 없다. 그런데도 지옥에 관한 예수님의 말씀은 여전히 성경 전체에서 가장 논란을 불러일으키는 본문에 속한다. 핵심적인 성경 본문들에 관한 해석이 복음주의 그리스도인이라 자처하는 사람들 사이에서도 계속 논란거리가 되고 있다는 사실은 분명하다.

마태복음 18:6-9에서 예수님은 앞(마 5:29-30)서 사용했던 심상을 다시 불러오신다.[25] 이 두 본문에서 예수님은 청중을 향해 지옥의 형벌을 피하려면 철저히 대책을 세우라고 권면하신다. 두 본문은 모두 "게헨나"로 불리는 장소에서 이루어지는 파멸에 관해 말한다. 하지만 마태복음

24_ Tremper Longman III, *Danial,* NIV Application Commentary(Grand Rapids: Zondervan, 1999), 304.

25_ Peterson, "The Foundation of the House: Scripture," 138.

18:8-9은 5:29-30에 등장하지 않는 부활의 두 가지 양상과 불, 영원성이라는 개념을 추가로 제시한다.

최종적 분리

마태복음 18:6-7은 제자를 "실족하게 하는 일"에 관해 경고한다. 이는 단순히 아이들이 아니라 예수님을 믿는 자를 정의하는 "작은 자"를 완전히 떨어져 나가게 한다(마 18:6). 그 때문에 예수님은 마태복음 18:7에서 두 겹의 화를 제시하신다. 제자가 스스로 실족하는 것만큼 화를 초래하는 일은 없다(마 18:8-9). 그 결과는 "영원한 불"(마 18:8)과 "지옥 불"(마 18:9)에서 완전히 멸망하는 것이다.

마태복음 18:9에서 "지옥"으로 번역되거나 "게헨나"로 음역되는 그리스어 "게엔나"는 "힌놈 골짜기"를 의미하는 히브리어 "게 힌놈"에서 나온 말이다. 앞서 언급했듯이 힌놈 골짜기는 이스라엘 왕정 시대에 우상인 몰렉에게 어린아이를 희생제물로 바치던 장소였다(왕하 16:3; 21:6). 야웨 하나님이 이 악습에 분노하셨기에 예레미야는 하나님이 힌놈 골짜기에서 그런 우상숭배자들을 파멸시켜 그들의 시체가 썩게 두실 것이라고 예언했다. 시체가 너무 많아 시체를 묻을 땅이 없을 정도가 되기에 그 골짜기는 "죽임의 골짜기"로 불리게 될 것이다(렘 7:31-34). 이 골짜기와 불 혹은 심판의 결합은 신구약 중간기 문헌과 신약성경에서 이 골짜기가 최후 심판의 장소를 가리키는 데 활용되는 배경으로 작용한다.[26]

마태복음 18:6-9은 지옥이 내세에 주어지는 두 가지 운명 가운데 하나임을 암시한다. 남은 한 가지 운명은 "영생에 들어가는" 것이다(마 18:8-

---

26_Joachim Jeremias, "γέεννα" in *Theological Dictionary of the New Testament,* ed. Gerhard Kittel, trans. Geoffrey W. Bromiley, vol. 1(Grand Rapids: Eerdmans, 1964), 657-58.

9). 마태복음이 "생명"을 사용하는 용례를 살펴보면 모두 종말론적 생명이나 "영생"과 연결된다(마 7:14; 19:16, 17, 29; 25:46). 그 용법은 여기서도 그대로 적용된다. 이 생명은 오는 세상(시대)에 주어질 "생명"이다.[27] 오직 두 가지 운명이 있다. 제자는 영원한 "생명"에 들어가고, 제자가 아닌 자는 "영원한 불" 또는 "지옥 불"에 던져진다. 이보다 더 극명한 대조는 있을 수 없다. 생명에 들어가는 자는 복을 얻는다. 영원한 지옥 불에 던져지는 자는 사람들을 "실족"하게 하기에(마 18:7), 그리고 "이 작은 자 중 하나"로 표현되는 제자들을 업신여기기에 심판을 받게 된다(마 18:10). 이 두 가지 운명은 서로 분리되지만 평행하면서 똑같이 영원한 미래로 이어진다. 마태복음 18:6-9은 다니엘 12:2이 말하는 두 가지 부활이라는 전제에 토대를 둔다. 따라서 악인의 부활은 의인과 하나님의 긍휼에서 멀어진 공간에 관한 의식과 연관된다.

끝없는 경험

"영원한 불"과 "지옥 불"(마 18:8-9)은 평행 관계로 함께 묶이면서 명백하게 지옥을 영원한 실재로 해석하게 한다. "영원하다"라는 의미로 번역되는 "아이오니오스"는 몇몇 신약 본문에서 "긴 시대"를 의미한다. 그러나 마태복음은 이 말을 어김없이 "끝없이 이어지는 기간" 또는 "끝없는 시간"의 의미로 사용한다.[28] 이를 이해할 때 문자적으로 해석하기보다는 구약의 선례(예. 사 66:24)를 염두에 두고 지옥에 있는 자가 겪을 고통을 묘사하는 은유적 표현으로 이해하는 것이 가장 좋다.[29] 이에 관해 모리스(Leon

---

27_Leon Morris, *The Gospel According to Matthew,* Pillar New Testament Commentary(Grand Rapids: Eerdmans, 1992), 463.

28_BDAG, s.v. αἰώνιος, 3.

29_지옥의 문자적 묘사와 은유적 묘사에 관한 다른 관점들은 Andrew David Naselli, "Hellfire and

Morris)는 "예수님은 청자들에게 죄인의 영원한 상태의 심각성에 관한 의심의 여지를 추호도 남겨놓지 않으신다"고 말한다.[30] 불을 경험하는 일의 지속 기간은 끝이 없을 것이다.

정당한 형벌

예수님은 이 세상에 죄의 유혹이 많기에 "화"를 선포하신다(마 18:7). 의심의 여지 없이 이는 하나님과 하나님의 법에 대한 거역에 뒤따르는 반응으로 흔히 주어지는 예언이었다(예. 사 3:11; 5:8, 11, 18, 20, 21, 22). 또한 예수님은 육체적인 유혹에 걸려 넘어져 죄를 짓는 자는 지옥에서 고통스러운 형벌을 받게 되리라고 말씀하신다(마 18:7-8). 분명한 것은 **화**와 지옥은 죄에 대한 응징으로서 실족하게 하거나 실족한 자가 마땅히 받을 처벌이라는 점이다. 다시 말해 이 처벌은 갱신이나 회복과 아무 상관이 없는 확실한 형벌임이 드러난다. 게다가 그 처벌은 미래로 무한히 연장된다.

기초 4_마태복음 25:31-46

마태복음 25:31-46은 성경 전체에서 최후의 심판을 가장 명확하게 묘사하는 본문 가운데 하나다. 이 본문은 인자가 모든 민족을 심판하기 위해 영광으로 오는 장면을 묘사한다. "인자"이신 예수님은 다니엘 7:13-14에 기록된 환상을 다윗의 후손으로서 성취하신다.[31] 이 인자는 세상의 참된

Brimstone: Interpreting the New Testament's Descriptions of Hell," *9Marks eJournal* 7, no. 4(Sept.-Oct. 2010), 16-19을 보라. 이 요점을 교리화하기는 어렵다. 하지만 나는 일반적으로 은유적 접근 방법을 사용하며, 은유가 상징하는 실재가 상징적 묘사 못지않게 두렵다고 본다. 또한 Chan, Sprinkle, *Erasing Hell*, 153-55도 보라.

30_Morris, *The Gospel According to Matthew*, 463.

31_James M. Hamilton, *With the Clouds of Heaven: The Book of Daniel in Biblical Theology,* New Studies in Biblical Theology 32(Downers Grove, IL: InterVarsity, 2014), 134-54, 185-90.

왕으로서 민족들을 다스리고, 지금까지 존재해온 모든 개인에게 공의를
시행할 것이다.

최종적 분리

인자가 행하는 심판의 첫째 장면에는 양과 염소의 최종적 분리가 포함된
다. 이 심상은 두 집단으로 분류되는 인류의 최후를 묘사한다. 인자가 그
들을 분리하는 이유는 어떤 사람인가에 따라 다른 처분을 하기 위해서
다. 여기서 양은 예수님을 신실하게 따르는 자들로서 목자의 음성을 듣
고 목자를 신뢰하며 목자와 연합되어 있다. 염소는 목자의 음성을 듣지
않고 목자를 신뢰하지도 않으며 목자에게 연합되어 있지도 않다. 예수님
의 오른편에 있는 자들은 "아버지께 복 받을 자들"로서 "창세로부터…
[그들을] 위하여 예비된 나라를 상속"할 것이다(마 25:34). 예수님의 왼편
에 있는 자들은 "저주를 받은 자들"로서 "영원한 불"에 들어갈 것이다(마
25:41). 이처럼 최후 심판의 첫 번째 조치는 분리다. 그리고 그 순간에 염
소들에게 두려운 깨달음이 임하기 시작한다. 그들은 그때가 양들을 보는
마지막 순간임을 눈치채면서 자기들에게 일어날 일이 되돌릴 수 없다는
사실도 알게 될 것이다.

끝없는 경험

염소들의 운명은 양들의 운명과 크게 다를 것이다. 염소들은 복을 받거
나 나라를 상속받기는커녕(마 25:34) 저주 속에서 영원한 불에 들어가(마
25:41) 영벌을 받는다(마 25:46). 하나님이 어떤 사람을 저주하셨다는 것은
하나님이 그에게 해를 입히거나 불행을 내리신다는 의미다.[32] 이 불행의

32_Friedrich Büchsel, "κατάρα," in *Theological Dictionary of the New Testament,* ed. Gerhard Kittel, trans.

본질은 "영원한 불"과 "영벌"이라는 말에 압축되어 있다. 앞서 다뤘듯이 이 불은 "끝없이" 겪어야 하는 고통의 경험을 가리킨다.[33] 마찬가지로 "형벌"도 끝이 없다(아이오니오스). 절멸주의자는 단지 심판의 불이 계속된다는 의미에서만 형벌이 영원하다고 주장한다. 즉 심판의 불은 계속 타오르겠지만 그 속에 던져진 자는 궁극적으로 소멸한다는 것이다. 사람들이 계속해서 던져져야 그 불이 꺼지지 않는다.[34] 그러나 이는 (앞서 다룬) 마태복음 18:8-9이 전제하는 두 가지 부활의 요점을 놓치고 있다. 그 불에 던져지는 몸에는 영원히 지속하는 운명에 걸맞은 속성이 있다. 따라서 형벌은 실제로 그 불에 들어가는 모든 개인에게 영원하다.

정당한 형벌

영어 성경(NASB)에서 "형벌"(punishment)로 번역된 "콜라시스"는 신약성경에서 딱 두 번 나타난다(마 25:46; 요일 4:18). 어떤 이는 "교정"이 더 나은 번역이라고 여겨 "형벌"이라는 전통적 해석에 질문을 제기해왔다. 예를 들어 롭 벨(Rob Bell)은 대중적 인기를 끈 『사랑이 이긴다』(*Love wins*)에서 다음과 같이 주장한다.

"콜라조"라는 말은 원예학에서 나온 말이다. 이 말은 식물이 잘 자라도록 가지를 치거나 손보는 것을 가리킨다.

"콜라조"의 "아이온." 따라서 여러분이 "아이온"과 "콜라조"를 어떻게 번

Geoffrey W. Bromiley, vol. 1 (Grand Rapids: Eerdmans, 1964), 449.

33_ "아이오니오스"는 "시대와 관련된"을 의미하는 형용사다. 그러나 이 문맥에서 이 시대는 오는 시대[세상]를 가리킨다. 그리고 오는 시대[세상]는 "끝이 없다." Morris, *The Gospel According to Matthew*, 641, n. 79를 보라. R. T. France, *The Gospel of Matthew*, NICNT (Grand Rapids: Eerdmans, 2007), 966-67과 대조해보라.

34_ France, *The Gospel of Matthew*, 967도 확인하라.

역하느냐에 따라 이 말은 "가지치기의 기간"이나 "손보기의 시간", 즉 집약된 교정의 체험으로 읽힐 수 있다.

대다수 영어 성경은 "콜라조의 아이온"을 "영벌"(eternal punishment)로 번역하고, 사람들은 이를 두고 끝없이 계속되는 "영원한 형벌"을 의미하는 말로 이해한다. 그러나 "영원"은 사실 성경 저자들이 사용한 범주가 아니다.[35]

이런 식으로 보면 예수님의 말씀은 지옥이 천국에 합당한 자가 될 때까지 죄인이 일시적으로 징계를 받아 회복되는 장소라고 주장하는 보편 구원론의 패러다임에 적합하다. 다시 말해 지옥은 "사람들이 끝없는 기간 동안 하나님께 순종하고 구원받을 기회를 계속 누릴 수 있는" 곳이 되는 것이다.[36]

그러나 이런 주장은 신약성경의 다른 본문이나 관련된 문헌 자료에서 "콜라시스"가 "교정"이나 "가지치기"를 의미하지 않는다는 사실로 완전히 허물어진다.[37] 신약성경에서 이 어휘는 요한1서 4:18에서만 한 번 더 사용된다. 거기서 이 말은 분명히 처벌을 뜻한다. 더 나아가 이 말의 동사형인 "콜라조"는 신약성경에서 두 번 등장하는데(행 4:21; 벧후 2:9), 이 두 본문도 처벌을 가리키는 내용이다.[38] 표준적인 신약성경 그리스어 사전은

35_Rob Bell, *Love Wins: A Book about Heaven, Hell, and the Fate of Every Person Who Ever Lived*(New York: HarperOne, 2011), 91-92(『사랑이 이긴다』, 포이에마 역간).

36_Ibid, 106-7. Chan, Sprinkle, *Erasing Hell*, 84-86에서 두 저자가 이런 견해를 탁월하게 반박하는 것을 보라.

37_Liddell, Scott, Jones의 그리스어 사전에는 "나무의 성장을 억제시키는 것", "징계, 교정"의 의미가 나타난다. LSJ, s.v. κόλ-ασις, 1, 2항을 보라. 그러나 LSJ는 신약성경 이전의 사례만 제시한다. 신약성경의 용법 안에서 LSJ는 κόλασις를 "신적 형벌"로 번역한다. *Theological Dictionary of the New Testament*(vol. 3)와 *New International Dictionary of New Testament Theology and Exegesis*(vol. 2)에서 κόλασις의 의미에도 "교정"은 들어 있지 않다. 코이네 그리스어 용법에서는 κόλασις의 그런 초기 의미를 전혀 고려하지 않는 것으로 보인다.

38_BDAG, s.v. κολάζω.

이 어휘의 가능한 의미로 "교정"이나 "가지치기"를 제시하지 않는다. 오히려 그 의미의 범주는 신적 또는 인간적 처벌로 한정된다. 표준적인 신약성경 그리스어 사전은 마태복음 25:46의 "콜라시스"를 "초월적 형벌"로 정의한다.[39] 이는 신구약 중간기 문헌의 용법과 일치하는 정의다. 신구약 중간기 문헌은 이 말을 종종 악행에 따르는 형벌을 가리키는 데 사용하고(마카베오2서 4:38; 마카베오3서 1:3; 7:10; 마카베오4서 8:9), "교정"의 의미로는 전혀 사용하지 않는다.

우리가 이 말이 "교정"을 의미하지 않는다고 보는 또 다른 이유는 마태복음 25:46의 "영벌"이 41절에서 "마귀와 그 사자들을 위하여 예비된 영원한 불"과 같다는 사실에 있다.[40] 주석가들은 지옥이 마귀들을 처벌하는 영원한 장소라는 점에 쉽게 동의한다. 요한계시록 20:10은 마귀와 그의 사자들이 불 못에 던져져서 "세세토록 밤낮 괴로움을 받을" 것이라고 확언한다. 지옥은 그들의 교정을 위한 장소가 아니다. 만약 비신자들이 마귀들과 같은 장소에 던져진다면, 그것은 두 집단이 겪는 고통의 기간이 똑같다는 것을 암시한다. 요한계시록 20:10은 지옥이 두 집단 중 어느 한 편의 교정을 위한 곳이라고 볼 어떤 근거도 제시하지 않는다. 만약 영벌이 마귀들에게 주어지는 형벌이라면 심판 때 마귀들과 똑같은 운명에 빠질 비신자들도 그와 같은 영벌을 받을 것이다.

이런 여러 가지 이유로 보아 우리는 "콜라시스"가 끝없이 계속되는, 죄에 대한 형벌이라고 확신할 수 있다. 본질적으로 "콜라시스"는 복원이나 회복의 개념을 계산에 넣을 수 없는 형벌을 가리킨다.

39_ BDAG, s.v. *κόλασις*, 2.
40_ 이런 대응 관계는 Chan, Sprinkle, *Erasing Hell*, 84-86을 따라 제시했다.

기초 5_마가복음 9:42-48

마가복음 9:42-48은 그 자체로 마가복음의 포괄적 문맥에 이바지한다. 하지만 우리는 이 책의 목적에 따라 평행 본문으로 이미 살펴본 마태복음 18:7-10과 겹치는 내용에만 주목할 것이다. 이 두 본문은 모두 "작은 자들"을 실족하게 하는 자(막 9:42), 스스로 실족하는 자(막 9:43-47,) 그리고 "게헨나"로 불리는 곳―마가복음 본문에서는 세 번에 걸쳐 언급된다―을 다룬다.

최종적 분리

마태복음처럼 마가복음도 "생명"이라는 말을 오로지 종말론적 생명 또는 "영원한" 생명[영생]의 의미로 사용한다(막 10:17, 30). 따라서 마가복음 9:43, 45에 등장하는 이 말 역시 오는 시대[세상]에 주어질 생명을 가리킨다고 보아야 한다. 이런 종말론적 해석은 마가복음 9:43, 45의 "생명"[영생]이 마가복음 9:47의 "하나님 나라"와 평행 관계에 있다는 사실에서 확증된다.[41] 그리고 마가복음에서 그 나라 곧 천국은 "이미" 임했고 또 "아직 완성되지 않았다." 그런데 마가복음 9:49에서는 "아직 완성되지 않았다"는 사실에 강조점이 있다. 여기서 예수님은 그리스도의 완성된 통치에 관한 신자의 경험이 오는 시대에 주어지는 영생으로 특징지어진다는 사실에 초점을 맞추신다.

영생에 들어가지 못하는 자는 "지옥"에 던져질 것이다(막 9:43, 45, 47). 이 말은 마태복음에서 사용된 것과 같은 말로서 거기서와 비슷하게 예루살렘 밖 골짜기의 심상에 접근한다. 그 골짜기는 하나님이 내리시는 심판

41_Adela Yarbro Collins, *Mark: A Commentary*, ed. Harold W. Attridge, Hermeneia(Minneapolis: Fortress, 2007), 454.

의 불과 연결되면서 나중에 있을 최후 심판을 가리킨다.[42] 지옥은 문자적 의미의 골짜기가 아니라 하나님의 최후 심판의 장소다. 지옥은 영생에 들어가는 자와 분리되고 하나님이 베푸시는 긍휼의 임재에서 멀어지는 운명을 가리킨다.

끝없는 경험

마태복음 본문과 관련해 우리가 지적한 사실들은 마가복음 9:43, 47에도 그대로 적용된다. 마가복음 본문은 지옥을 "구더기도 죽지 않고 불도 꺼지지 아니하는"(막 9:48), 곧 "꺼지지 않는 불"(막 9:43)의 장소로 정의한다.[43] 이런 두 가지 표현은 예루살렘 밖에서 행해지는 이사야 66:24의 심판 장면에서 나온 것이다. 지옥은 하나님의 원수들이 죽지 아니하는(뜯어먹는 일을 절대 끝내지 않는) 벌레와 꺼지지 않는(불사르는 일을 절대 끝내지 않는) 불 아래서 고통을 겪도록 던져지는 장소다. 지옥은 악인에게도 영벌을 받기에 합당한 몸이 주어지는 두 종류의 부활을 전제한다. 지옥은 끝이 없는 심판을 경험하는 곳이다.[44]

정당한 형벌

마가복음 9:41에서 예수님은 "누구든지 너희가 그리스도에게 속한 자라

42_ James R. Edwards, *The Gospel According to Mark*, Pillar New Testament Commentary(Grand Rapids: Eerdmans, 2002), 294.

43_ 일부 번역과는 달리 이 본문에서 두 번째 열거되는 "지옥"은 진술을 수정하는 의미가 아니다. 마가복음 원본에는 마가복음 9:44, 46이 없었다. 가장 권위 있는 초기 사본들에는 이 두 구절이 없다. 이 두 구절은 아마도 가장 권위 있는 초기 자료 속에 나타나는 48절에 맞추기 위해 나중에 덧붙여졌을 것이다. Bruce M. Metzger, *A Textual Commentary on the Greek New Testament*, 2nd ed.(Stuttgart: United Bible Societies, 2002), 86-87도 살펴보라.

44_ Robert H. Stein, *Mark*, Baker Exegetical Commentary on the New Testament(Grand Rapids: Baker, 2008), 449도 살펴보라.

하여 물 한 그릇이라도 주면 내가 진실로 너희에게 이르노니 그가 결코 상을 잃지 않으리라"고 말씀하신다. 여기서 "상"(미스토스)이라는 말은 "보응"(recompense)의 의미로 정의할 수 있다. "미스토스"는 마가복음 9:41에서는 상을 가리키지만 다른 곳에서는 처벌을 가리키는 의미로 사용된다(마카베오2서 8:33; 참조. 사 40:10[70인역]; 계 22:12). 이 단어는 행동의 도덕성—이 경우에는 그리스도의 제자들을 우호적으로 대접하는 것—에 관한 인정(대부분은 하나님에 의한)을 가리킨다.[45] 이 상은 빚을 갚는 것이다. 비록 마가복음 9:42에서는 이 말이 사용되지 않지만 그 개념은 앞의 41절에 함축되어 있다. 따라서 작은 자들을 실족시키는 자가 바다에 던져지는 것은 그들에게 적합한 보응이라고 보아야 한다. 마가복음 9:41-42에 나타나 있는 이 보응 개념은 마가복음 9:43-48의 영원한 운명에 관한 해석을 제공한다. 신실함에 대한 보응은 생명과 하나님 나라에 들어가는 것이다. 마찬가지로 실족시키는 것에 대한 보응은 지옥이다. 결과적으로 예수님은 지옥을 회개하지 않는 죄에 대한 정당한 형벌로 묘사하신다고 보아야 한다.

기초 6_데살로니가후서 1:6-10

바울의 데살로니가후서는 성경 전체에서 가장 무시무시한 심판을 예언하는 말을 앞부분에 둔다. 데살로니가후서는 지옥 자체는 언급하지 않지만 지옥을 말하는 본문들과 잘 어울리는 최후 심판에 관한 묘사를 담고 있다. 간단히 말해 바울은 독자들에게 그들이 겪는 환난을 하나님이 모르지 않으신다는 점을 이해시키려 한다. 물론 독자들은 지금 그리스도를 믿는 믿음 때문에 고난을 겪을 수 있으나 하나님은 언젠가 환난을 받게 하

45_BDAG, s.v. μισθός, 2.

는 자들에게 "환난으로 갚으실" 것이다(살후 1:6). 그날은 예수 그리스도가 자기 백성을 구원하고 원수들을 처벌하려고 "하늘로부터…나타나실" 때에 임한다(살후 1:7). 비록 여기서 현재 감추어져 있는 어떤 사람에 관한 "계시"를 가리키는 "아포칼립시스"가 사용되었지만(참조. 고전 1:7; 벧전 1:7, 13), 이 사건은 "파루시아"(예수 그리스도의 재림)를 가리킨다.[46] 따라서 이 장면은 명백히 종말론적이며 그리스도의 재림이 있을 때 펼쳐질 심판에 관한 언급이다.

최종적 분리

바울은 독자들에게 현재의 환난은 그들이 미래에 맞이할 운명이 아니라고 말한다. 오히려 반대로 현재의 환난은 예수님이 재림하실 때 구원으로 바뀐다. 그들의 환난이 끝날 때 그들에게 환난을 받게 한 자들의 환난이 시작된다(살후 1:6-7). 데살로니가 교회의 신자들에게 고통을 가한 자들은 예수님이 하늘로부터 나타나실 때 그분의 손에 떨어져 신적 형벌을 받는다. 환난을 받게 하는 자들은 "하나님을 모르고…복음에 복종하지 않는 자들"에 속하게 된다(살후 1:8). 다시 말해 환난을 받게 하는 자들은 하나님을 거역하고 복음을 믿기를 거부한 모든 자의 최후 심판 때 처리될 것이다.

지옥에 떨어진 자는 "주의 얼굴과 그의 힘의 영광을 떠나 영원한 멸망의 형벌"을 받게 된다(살후 1:9).[47] 따라서 영원한 멸망의 핵심적 특징은

46_ Leon Morris, *1 and 2 Thessalonians: An Introduction and Commentary*, 2nd ed., Tyndale New Testament Commentaries(Grand Rapids: Eerdmans, 1984), 120.

47_ 이사야 2:10(70인역)과의 평행 관계는 전치사 "아포"가 심판이 "어디서 오는지"를 가리키는 것이 아니라 그리스도의 임재에서 "멀어지는" 비신자의 위치를 가리킨다는 점을 증명한다. Gordon D. Fee, *The First and Second Letters to the Thessalonians*, NICNT(Grand Rapids: Eerdmans, 2009), 259을 보라. 이는 현대의 대다수 영어 번역 성경의 해석법을 보여준다(예. NASB, NIV, ESV,

주님의 임재로부터 분리되는 것이다. 그러나 이 분리는 일반적 분리가 아니라 "주의 힘의 임재로부터" 제외되는 특수한 분리다. 여기서 "힘"으로 번역된 그리스어는 "이스퀴스"라는 명사다. 이는 하나님의 한 속성으로서 종종 "뒤나미스"라는 단어 및 관련 단어들과 함께 등장한다.[48] 이 용법에 따르면 우리는 "이스퀴스"를 하나님의 능력을 총체적으로 가리키는 말로 이해할 수도 있다. 하지만 어떤 곳에서는 이 말이 특별히 죽은 자를 일으키시는 하나님의 능력을 가리키는 데 사용된다. 예를 들어 에베소서 1:19-20을 살펴보자.

> [19]그의 힘[이스퀴스]의 위력으로 역사하심을 따라 믿는 우리에게 베푸신 능력[뒤나미스]의 지극히 크심이 어떠한 것을 너희로 알게 하시기를 구하노라. [20]그의 능력이 그리스도 안에서 역사하사 죽은 자들 가운데서 다시 살리시고 하늘에서 자기의 오른편에 앉히사(엡 1:19-20).[49]

하나님의 힘에 관한 이런 해석은 데살로니가후서 1:9-10의 문맥에서 명확해진다. 거기서 바울은 영광을 두 번이나 언급하며 "그의 힘의 **영광**"(살후 1:9), "그날에 그의 성도들에게서 **영광을 받으시고**"(살후 1:10)라고 말한다. 따라서 "영원한 멸망"(살후 1:9)은 부활할 때 예수님이 마지막 날에 자기 백성에게 주실 복과 분리되는 것이다.

만일 이런 연관 관계가 정확하다면 바울은 비신자가 모든 면에서 하나님과 분리된다고 말하는 것이 아니다. 오히려 그는 비신자가 마지막 날

RSV, NRSV, NET, NAB, NJB. 대조적으로는 HCSB, KJV가 있다).

48_ BDAG, s.v. ἰσχύς를 보라.

49_ 참조. 롬 1:4; 고전 6:14; 15:43; 고후 4:7; 13:4; 빌 3:10

에 나타날 부활의 생명의 긍휼로부터 분리될 것이라고 말한다. 영원한 멸
망의 때가 이르면 비신자는 사실 하나님의 진노 앞에 서게 된다. 왜냐하
면 하나님이 친히 그들에게 "환난으로 갚으시고"(살후 1:6), 주 예수님이
그들에게 "형벌"을 내리실 것이기 때문이다(살후 1:8). 그러나 비신자가 그
리스도의 긍휼과 그 긍휼을 경험하는 자들에게서 분리되는 것은 되돌릴
수 없는 끔찍한 일이다.

끝없는 경험

절멸주의자는 의식적 고통이 끝없이 지속된다는 사실을 부인하면서, "멸
망"(살후 1:9)이란 처벌을 받는 자가 어떤 면에서 존재하기를 멈춘다는 의
미라고 주장한다. 따라서 절멸주의자에 따르면 "영원한 멸망"은 처벌받는
자의 절멸이 영속적이라는 의미다. 그런 경우 지옥에 떨어진 자의 고통은
결국 끝나게 된다.[50] 그러나 이는 바울의 말을 오해한 결과다. 여기서 "멸
망"(destruction, 올레테로스)은 "존재하기를 멈춘다"는 의미가 아니다. 만약
내가 지난주에 충돌 사고가 나서 내 차가 파괴되었다(destroyed)고 말했다
고 하자. 그 이야기를 듣고 그 차가 존재하기를 멈추었다는 의미로 생각
할 사람은 아무도 없을 것이다. 사람들은 그런 말을 들으면 내 차가 사고
가 나서 폐차시킬 정도가 되었다고 이해한다. 그것이 그리스어 "올레테
로스"가 의미하는 바다. 분명히 바울은 이 말을 사용하는 유일한 신약성
경 저자이며, 이 말의 다른 용법 가운데 어느 것도 "존재하기를 멈춘다"는
의미가 아니다(참조. 고전 5:5; 살전 5:3; 딤전 6:9). 이 말의 일차적 의미는 절
멸이 아니라 파괴나 상실과 맥락을 같이한다.[51] 고든 피(Gordon Fee)가 "궁

50_ 예를 들어 Edward Fudge, *The Fire That Consumes: A Biblical and Historical Study of the Doctrine of Final Punishment*(Eugene, Or: Cascade Books, 2011), 197-98을 보라.

51_Douglas J. Moo, "Paul on Hell," in *Hell Under Fire: Modern Scholarship Reinvents Eternal*

극적 폐허"(the ultimate desolation)나 "영광의···절대적 상실"(absolute loss of···glory)이라 부르는 것이 이 말이 가리키는 개념이다.[52] 따라서 "영원한 멸망"은 절멸이 아니라 영속적인[53] 파괴나 상실을 의미한다.

정당한 형벌

데살로니가후서 1:6-10은 하나님의 공의에 관한 언급과 함께 시작된다. "너희로 환난을 받게 하는 자들에게는 환난으로 갚으시고"(살후 1:6). 여기서 "갚다"로 번역된 "안타포디도미"는 형벌과 관련된 언어다.[54] 이 말은 신약성경에서 두 번 나타나는데, 모두 신명기 32:35을 인용하는 구절이다.

내 사랑하는 자들아, 너희가 친히 원수를 갚지 말고 하나님의 진노하심에 맡기라. 기록되었으되 "원수 갚는 것이 내게 있으니 내가 갚으리라[안타포디도미]"고 주께서 말씀하시니라(롬 12:19).

"원수 갚는 것이 내게 있으니 내가 갚으리라[안타포디도미]" 하시고 또다시 "주께서 그의 백성을 심판하리라" 말씀하신 것을 우리가 아노니(히 10:30).

데살로니가후서 1:6이 염두에 두는 것은 분명히 원수 갚음으로 표현된 하나님의 의로운 심판 개념이다. 실제로 데살로니가후서 1:8은 주 예수님이 "형벌" 또는 원수 갚는 것(에크디케시스) —신명기 32:35과 이를 인

Punishment, eds. Christopher W. Morgan, Robert A. Peterson(Grand Rapids: Zondervan, 2004), 104-5도 그렇다.

52_ Fee, *The First and Second Letters to Thessalonians,* 259, 260.

53_ 앞서 αἰώνιος에 관해 제시한 설명을 보라. 또한 BDAG, s.v. αἰώνιος, 3도 보라.

54_ BDAG, s.v. ἀνταποδίδωμι, 2: "to exact retribution."

용하는 신약성경의 다른 두 본문에 나오는 것과 같은 말—을 내리실 것이라고 말한다. 고든 피는 "안타포디도미"라는 말과 하나님의 공의에 관한 언급이 결합하는 것은 구약의 동해보복법(lex talionis)—눈에는 눈(출 21:24; 레 24:20)—을 상기시킨다고 말한다.[55] 오직 이 경우에만 "환난에는 환난으로"가 성립한다. 다시 말해 원수 갚는 것은 하나님이 악을 행하는 자에게 그들의 행위에 합당하게 보응하심으로써 당신의 공의를 유지하시는 것이다. 여기에는 회복에 관한 암시는 전혀 없으며 하나님의 의에 따른 순전한 형벌만 나타난다.

형벌을 받는 것은 "하나님을 모르는 자들"과 "복음에 복종하지 않는 자들"이라는 사실에 주목해야 한다(살후 1:18). 많은 주석가는 이 두 어구가 각기 다른 부류의 비신자를 가리킨다고 이해한다. 하나님을 모르는 자들은 자연 계시를 기초로 하나님을 인정해야 하는 이방인을 가리킨다. 왜냐하면 하나님을 알 만한 것이 그가 만드신 만물을 통해 분명히 알려졌기 때문이다(롬 1:19-20). 반면 복음에 복종하지 않는 자들은 명시적으로 복음을 거부한 부류를 가리킨다. 이 두 집단의 사람들—복음을 들은 자와 듣지 못한 자—은 동일한 심판을 받는다.[56] 다시 말해 죽기 전에 하나님의 계시에 믿음으로 반응하지 못하는 자는 누구나 영원한 멸망에 직면할 것이다.

기초 7_유다서 1:7

유다는 독자들을 향해 성도에게 단번에 주신 믿음의 도를 위하여 힘써 싸우라고 권면하는 편지를 띄운다(유 1:3). 당시 상황이 절박했던 이유는 교

55_ Fee, *The First and Second Letters to the Thessalonians*, 255.

56_ Morris, *1 and 2 Thessalonians*, 121을 보라. Fee, *The First and Second Letters to the Thessalonians*, 258과 비교하라.

회 안에 "가만히 들어온 사람 몇"이 하나님의 은혜를 죄짓는 구실로 삼아 믿음을 해치고 있었기 때문이다(유 1:4). 하나님은 그런 사람들을 정죄하셨다. 유다는 하나님이 경건하지 않은 자들을 어떻게 심판할지 알고 계신다는 사실을 증명하기 위해 구약성경으로부터 심판에 관한 세 가지 사례를 끌어온다. 그중 두 번째 사례가 유다서 1:7에 나온다. 창세기 19장에 기록된, 하나님이 소돔과 고모라에 쏟아부으신 불 심판 이야기다.

최종적 분리

유다는 교회 안에 들어와 믿음을 해치던 "사람 몇"에게 임할 심판의 한 가지 예로 소돔과 고모라의 심판을 제시한다. 슈라이너(Tom Schreiner)의 주장도 이와 맥을 같이한다.

> 소돔과 고모라의 멸망은 단순히 역사적 호기심을 자극하는 사건으로 그치지 않는다. 소돔과 고모라의 멸망은 하나님을 거역하는 자들에게 닥칠 일에 관한 예언으로서 예표적 기능을 한다.[57]

따라서 소돔과 고모라의 멸망은 지옥에 떨어진 악인들이 겪을 모종의 종말론적 절멸을 암시하지 않는다. 오히려 이 악명 높은 성읍들에 쏟아진 불은 "영원한 불" 또는 "오는 시대에 임할 불"이 현시대에 침투한 사건의 본보기 중 하나다. 소돔과 고모라가 멸망할 때 부분적으로 쏟아진 불은 오는 시대에 벌어질 최후 심판 때 온전히 쏟아질 것이다. 그러므로 악인의 운명은 유다서의 독자인 그리스도인들의 운명과 분리된다. 반면에 유다서의

57_Thomas R. Schreiner, *1, 2 Peter, Jude,* New American Commentary 37(Nashville: Broadman & Holman, 2003), 453.

독자들은 "영원한 불"(유 1:7)이 아니라 "영생"(유 1:21)을 기다리고 있다.

끝없는 경험

유다서 1:21에서 "생명"을 묘사하는 데 사용된 "영원하다"라는 어휘는 유다서 1:7에서 "불"을 묘사하기 위해 사용된 것과 똑같다. 이는 심판의 불이 지속하는 기간이 오는 시대에 주어질 생명의 지속 기간과 같음을 보여준다. 오는 시대에 주어질 생명이 영원하듯이 오는 시대에 임할 불의 형벌도 영원하다. 소돔과 고모라는 오는 시대에도 멈추지 않을 불에 관한 현세적 본보기다. 따라서 지옥에 떨어진 자는 오는 시대에 영원한 불을 경험한다.

정당한 형벌

유다서 1:7은 소돔과 고모라의 거민들이 "영원한 불의 형벌"을 받았다고 말한다.[58] 여기서 "형벌"로 번역된 "디케"는 공의 관념과 연관된다. 이 말은 특별히 "법적 형벌로 주어진 처벌"을 가리키기 때문이다.[59] 따라서 영원한 불은 본질상 회복이 아니라 형벌과 관련된 개념이다. 이런 점에서 유다는 이 불을 지옥에 떨어진 자에게 정당하게 주어지는 보응으로 묘사한다고 볼 수 있다.

기초 8_유다서 1:13

유다서 1:12-13은 일련의 은유로 거짓 선생들을 묘사하는데, 그중 마지

58_ "영원한 불"은 "거울"을 수식할 수도 있다. 그러나 "형벌"과 관련된다고 보는 것이 더 개연성이 있다. Richard Bauckham, *Jude, 2 Peter*, Word Biblical Commentary 50(Waco, TX: Word, 1983), 55 을 확인하라.

59_ BDAG, s.v. δίκη, 1.

막 은유가 우리의 관심사와 연관이 깊다. "…영원히 예비된 캄캄한 흑암으로 돌아갈 유리하는 별들이라"(유 1:13).

최종적 분리

거짓 선생들이 "유리하는 별들"로 불리는 이유는 그들이 밤하늘에 떠도는 행성들과 가장 유사하기 때문이다. 경로가 고정되어 있어서 그 운행을 믿을 수 있는 별들과 달리 이 유리하는 별들은 길을 잃은 것처럼 보인다. 그 결과 이 유리하는 별들은 믿을 수 없는 인도자였고 거짓 선생들도 마찬가지였다.[60] 거짓 선생들이 저지른 잘못 때문에 하나님은 "영원히" 계속되는 "캄캄한 흑암"을 거짓 선생들의 운명으로 예비하셨다. 이 캄캄한 어둠은 최후 심판까지 "영원한 결박으로 흑암에 가두어진"(유 1:6) 타락한 천사들과 같은 운명을 암시한다. 따라서 유다서 1:13은 회개하지 않는 죄인들이 마귀들과 똑같은 운명임을 증명한다는 점에서 우리가 지금까지 살펴본 다른 본문들과 비슷하다(참조. 마 25:41). 물론 그들의 운명은 "영생"에 이르게 되어 있는 유다서 독자들의 운명과는 전혀 다르다.

끝없는 경험

여기서 "흑암"이라는 말은 예수님이 친히 제공하신 가르침에 비추어볼 때 가장 잘 이해할 수 있다. 예수님은 지옥을 다음과 같이 묘사하신다.

> 그 나라의 본 자손들은 바깥 어두운 데 쫓겨나 거기서 울며 이를 갈게 되리라 (마 8:12).

60_Schreiner, *1, 2 Peter, Jude*, 467-68.

임금이 사환들에게 말하되 "그 손발을 묶어 바깥 어두운 데에 내던지라. 거기서 슬피 울며 이를 갈게 되리라"(마 22:13).

이 무익한 종을 바깥 어두운 데로 내쫓으라. 거기서 슬피 울며 이를 갈리라 (마 25:30).

이처럼 마태복음에서 선별한 본문들을 모두 살펴보면 예수님이 다른 곳에서 지옥 불과 관련해 사용하신 말로 흑암을 묘사하신다는 사실을 알 수 있다(참조. 마 13:42, 50). 따라서 유다도 예수님의 용례와 마찬가지로 "흑암"을 사용해 지옥을 가리킨다고 보아야 한다. 예수님의 가르침에서 이 흑암에 던져지는 사람들은 울며 이를 간다. 이는 그들이 자신의 형벌을 의식하고 있다는 점을 암시하고, 유다는 이 형벌이 오는 시대 전체에 걸쳐 계속된다고 말한다. 곧 이 형벌의 지속 기간은 끝이 없다. 이 형벌은 절대 끝나지 않을 의식적 경험이다.

정당한 형벌

앞서 확인한 대로 유다서에서 하나님의 형벌은 하나님의 의로운 심판의 본보기다(참조. "디케"[유 1: 7]). 영원한 형벌로서의 흑암 역시 같은 종류의 형벌 개념을 구성한다.

기초 9_요한계시록 14:9-11

앞으로 다룰 요한계시록의 두 가지 본문은 악인의 최종 상태를 묘사한다. 이 두 가지 본문은 성경에서 악인의 최종 상태를 묘사하는 본문 중 가장 중요한 본문들이다. 이 두 본문은 사도 요한이 말하는 영원한 생명에 관한 신학을 충분히 보여준다. 그 신학은 세상 끝에 있을 두 종류의 부활에서 비롯한다(참조. 요 5:28-29). 먼저 살펴볼 요한계시록 14:9-11은 최후 심판의 장면으로서 "짐승과 그의 우상"(계 14:9)에게 경배하는 자들에게 일어나는 일을 묘사한다.

최종적 분리

인내하며 그리스도에 대한 신실함을 지키는 성도들은 죽더라도 "주 안에 서 죽는 자들"로서 "복이 있다"(계 14:12-13). 요한이 앞서 자신의 환상에 서 지적한 것처럼 인내하는 자는 생명 나무의 열매를 먹고(계 2:7), 둘째 사망의 해를 받지 아니하며(계 2:11), 감추었던 만나를 먹고(계 2:17), 그리 스도와 함께 다스리며(계 2:27), 흰옷을 입고(계 3:5), 하나님의 임재로부터 절대 소외되지 않는다(계 3:12). 인내하는 자의 운명은 짐승을 경배하고 이 마에 짐승의 표를 받은 자의 운명과 전혀 다르다(계 14:9). 짐승을 경배하 는 자는 "하나님의 진노" 아래 떨어져 "불과 유황으로 고난을" 받는다(계 14:10). 주 안에서 죽는 자와 그렇지 않은 자의 최종적 지위는 확실히 나뉘 어 대비된다.

끝없는 경험

요한은 지옥에 떨어진 자가 "불과 유황으로 고난을 받는다"고 묘사한다 (계 14:10). 여기서 다시 불이 죄에 대한 하나님의 거룩하고 고통스러운 심 판을 표현하는 심상으로 등장한다. 요한계시록 14:10에서 "고난을 겪다 [고통을 주다]"라고 번역된 동사(바사니조)는 어떤 사람이 심각한 고통에 예속되는 것을 의미한다.[61] 요한계시록 14:11의 "고난"이라는 명사(바사니

61_BDAG, s.v. βασανίζω, 2.b.

스모스) 역시 "고문으로 인해 겪는 혹독한 고통"을 가리킨다.[62] 이 두 단어는 고통과 고뇌에 휩싸인 상태와 연관된다. 요한은 고통과 고뇌가 끝나지 않고 영원히 계속된다고 말한다.[63] 만약 이런 표현이 요점을 명확히 드러내지 못한다면, 요한은 그들의 경험이 끝없이 이어진다는 점을 다음과 같이 못 박는다. "…밤낮 쉼을 얻지 못하리라"(계 14:11).

정당한 형벌

이 고난은 그들이 짐승을 경배한 것에 대한 직접적인 결과로 임한다. 그들은 성도들이 행하는 일과는 관련이 없다. 성도는 "하나님의 계명을 지키는 자"다(계 14:12). 하나님은 경건하지 않은 자의 구원을 준비하거나 그들을 완전히 절멸시키지 않으신다. 하나님은 하나님과 어린 양을 경배하지 않은 죄를 물어 처벌하심으로써 그들에게 고통과 고뇌를 가하신다.

기초 10_요한계시록 20:10, 14-15

최후 심판을 생생하게 묘사하는 성경 본문을 논하면서 요한계시록 20장을 제쳐놓기는 매우 어려운 일이다. 요한계시록 20장에서 하나님은 마귀를 불 못에 던져 넣어 영원한 고통을 겪게 하신다(계 20:10). 바로 뒤이어 모든 인간에 대한 하나님의 최후 심판이 이루어진다. 여기서 다니엘 12:2-3의 예언이 성취되며 바다, 사망, 음부가 그 가운데에 죽은 모든 자

62_BDAG, s.v. βασανισμός, 2.

63_BDAG는 εἰς αἰῶνας αἰώνων(계 14:11)이 관용어로 "영원한"이라는 말과 동의어라고 말한다. BDAG, s.v. αἰών, 1.b를 보라. Keener가 지적한 것처럼 "그 고난의 연기가 '세세토록' 올라간다는 것은…절멸이 아니라 영원한 고통을 의미하는 것이 틀림없다. 이와 똑같은 말이 하나님의 영원성과 그리스도의 영원성에(계 1:18; 4:10; 10:6; 11:15; 15:7), 성도들의 다스림에(계 22:5), 짐승의 영원한 고통에(계 20:10) 사용된다"(Craig S. Keener, *Revelation*, NIV Application Commentary[Grand Rapids: Zondervan, 2000], 374[『NIV 적용주석 요한계시록』, 솔로몬 역간]).

를 내어줄 때(계 20:13), 지금까지 살았던 모든 사람 전체가 부활한다. 그들은 이제 하나님 앞에 나와 자기들의 행위에 따라 심판을 받는다(계 20:12). 그리고 마침내 하나님이 지금까지 살았던 모든 사람의 최후 운명에 관해 판결을 선언하실 것이다.

최종적 분리

하나님 앞에 펼쳐진 책들에 각 사람이 어떤 삶을 살았는지가 기록되어 있다(계 20:12). 그 책들 가운데 하나는 "생명책"이다. 이 책에는 새 하늘과 새 땅에서 영생을 상속받을 모든 사람의 이름이 담겨 있다(계 20:12, 15). 생명책에 이름이 기록되어 있는 자는 거룩한 성에 들어가고(계 21:2), 하나님과 함께 거하며(계 21:3), 눈물을 거두고 다시는 애통이나 고통을 겪지 않으며(계 21:4), 하나님의 자녀가 된다(계 21:7). 생명책에 이름이 기록된 자는 그렇지 않은 자와 단번에 분리된다. 생명책에 이름이 없는 자들은 최후의 형벌을 받기에 적합한 몸을 입고 죽은 자 가운데서 부활해[64] 불 못 속에 던져진다(계 20:15). 이것이 바로 끝없이 이어지는 "둘째 사망"으로서 영원히 의미가 있는 모든 것의 소멸이다.

끝없는 경험

의인과 악인의 부활 후(계 20:4-6, 13), 두 집단은 자기들의 운명에 적합한 몸을 받는다. 생명책에 이름이 기록되어 있지 않은 자들은 마귀와 그의 졸개들이 겪는 것과 같은 고난을 초자연적으로 겪기에 적합한 몸을 받는다. 마귀, 짐승, 거짓 선지자가 의식적으로 "세세토록 밤낮" 괴로움을 받기에(계 20:10) 우리는 불 못의 경험이 영원하다는 사실을 알게 된다. 더

64_ Peterson, "The Foundation of the House: Scripture," 165도 그렇다.

나아가 우리는 "밤낮 쉼을 얻지 못하리라"(계 14:11)고 말하는 요한계시록 14장을 통해 짐승을 경배하는 자가 세세토록 의식적 고통을 겪는다는 사실을 이미 확인했다. 따라서 불 못에 들어가는 모든 자가 영원한 의식적 고통을 경험하게 된다는 사실은 분명해진다. 오즈번(Grant Osborne)이 말했듯이 "둘째 사망은 땅에서 육체적으로 죽는 것, 즉 지상적 실존을 멈추는 것과 같은 죽음이 아니다. 둘째 사망에서는 멈추는 것이 없고 오히려 계속되는 의식적 형벌이 있다."[65]

정당한 형벌

각 사람이 어떤 삶을 살았는지가 기록된 책들이 펼쳐지고, 거기 기록된 행위에 따라 심판이 행해지는 것은 최후 심판이 각 사람이 받아야 할 것을 갚아주는 사건임을 보여준다. 다시 말하지만 여기서 갱신이나 절멸에 관한 단서는 전혀 찾을 수 없다. 오직 각 사람이 사는 동안 보여준 행위에 대한 신적 형벌이 있을 뿐이다.

결론적 의미

성경은 하나님이 그분 자신의 이름을 영화롭게 하려는 목적에서 세상을 창조하셨다고 가르친다(사 42:8; 43:7). 하나님은 죄인인 인간을 대하실 때 당신의 공의와 긍휼이 드러나기를 바라신다(출 34:7). 그리스도를 따르는 자는 "영광의 풍성함"을 보여주는 "긍휼의 그릇"이다(롬 9:23). 반면 그리

65_ Grant R. Osborne, *Revelation,* Baker Exegetical Commentary on the New Testament (Grand Rapids: Baker, 2002), 723-24.

스도를 따르지 않고 심판을 자초하는 자는 애굽 왕 바로와 같다. 하나님은 "너로 말미암아 내 능력을 보이고 내 이름이 온 땅에 전파되게" 하려는 목적에서 바로를 세우셨다고 말씀하신다(롬 9:17). 요약하면 하나님은 긍휼과 공의의 두 측면에서 영광을 받으시는데, 지옥의 존재는 죄의 심판을 통해 하나님의 공의의 영광을 영원히 입증하는 역할을 한다.[66]

성경에 따라 세워진 전통적 지옥 교리에 대해 다수의 반론이 제기되었다. 반론이 너무 많아 이 짧은 글에서 다 다룰 수 없을 정도다. 비록 그런 고질적 반론들이 이 세상에서는 완전히 해소되지 않을지라도, 지금껏 살펴본 성경적 논증의 힘은 논란을 불식시키기에 충분할 것이다. 이와 관련해 아우구스티누스는 "사람들의 추측이 하나님의 말씀보다 더 중요한 듯이" 행하는 자들을 꾸짖었다. 그는 "영벌 관념을 제거하고자 하는 자는 하나님을 반대하지 않도록 조심해야 한다"고 경고한다.[67] 실제로 성경의 가르침을 반대하는 자는 누구든지 하나님을 반대하는 것이다. 그리고 그렇게 되기를 바라는 제자는 아무도 없다. 오히려 우리는 하나님이 우리에게 이런 가르침을 왜 베풀어주셨는지 파악하는 데 힘써야 한다. 이 지식으로 말미암아 우리의 삶은 어떻게 바뀔까? 만약 지옥이 진정으로 그리스도를 믿지 않는 모든 자에게 영원한 의식적 고통이 주어지는 장소라면 우리는 여기에 함축된 몇 가지 시급한 의미를 숙고해보아야 한다. 나는 그중 두 가지를 제시하며 글을 마무리하고자 한다.

첫째, 성경적 지옥 교리는 우리에게 두려운 자가 누구인가를 가르쳐 준다. 하나님은 천국의 보배이기만 하신 것이 아니다. 하나님은 지옥의 두려움이시기도 하시다. 지옥이 두려운 이유는 그곳에 마귀가 있기 때문이

66_ Hamilton은 지옥이 하나님을 영화롭게 하는 일곱 가지 방법을 제시한다. James M. Hamilton Jr., "How Does Hell Glorify God?" *9Marks eJournal* 7, no. 4(Sept.–Oct. 2010), 20-22을 보라.

67_ Augustine, "The City of God," XXI. 23.

아니라 하나님의 진노와 분노가 그곳에 영원히 존재하기 때문이다. 만약 여러분이 마귀가 두려워서 지옥을 두려워하는 것이라면 올바른 존재를 두려워하는 것이 아니다. 주 예수님은 친히 "몸은 죽여도 영혼은 능히 죽이지 못하는 자들을 두려워하지 말고 오직 몸과 영혼을 능히 지옥에 멸하실 수 있는 이를 두려워하라"(마 10:28)고 가르쳐주셨다. 누가 몸과 영혼을 능히 지옥에 멸하는가? 마귀인가? 당연히 아니다.[68] 마귀는 지옥에서 처벌받고 있는 존재일 뿐이다. 몸과 영혼을 지옥에서 영원히 멸할 수 있는 이는 누구인가? 지옥에서 하나님은 악인에게 "환난으로 갚으시고", 주 예수님은 자신의 원수들에게 "형벌"을 내리신다(살후 1:6-8). 지옥에 간다는 것은 하나님의 진노 속에 영원히 남겨진다는 의미다(롬 2:5-8). 지옥이 무섭고 두려운 이유는 "살아 계신 하나님의 손에 빠져 들어가는 것"이 무서운 일이기 때문이다(히 10:31). 바로 그것이 사람들이 지옥에 갈 때 일어나는 일이다.

둘째, 신자들은 성경의 지옥 교리를 통해 복음 전도의 절박성을 깨달을 수 있다. 당신은 하나님이 그리스도 안에서 당신에게 베풀어주신 놀라운 긍휼을 알게 되었는가? 당신은 십자가에서 제물로 바쳐진 그리스도가 당신을 어디에서 건져내셨는지 헤아리게 되었는가? 만약 하나님의 긍휼이 당신을 품을 정도로 크고 넓다면 당신의 이웃을 품기에도 충분하지 않겠는가? 지옥에 떨어진 자의 두려움을 느껴본 당신은 아직 시간이 있을 때 그 두려움을 경험하지 못한 자에게 하나님의 긍휼을 나누어주어야 하지 않겠는가? 이런 마음을 최고로 잘 표현한 스펄전(Charles H. Spurgeon, 1834-1892)의 글을 살펴보자.

68_N. T. Wright, *Jesus and the Victory of God,* Christian Origins and the Question of God 2(Minneapolis: Fortress, 1996), 454-55은 이와 대조된다.

오, 그리스도 안에 있는 형제 여러분! 만약 죄인들이 지옥에 떨어진다면 적어도 그들이 우리의 몸을 밟고 지옥으로 뛰어들게 합시다. 만약 죄인들이 멸망으로 달려간다면 그들을 저지하고 그들 스스로 광기에 사로잡히지 못하게 하려고 발에 매달려 애원하는 우리의 팔을 뿌리치게 합시다. 만약 지옥이 배불리 채워져야 한다면 적어도 우리의 수고로운 입을 거쳐서 채워지게 합시다. 그래서 단 한 사람도 경고를 듣지 못한 채, 그를 위해 기도해주었던 사람도 없는 상태에서 그곳에 떨어지지 않도록 합시다.[69]

69_Charles Haddon Spurgeon, "Sermon XX: The Wailing of Risca," in *Spurgeon's Sermons*, vol. 7(Peabody, MA: Hendrickson, 2014), 333-34.

논평
종결적 형벌 지지자의 답변

존 G. 스택하우스 2세

사실 나는 종말론의 이 분야에서 버크와 교리적으로 공감하는 부분이 많다. 우리의 공통점을 일일이 제시하는 것은 우리의 목적에 접근하는 효율적인 방법은 아닐 것이다. 하지만 우리 두 사람이 각을 세우는 부분들이 하나님, 그리스도, 죄, 구원을 다루는 조직신학의 여러 핵심 분야에 관한 포괄적 일치 안에 놓여 있다는 사실을 되새기는 것은 중요하다.

특히 우리 두 사람은 하나님에 관한 우리의 관점이 지옥에 관한 우리의 견해를 좌우한다는 점에 동의한다. 그래서 나는 과감하게 버크의 신관은 하나님의 선하심(goodness)보다 하나님의 뛰어나심(greatness)에 초점을 더 맞추었다고 지적하면서, 특히 그가 피조물을 향해 하나님이 베푸시는 사랑의 송축을 포기한 것처럼 보인다고 말하고자 한다.

나는 버크의 주장이 엄연히 성경적임에도 불구하고 그 본질은 연역적이라고 생각한다. 그에 따르면 하나님은 무한히 크신 분이므로 그런 하나님께 범하는 죄는 무엇이든지 무한한 처벌을 받아야 마땅하다. 게다가 하나님은 "하나님이 당신의 이름을 영화롭게 하려는 목적에서 세상을 창조하셨기"(사 42:8, 43:7) 때문에 이처럼 무한한 처벌을 관철하신다.

이런 주장에 관해 지적할 것은 여러 가지다. 그러나 우선은 신학적 추론의 본질을 어지럽히는 잔가지들부터 제거해보자. 버크는 신학적 논쟁을 벌이는 상대들이 "감정적"인 것을 문제 삼으며 포문을 연다. 사려 깊은 사상가들의 경우와 마찬가지로 신학자들이 주의를 기울여야 하는 정보는 감정을 통해 전달되어서는 안 된다는 것이다. 그렇다면 **실제로** 그런 전통적 교리 서술은 왜 혐오감을 불러일으킬까? 내가 그런 신관에 몸서리치는 **진짜** 이유는 무엇일까? 어쩌면 그것은 버크의 주장처럼 내가 하나님의 말씀으로 교정받을 필요가 있는 거룩하지 못한 감정에 사로잡혔기 때문인지도 모른다. 그러나 내 생각에 이 감정은 오히려 **거룩한** 감정, 아니 사실은 하나님의 형상(*imago Dei*)에 내재하는 선하고 기본적인 감정이다. 이 감정은 우리가 잘못된 신학의 길로 들어서지 않게 경고해준다. 그렇다면 "감정적"인 것은 단순히 일어나고 있는 일에 관한 인간적인 경각심을 잃지 않았다는 의미다. 그래서 우리는 지혜롭게 감정을 고려해야 한다. 물론 감정의 지배를 받아도 된다는 이야기는 아니다.

그러면 이제 버크의 주장을 살펴보자. 첫째, 앞서 지적했듯이 버크의 주장은 연역적이다. 사실 버크는 무엇보다 성경에 근거하지 않은 이야기로 논증을 시작한다. 실제로 그것은 버크가 어떤 설교자에게 들은 이야기였다. 그 이야기는 선의를 가진 모든 설교자의 이야기와 마찬가지로 확실히 우리의 감정에, 또는 더 조심스럽게 말하면 우리의 윤리적 직관에 직접 호소한다. (나는 이런 발상 자체에 어떤 잘못이 있다고 생각하지는 않는다. 단지 심혈을 기울여 상대의 감정주의를 지적하는 사람에게서 나올 법하지 않은 이야기로 보일 따름이다.) 의도적으로 희생자를 늘려가는 신체 절단에 관한 혐오스러운 이야기는 "이처럼 무한히 영광스러운 존재에게 저지르는 죄는 무한히 끔찍한 처벌이 어울리는 무한히 극악한 죄"라는 결론으로 이어진다.

여기서 즉각적인 문제점은, 그리고 이어지는 모든 해석 작업에서 드러나는 문제점은 버크가 실제로 이런 주장을 뒷받침하는 본문이 성경에 하나도 없다는 점을 정확히 보여준다는 것이다. 어떤 성경 저자도 "하나님은 무한히 크신 분이기에 하나님께 범하는 죄는 무한한 처벌을 수반할 정도로 무한히 나쁘다"고 말하지 않는다. 나는 버크야말로 연역적인 방식으로 드러나는 직관과 자신의 감정에 휘둘리는 사람이라고 말하고 싶다. 그와 같은 추론에 따라 버크가 성경에 적용하는 해석적 전제에서 벗어나 살펴보면 성경의 실제 내용은 버크의 주장과는 완전히 반대됨을 알게 될 것이다.

두 번째 문제점은 버크의 신관에서 하나님은 주로 당신의 영광을 추구하는 분이시라는 사실이다. 그는 "하나님이 당신의 이름을 영화롭게 하려는 목적에서 세상을 창조하셨다(사 42:8, 43:7)"고 말한다. 그가 제시한 두 가지 증거 본문 가운데 전자(사 42:8)는 사실 문제의 요점과는 연관이 없다. 또한 후자(사 43:7)는 실제로 이스라엘을 향한 하나님의 **사랑**에 관해 말한다. 이스라엘은 하나님이 단순히 자신을 영광스럽게 하려고 동원하는 어떤 도구가 아니라는 것이다.

하나님 자신의 영광에 몰두하는 이런 신관은 오늘날 일부 복음주의자 사이에서 큰 인기를 얻고 있다. 그러나 사실 이는 세상을 향한 하나님의 목적을 위험스럽게 제한하는 편협한 견해다. 왜냐하면 그런 견해는 요한복음 3:16 ―"하나님이 세상을 이처럼 **사랑하사** 독생자를 주셨으니…"― 으로 대표되는 성경의 많은 가르침을 소외시키기 때문이다. 하나님은 더 큰 영광을 얻기 위해서가 아니라 "그를 믿는 자마다 멸망하지 않고 영생을 얻게" 하시려고 세상을 사랑하셨다. 또한 예수님은 "그 앞에 있는 기쁨을 위하여"(히 12:2) 우리 대신 고난을 받고 죽으셨다. 그 기쁨은 사랑하는 자를 구하는 사랑의 기쁨이다. 하나님은 온 우주에, 그리고 모든 곳에서 샬롬(평화)을 이루는 데 깊은 관심을 두고 계신다. 그래서 하나님은 "그의 십자가의 피로 화평을 이루사 만물 곧 땅에 있는 것들이나 하늘에 있는 것들이 그로 말미암아 자기와 화목하게 되기를"(골 1:20) 기뻐하셨다.

버크의 견해가 편협하고 위험한 이유는 버크가 말하는 하나님은 자신의 뛰어남에 사로잡혀 있어서 응당한 권리를 주장하는 것 외에 다른 일은 할 수 없는 분이시기 때문이다. 만약 그것이 지옥에 떨어진 자들의 끝없는 고통을 의미한대도 그렇게 하실 수밖에 없다. 버크의 하나님은 그것으로 기뻐하실 것이다. 그러나 성경의 하나님은 인간을 사랑하고 온 세상을 사랑하며 스스로 두려운 대가를 치를지언정 우리를 기쁨으로 구원하고자 하는 분이시다. 이런 하나님은 자신의 피조물의 고통을 조금도 기뻐하지 않으실 것이다. 하나님의 거룩하심은 회개하지 않고 고집스럽게 거절하는 자들에게 공의를 요구하겠지만 거기에는 기쁨이 없다. 공의는 다만 필요한 시간만큼만 적용될 것이다. 즉 당신은 당신의 죗값을 치르면 그것으로 족하다.

하나님의 관심 사항에 관한 버크의 견해는 기이하게 자기중심적인 하나님을 수반한다. 그런 하나님은 불운한 피조물들을 오만하게 자기를 높이기 위한 도구로 대하실 뿐이다. 내가 여기서 일부러 과장하는 것은 아니다. 나는 이런 생각이 실제로 하나님을 높이겠다고 생각하는 자들에게서 나온다는 사실이 정말 두렵다. 하지만 그들은 그런 식으로 ─유명론, 칼뱅주의, 이슬람이 그랬던 것처럼─잘못을 저지르면서 결과적으로 하나님을 자기도취에 빠져 다른 모든 것에는 철저히 무관심한 비열한 모습으로 만들어버린다.

세 번째 문제점은 버크가 피터슨의 모범을 따라 열 가지 성경 본문에 초점을 맞춘 것이다. 분명히 이 책의 기고가들은 지면의 제약 때문에 자신의 주장을 개진할 때 본문을 선별해서 다루어야 한다. 그러나 하나님의 원수들이 맞을 운명에 관해 말하는 성경 본문은 아주 많다는 사실을 기억해야 한다. 그리고 (여러 사람 중 특히) 에드워드 퍼지(Edward Fudge)가 상세히 설명했듯이 그처럼 많은 본문이 하나님께 맞선 결과는 곧 심판, 고통, 소멸이라고 사실상 만장일치로 묘사한다.

게다가 버크는 성경 본문을 차례로 분석하면서 본문에 들어 있지 않은 의미, 특히 그곳에 묘사된 고통이 영원하다는 설명을 덧붙인다. 이런 설명은 결국에는 질문을 불러일으킨다. 첫 번째 본문인 이사야 66:22-24은 죽지 않는 벌레와 꺼지지 않는 불에 관해 말한다. 하지만 그들이 없애는 것은 **시체들**이지 계속해서 살아나는 "언데드"(undead)나 좀비가 아니다. 심판을 상징하는 벌레와 불의 불멸성(deathlessness)은 하나님이 죄에 대해 품으시는 거룩한 반감의 영속성에 관해 말할 뿐이다. 시체들 자체는 **죽었다**. 그것들은 끝나버렸다. 여기서 버크는 분명하게 자신이 본문에 지식을 덧붙이고 있다는 점을 인정하는 성실한 태도를 보여주며 "본문에는 구체적으로 명시되지 않지만 이 장면은 하나님의 원수들에게 끝없는 처벌을 받기에 적합한 몸이 주어진다고 가정하는 듯하다"고 말한다. 하지만 내가 보기에 그 "본문"은 그런 가정을 하지 않는다.

버크가 이어서 다룬 다니엘 12:2-3은 "수치와 영원한 부끄러움"에 관해 말한다. 그러나 다니엘 12:2-3은 문자적으로 지옥에 떨어진 자가 자신의 치욕적인 평판에 대한 부끄러움을 영원히 의식하는 문제에 관해서는 조금도 말하지 않는다. 다시 말해 그들의 평판은 그들이 살았거나 죽었거나 간에 수치스럽기는 매한가지다. 다니엘 12:2-3이 말하는 것은 그것이 전부다.

버크는 세 번째 본문인 마태복음 18:6-9을 분석할 때 (가멸적인) 어떤 존재가 심판의 불을 통해 맛보게 될 경험과 그 불(악에 대한 하나님의 영원한 반감과 응징의 상징) 자체를 또다시 혼동한다. "영원한 불은…지옥에 있는 자가 겪을 고통을 묘사"한다는 것이다. 사실 버크는 "파멸"과 "완전히 멸망하는 것"에 관해 말하는 본문을 올바르게 인용했다. "파멸"과 "완전히 멸망하는 것"이란 말이 "의식적 상태로 영원히 사는 것"과 같은 의미로 들리지는 않는다.

의문 부호는 꼬리에 꼬리를 문다. 버크가 제시한 본문들은 단순히 영원한 고통을 겪기에 적합한 몸에 관해 말하지 **않는다.** (우리는 버크가 존경스럽게도 "영혼 불멸"이라는 비기독교적 개념을 피했다는 사실에 주목해야 한다.) 그러나 이 본문들을 하나씩 모두 다루기에는 지면이 부족하다. 다행히 요한계시록에서 뽑은 두 본문은 나의 기고문에서도 다루었다.

이어서 네 번째로 지적할 점은 성경이 거듭 말하는 것처럼 하나님의 진노는 맹렬하지만 영원히 계속되지는 않는다는 사실이다(시 30:5; 103:9). 따라서 종결적 형벌 ―상응하는 고통과 이후의 소멸 ―이 고려되든지 보편구원론이 옳든지 둘 중 하나다. 그런데 보편구원론은 옳지 않으므로(이는 패리의 주장에 답변할 때 다룰 것이다), 종결적 형벌이 성경적 가르침에 부합하는 견해로 남는다.

그런데 유감스럽게도 버크의 견해에 따르면 하나님의 진노와 처벌은 영원히 계속된다. 하나님이 그렇게 하시는 이유는 그래야 하나님이 돋보이시기(하나님의 영광을 높이는 것과 같은 말) 때문이다. 정중하게 평가하자면 하나님이 인간에게 영원한 의식적 고통을 가하는 분이시라는 견해는, 하나님이 사랑하시는 피조물을 구원하고 "샬롬"을 증진하는 등의 신적 목적을 성취하는 데 전혀 도움이 되지 않는다. 더 나아가 이런 견해는 그 자체가 소망하는 목표, 곧 하나님의 영광을 높이는 것도 이루지 못한다. 오히려 이런 견해는 참된 믿음을 가로막는 비성경적이고 불필요한 걸림돌일 뿐이다. 좀 더 노골적으로 말하자면 이런 견해는 가학적이다. 성경이 말하는 하나님, 곧 우리 주 예수 그리스도의 아버지이신 하나님은 다른 사람들의 고통으로부터 기쁨을 얻는 자의 반대 극단에 계신다. 즉 하나님은 다른 사람들을 **위해** 고통을 겪는 일에서 기쁨을 얻는 분이시다(히

12:2). 그러니 다음과 같은 이유로 하나님을 찬양하자.

그의 노염은 잠깐이요, 그의 은총은 평생이로다. 저녁에는 울음이 깃들일지라
도 아침에는 기쁨이 오리로다(시 30:5).

보편구원론 지지자의 답변

로빈 A. 패리

나는 버크가 성경의 권위를 명확히 존중한다는 점과 생명의 상속자와 멸망의 상속자가 분리되는 최후 심판에 관한 성경의 묘사를 적절히 부각함으로써 도움을 주려 했다는 점을 칭찬하고 싶다. 이 주제는 버크가 제대로 보여준 것처럼 신약성경을 관통할 뿐만 아니라 초기 교회에서 통용된 "신앙의 규범" 중 한 부분으로서 기독교 신앙의 핵심이기도 하다.[1] 즉 이는 받아들일지 말지 결정할 수 있는 교리가 아니라 기독교의 **중심** 교리로서 다루어져야 한다. 이 점에 관해 우리는 뜻이 통한다. 그러나 여기서 나는 의견이 다른 부분에 집중해서 답변하고자 한다.

방법론의 측면

버크는 자신의 기고문이 "**관련된** 성경 본문들이 **실제로** 뭐라고 가르치는

1_Irenaeus, *Against Heresies* 1.10.1, 3.4.2; Tertullian, *On the Prescription of Heretics* 13; *On the Veiling of Virgins* 1.3-4; *Against Praxeas* 2; Hippolytus, *Against Noetus* 1, 18; Origen, *On First Principles*, preface.

지를 설명하는 데 목표를 둔다"고 말한다(강조는 덧붙임). 나는 버크가 제시한 열 가지 본문이 이 논의와 관련된 본문 가운데 **일부**라는 점에는 동의하지만 그것들이 관련된 **바로 그** (최고의? 유일한?) 본문들이라고는 생각하지 않는다. 그리고 나는 그 본문들을 다른 본문들과 **함께** 다루지 않고 따로 고찰하는 것으로는 지옥 문제를 해결할 수 없다고 확신한다. 아마도 보편구원론을 말하는 것처럼 보이는 본문들이나 그리스도를 통해 모든 사람을 구원하고자 하시는 하나님의 사랑 가득한 열정을 말하는 본문 등도 지옥 문제와 관련이 있을 것이다.

지옥 논쟁에서 중요한 해석의 방향은 어떤 본문은 절멸을, 다른 본문은 영원한 의식적 고통을, 또 다른 본문은 보편구원론을 지지하는 것처럼 보인다는 사실을 어떻게 다루느냐로 결정된다. 어떻게 그 **모든** 본문을 거룩한 성경으로 확증하면서 그 본문들을 서로 관련지어 해석하고 다양한 가르침들을 하나로 묶을 수 있을까? 이것이 바로 복음주의자들의 과제다.

이런 점에서 나는 버크가 다른 관련 본문들에 곁눈질조차 하지 않고도 영원한 의식적 고통에 심취한 자신의 성경적 논증의 힘이 "논란을 불식하기에 충분할 것"이라고 말하는 점이 우려스럽다. 나는 버크가 다른 관련 본문들도 영원한 의식적 고통을 지지한다는 타당한 근거를 제시해야 한다는 요구에 흔쾌히 응할 것이라는 사실을 추호도 의심하지 않는다. 그러나 버크는 그런 모든 본문이 영원한 의식적 고통에 부합**해야만 한다**는 확고한 신념 속에서 접근하지 않을까? 절멸주의자와 보편구원론자가 자신이 제시하는 열 가지 본문에 대해 편견에 치우친 감정적 해석을 하지 않을까 두려워하는 만큼 버크 역시 본문들을 해석할 때 그런 영향을 받는다고 말할 수 있지 않을까?[2]

2_ 여담이지만 나는 Burk와 달리 감정이 신학적·윤리적 합리성에 결정적 역할을 한다고 생각한다.

버크가 제시하는 열 가지 본문에 관해 살펴보자. 다른 것들이 맞아 들어간다면 우리 두 사람은 그 본문 가운데 일부가 **액면가로 볼 때** 영원한 의식적 고통을 가르친다는 사실에 동의할 수 있을 듯하다. 그러나 다른 것들이 맞아 들어가지 **않는다**. 나는 내 기고문에서 지옥에 관한 버크의 견해에 불리하게 작용하는 중요한 성경적 요소들이 있음을 논증했다. 나는 그 중요한 요소들을 무시한 채 버크가 제시하는 열 가지 본문과 그것들의 상호 관련성을 고찰할 수 없다.

나는 이 열 가지 본문에 어떻게 접근했는지를 내가 기고한 논문에서 매우 명확히 밝혔기에 지금 똑같은 말을 하지는 않을 것이다. 간단히 말하자면 나는 이 열 가지 본문이 이 책에 소개된 다른 견해를 배제할 수 있을 만큼 명확하지는 않다고 본다.

버크는 자신의 견해에 유리한 두 가지 핵심 주장을 내세운다. ① 이 본문들은 버림받은 자의 정죄 외에 소망에 관한 암시를 조금도 제공하지 않는다. ② 이 본문들 가운데 일부는 처벌/멸망이 "아이오니오스" 곧 "영원하다"고 묘사한다. 나는 이 두 주장에 관해 간단히 논평하겠다.

두 가지 운명

먼저 우리가 다룰 주제에서 벗어난 내용으로 시작해보자. 마가복음은 이혼이나 재혼을 허락하지 않는다(막 10:1-11). **예외는 전혀** 언급되지 않는다. 만약 마가복음이 우리가 가진 전부였다면 우리는 성경적 그리스도인은 이혼이나 재혼을 **절대 하지 말아야 한다**고 생각할 것이다. 그러나 마태복음은 예외를 언급한다. 음행이 예외의 조건이다(마 19:1-9). 그러나 이 역시 많은 예외 중 **한 가지**일 뿐이다. 만약 복음서가 우리가 가진 전부였다면 그리스도인들은 이혼이나 재혼이 허용되는 **단 한 가지** 소선만 알게 될 것이다. 그러나 바울은 또 다른 예외를 언급한다. 곧 버림받은 경우다(고전 7:15).

요점이 무엇인지 궁금한가? 오늘날 이혼과 재혼에 관한 성경의 가르침과 그 적용점을 찾고자 하는 그리스도인은 마치 마태복음이나 바울 서신은 없는 것처럼 마가복음만 읽을 수는 없다. 우리는 **모든** 관련 본문을 공평하게 다루어야 한다. 어쩌면 많은 학자가 생각하듯이 마가 자신은 그 규칙에 어떤 예외가 있다고 믿지 않았으나 마태는 한 가지 예외가 있다고 생각했을 수 있다.[3] 설령 그것이 사실이라고 해도 성경 **전체**에 참되기를 바란다면 우리는 그런 생각을 받아들일 수 없다. 우리는 마가가 쓴 진리를 인정한다. 하지만 그럴 때 우리는 다른 본문들이 제시하는 조건들을 유념해야 한다. 우리는 마가복음을 인정하면서도 마가복음을 넘어서야 한다.

주제로 돌아가보자. 버크가 올바로 지적한 대로 두 가지 운명을 다루는 본문 대부분은 두 집단의 분리 후에 어떤 구원이 있으리라고 암시하지 않는다. 우리가 성경으로부터 궁극적인 보편적 구원에 대한 소망을 전혀 발견할 수 없다면 분명히 그 본문들은 보편적 구원에 대한 강력한 부정으로 읽힐 것이다. 그러나 우리는 보편구원론에 관한 성경적 근거를 찾을 수 있다. 그렇다면 우리는 두 가지 운명에 관한 본문들**과 더불어** 보편적 구원에 관한 본문들이 말하는 진리를 어떻게 **모두** 확정할 수 있을까? (바울 서신, 요한복음, 요한계시록에서 이 두 진리는 나란히 나타난다. 아마도 그 저자들은 두 진리가 하나의 세트라고 본 듯하다.) 초기 교회 당시에도 많은 사람이 지지했던 보편구원론의 대표적인 주장은 이렇다. 곧 정죄란 궁극적 구원을 가르치는 본문들에 의해 제한을 받는 개념으로서 최종이 아니라 끝에

3_ 마태와 바울은 마가가 기록한 말의 배후에 놓인 암묵적 전제를 깨닫도록 우리를 돕는 것일 수도 있다.

서 두 번째("pen"ultimate)로 임하는 운명이다. 우리는 이렇게 이해함으로써 두 종류의 본문을 조화시킬 수 있다. 두 가지 운명에 관한 본문들이 정죄 이후에 있을 구원을 직접 언급하지 않는다―연상시키기는 한다―고 해도 그 자체로 그런 구원을 배제하는 것은 아니다. 이는 마가가 이혼이나 재혼의 금지에 관해 예외를 인정하지 않는다고 해서 이혼이나 재혼을 완전히 배제한다고 볼 수 없는 것과 같다.

또한 두 가지 운명의 자격 조건이 나오지 않는다는 사실이 수사적으로 중요한 역할을 할 수 있다는 점을 고려해야 한다. 경찰관이 죄수에게 경고하는 장면을 생각해보자. "당장 멈추지 않는다면 당신은 감옥에 가게 될 것입니다!" 이때 경찰관은 "하지만 걱정하지는 마십시오. 결국 당신은 풀려날 것입니다"라고 덧붙이지 않는다. 비록 그 말이 사실이라고 해도 이런 식의 완화는 경고의 효과를 떨어뜨리기 때문이다. 마찬가지로 하나님이 어떤 본문의 문맥에서 두 가지 운명의 조건을 제시함으로써 그 심각성이 약화하는 것을 바라지 않으셨을 만한 충분한 이유가 있을 것이다.

영원하다?

"영원한 형벌"과 "영원한 멸망"은 어떤가? 내 기고문에서 드러나겠지만 나는 버크가 "아이오니오스"가 "'시대와 관련된'을 의미하는 형용사"라고 각주를 단 것을 보고 기뻤다. 스택하우스가 이를 "종종 '오는 시대에 속한'을 의미하는" 형용사로 보는 것에 관해서도 마찬가지다. 이는 정확한 지적이며 그것이 내가 버크와는 반대로 "'콜라시스'가 끝없이 계속되는, 죄에 대한 형벌이라고 확신할 수 있다"고 보지 않는 한 가지 이유다. "콜라신 아이오니온" 곧 "영벌"(마 25:46)의 경우에 비록 오는 시대―형벌이 내려지는 시간적 배경이다―가 영속적이라고 해도 이 단어로는 형벌의 지속 기간을 특정할 수 없다.[4] 이렇게 조심해야 하는 이유는 소돔에 떨어진 "영원한 불"(퓌로스 아이오니우)에 관한 해석에서 드러난다(유 1:7). 이 불은 버크의 주장과 달리 영원히 타오르지 **않았다.**

또한 우리는 보편구원론을 지지한 초기 교회 교부들 가운데 종말론적 형벌이 "영원하다"(아이오니오스)고 즐겨 표현했을 법한 사례가 많다는 사실을 기억해야 한다. 그들은 이런 성경적 전문 용어가 자신들의 보편구원론과 **충분히 양립할 수 있다**고 보았다.[5]

이런 사실은 열 가지 본문에 관한 영원한 의식적 고통 지지자의 해석이 보편구원론자들에게도 받아들여질 수 있는 길을 열어준다. 그러나 나는 그 본문들이 통일된 전체로서의 정경 속에 자리하는 한 그 본문들을 그런 식으로 읽기는 점점 더 어려워진다고 말하고 싶다. 그 본문들은 오직 정경의 전체 구조 안에서 이해될 때만 권위 있는 성경 본문으로 작용한다.

4_ 여기서 다른 보편구원론자들의 다양한 접근법을 소개하는 것이 좋겠다. 오리게네스주의자는 오는 시대의 기간만큼 영원한 형벌이 계속될 것으로 생각한다. 그런데 그들이 볼 때 오는 시대는 **모든 시대를 넘어서는** 최종적 회복의 전조로서 영속적인 것은 아니다. 또한 Thomas Talbott가 볼 때 영원한 형벌이란 형벌의 기간과 상관없이 ① 영원한 하나님에게서 비롯해서 ② 영속적인 교정 효과를 끼치는 형벌이다. 더 나아가 어떤 보편구원론자는 **심지어** 영원한 형벌이 영원한 의식적 고통을 가리킨다고 보기도 한다. 다만 이때 하나님은 성령을 통해 회개하고 그리스도와 연합되는 자를 그 고통으로부터 건져주실 것이다. 따라서 Burk가 옳다고 **할지라도** 영원한 의식적 고통 개념이 보편구원론을 배제하는 것은 아니다.

5_ Allin, *Christ Triumphant,* 93-98; Konstan, Ramelli, *Terms for Eternity,* 3-4장을 보라.

다른 측면들

성경적으로 사고함

버크는 서두에서 전통적 지옥 개념에 대한 통상적인 반론을 몇 가지 언급한다. 하지만 그는 그 반론들이 "특정 성경 본문이 아니라 하나님이 일하시는 방법에 관한 인간적 평가에 기반한다"고 염려한다.

그러나 신학적 사고는 단순히 "특정 성경 본문"의 설명에 관한 것만이 아니다. 신학적 사고란 우리가 성경 속에 거하고 성경 역시 우리 속에 거하게 함으로써 우리의 지성과 감정이 성경적으로 재형성되게 하는 것이다. 우리는 특정 성경 본문이 말하는 것을 **넘어서** 성경적으로 사고할 수 있다. 내 말의 요점은 버크가 묵살한 문제들이야말로 그리스도인들이 성경적으로 사고하고자 할 때 제기되는 문제들이라는 사실이다. 영원한 고통이 하나님의 사랑과 양립할 수 없다고 말하는 특정 구절은 없을지도 모른다. 하지만 그렇다고 해서 그에 관한 염려가 **정확히** 하나님에 관한 성경적 가르침**에서** 비롯하지 않은 것은 아니다. 이를 "하나님이 일하시는 방법에 관한 인간적 평가"로 치부하기에는 너무 당연한 이야기다. 만약 특정 증거 본문이 없다는 이유로 이런 문제를 배제하는 것이 옳다고 본다면, 특정 증거 본문이 없는 다른 문제들 ─ 삼위일체 등의 교리 문제들 ─ 도 그렇게 보아야 할 것이다. 큰일 날 소리다!

지옥에 보내기를 기뻐하라?

나는 끝없는 형벌이 "하나님의 무한한 선하심과 공의를 증명함으로써 성도들의 기쁨과 찬양의 원천이 된다"는 버크의 관점에 충격을 받았다. 그의 말대로라면 우리는 지옥에 떨어진 자들이 **아무 소망도 없이** 쓸쓸히 정신적 혼란을 겪고 있음을 보면서 마음에 충만한 행복을 느낄 것이다.

거기에는 우리가 깊이 사랑하는 자들이 포함될 텐데도 말이다. 그만하면 좋겠다. 하나님은 비록 정당한 사유라 할지라도 죄인들이 죽는 것을 기뻐하지 않으신다(겔 33:11). 나 역시 그러고 싶지 않다. 성도들은 죄인들의 형벌에 관해 복잡한 반응을 보일 것이다. 물론 우리는 하나님의 원수들이 이제 자유롭게 해를 끼치지 못하게 되었고 죄인들이 "그것을 해결하지 않은 채 사라지지" 않았다는 사실을 즐거워할 것이다. 그와 동시에, 그럼에도 우리는 고통당하는 사람을 보면서 슬픔을 느끼지 않을 수 없을 것이다.

구속받은 자의 행복

여기서 또 다른 염려가 불거진다. 자신이 사랑하는 사람이 영원한 의식적 고통(또는 절멸)을 겪는다면 성도들은 새 창조를 **충분히** 기뻐할 수 있을까? 엄마는 부활했는데 그녀의 사랑하는 딸이 지옥에서 불에 타고 있다면 어떻게 온전한 기쁨이 있겠는가? 그 엄마는 하나님이 주신 사랑으로 자기 딸이 신적 생명 속에 들어가기를 갈망한다. 그러나 그 갈망은 **결코** 이루어질 수 없다. 이제 소망이 없는 것은 그 딸뿐이 아니다. **그 엄마**에게도 소망이 없다. 이쯤 되면 어떻게 천상의 기쁨이 감소되지 않겠는가? (하나님이 자기 딸을 **미워하도록** 하시지 않는 한 말이다. 말이 안 된다!)[6]

비유

버크는 신학적 전제들을 성경에 맞추도록 도움으로써 우리가 본문을 올바르게 해석할 준비를 하게 하려고 여러 피조물의 다리를 뜯어내는 사람

6_Stackhouse는 하나님이 잃어버린 자에 관한 우리의 기억을 지우실 것이라고 주장한다. 하지만 그렇게 되면 실제로 우리의 기억은 갈가리 찢겨 일관성 없는 혼란 속에 빠질 것이다(Gregory MacDonald, *The Evangelical Universalist,* 2nd ed. [Eugene, OR: Cascade, 2012], 16-17을 보라).

을 비유로 제시한다. 이 비유의 목적은 죄의 심각성이 부분적으로 그 죄가 저질러진 대상의 지위에 따라 결정된다는 것을 파악하도록 돕는 데 있다. 나도 그런 주장에 동의한다. 그런데 버크는 이어서 하나님의 무한하심을 말하며 "이처럼 무한히 영광스러운 존재에게 저지르는 죄는 무한히 끔찍한 처벌이 어울리는 무한히 극악한 죄"라고 주장한다.

여기서 버크의 기고문이 토대를 둔 원리가 드러난다. 그는 우리가 본문이 "실제로 말하는" 것을 자유롭게 듣도록 어떻게든 왜곡된 전제들을 제거하려 한다. 그러나 그런 주장은 안셀무스(Anselmus, 1033-1109) 이전에는 제기되지 않았으며 성경에서도 전혀 발견되지 않는다. 그보다 그런 주장은 성경과 양립할 수 없는 것 같다. 그 이유를 설명해보겠다. 모든 죄는 하나님에 대한 죄인데, 그런 주장에 따르면 하나님은 무한히 영화로운 분이므로 모든 죄는 무한한 죄과를 초래한다. 우리는 무한한 죄과보다 더 나쁜 결과를 얻을 수 없기에 **모든 죄**는 무한히 나쁘다는 점에서 서로 같다. 누군가가 사무실에서 종이 한 장을 훔쳤다고 하자. 그렇다면 그는 아이들을 학대하고 살해했을 때와 마찬가지로 무한한 형벌을 치러야 하는 죄를 저지른 것이다.

이는 분명히 우리의 가장 깊숙한 도덕적 직관을 건드리는 이야기로서 경종을 울려야만 한다. 하지만 이는 성경에서 각종 죄는 심각성의 정도가 다르다는 사실과 문제를 일으킨다. 모든 죄는 서로 동급이 아니며 모든 죄에 똑같은 처벌이 어울리는 것도 아니다. 분명히 말하지만 모든 죄가 "무한히 끔찍한 처벌"을 받게 되어 있다는 암시는 전혀 없다. 따라서 여기서 내가 우려하는 것은 이 주장이 성경 본문들을 올바로 이해하는 길로 우리를 인도하기는커녕 오히려 그 **반대** 결과를 가져올 수 있다는 점이다.

확실히 하나님은 무한히 영화로운 분이시지만 이 진리로부터 하나님에게 범하는 모든 죄가 무한한 죄과를 초래한다는 결론이 반드시 도출되는 것은 아니다. 죄의 심각성은 죄가 저질러진 대상의 지위**뿐만 아니라** 죄 자체의 본질(동기, 의도, 결과 등)에 의해서도 결정된다. 단순히 말해 유한한 피조물은 무한한 처벌을 초래하는 죄를 범할 수 없다.[7] 그런 처벌은 균형을 상실한 것으로서 처벌의 기초가 되는 인과응보의 원리를 뒤흔든다. 그러므로 영원한 의식적 고통은 정당하지 **않다**고 말할 수 있다.

더 나아가 나는 버크의 관점 속에서 하나님이 죄와 악한 세상을 끝없이 **영구화하는** 분이 되어버리지 않으실까 염려스럽다. 영원하신 하나님이 적절한 처벌로 죄와 악한 세상의 균형을 잡으시는 것은 사실이다. 하지만 이때 하나님이 창조세계로부터 죄를 제거하지 않은 채 화목을 이루기를 적극적으로 거부하며 죄악으로 얼룩진 감정들을 지옥에 **영원히** 모아두신다는 문제가 남게 된다. 이는 신학적으로 매우 곤란한 문제다.

버크가 볼 때 영원한 의식적 고통 문제는 하나님이 누구신지의 문제로 귀착된다. 그에 따르면 "전통적 지옥 교리를 반대하는 우리의 감정적 반응은 우리가 하나님에 관해 진실로 믿는 것이 무엇인지를 그대로 보여준다." 맞는 말이다. 그러나 이는 정확하게 전통적 지옥 교리를 지지하는 사람들의 **문제점**이다! 그리스도인들이 이 과제를 붙잡고 씨름하는 진정한 이유는 영원한 의식적 고통을 상정하는 관점이 하나님의 선하심과 사랑, 그리고 **공의**와 양립할 수 없다고 여겨지기 때문이다.

7_ 하나님이 그들을 계속 처벌하기 위해 그들이 영원까지 계속 죄를 범하도록 허락하시지 않는 한 그렇다. 이는 추천할 만한 제안이 아니다.

지옥과 연옥 지지자의 답변

제리 L. 윌스

버크의 견해를 논평해야 하는 나는 미묘한 상황에 빠진 것 같다. 왜냐하면 나와 버크는 지옥이 영원하고 의식적인 고통이라고 본다는 점에서 다른 기고가들과 구분되기 때문이다. 나는 영원한 지옥에 관한 버크의 해석에 대체로 동의하고, 입증의 책임이 조건적 불멸설과 보편구원론을 지지하는 자들에게 있다고 생각한다. 그러나 나는 영원한 지옥에 관한 성경의 주장이 그 자체로 결정적이라고 생각하지는 않는다. 사실 나는 조건적 불멸설과 보편구원론 지지자들도 각기 자신들의 견해에 관해 나름대로 인상적인 해석을 제시할 수 있다고 본다. 그러나 신학의 역사 속에서 압도적인 합의가 어떻게 이루어졌는지는 분명하다. 따라서 나는 입증의 책임이 지옥을 의식적이고 영원한 비참의 장소로 보는 전통적 교리를 거부하는 자들에게 있다고 생각한다.

계속해서 말하자면 나는 이 논쟁이 좀 더 광범위한 신학적·철학적·도덕적·심미적 주제들에 초점을 맞추면서 그런 기준들에 비추어 경쟁적인 다양한 입장을 평가하는 방식으로 이루어져야 한다고 생각한다. 물론 그런 주제들은 해석학적 사고와 대립하는 위치에 놓이거나 건전한 주석의 대안으로서 당연시되어서는 안 된다. 오히려 그 광범위한 주제들은 불가피하게 해석적 주장이나 결론에서 비롯한다. 우리는 그런 주장이나 결론들을 대화의 중심으로 삼아 누구의 주장이 최종적으로 가장 신뢰할 만한지를 결정해가야 한다. 이 모든 과정은 단순히 어원론이나 그리스어 및 히브리어 문법에 관한 논의로는 해결되지 않을 것이다.

따라서 나는 버크의 견해를 논평하면서 그런 광범위한 주제들에 초점을 맞출 것이다. 버크가 지적했듯이 많은 사람이 지옥과 관련해 부딪히는 중대한 문제는 그들이 "전통적 견해가 정의롭고 사랑이 풍성하신 하나님의 방식과 어떻게 조화를 이루는지 이해하지 못한다"는 것이다. 거칠게 말하지만 나는 버크가 하나님의 공의와 사랑을 지옥과 관련해 어떻게 이해하는지 더 깊이 알고 싶다. 버크는 자신의 기고문 거의 마지막 부분에서 다음과 같이 말한다. "요약하면 하나님은 긍휼과 공의의 두 측면에서 영광을 받으시는데, 지옥의 존재는 죄의 심판을 통해 하나님의 공의의 영광을 영원히 입증하는 역할을 한다."

처음에 버크는 지옥의 영원한 처벌의 정당성을 이해시키기 위해 한 가지 비유를 든다. 내 생각에 버크는 그 비유를 통해 도덕적 죄책과 죄가 저질러지는 대상의 가치 사이에 상관관계가 있다는 점을 성공적으로 증명한 듯하다. 그러나 나는 그 비유에 내재한 심각한 비유사성이 버크가 확립하기를 바란 요점을 흐려놓았다고 본다. 우리에게는 하나님께 무엇을 할 수 있는 능력이 없다. 따라서 비유에 등장하는 남자가 메뚜기에서 시작해 아기에게까지 이르는 불쌍한 피조물들에게 입히는 해는 우리가 하나님께 행할 수 있는 일과 거의 유사성이 없다. 실제로 우리는 하나님께 어떤 해도 가할 수 없다. 하나님은 능력과 영광과 도덕적 완결성에서 우리를 완전히 초월하는 분이시기 때문이다. 어쨌든 버크가 확립하려 했던 요점은 "무한히 영광스러운 존재에게 저지르는 죄는 무한히 끔찍한 처벌이 어울리는 무한히 극악한 죄"라는 점이다.

이런 식의 논증은 화려한 역사를 자랑한다. 캔터베리의 안셀무스에서 조나단 에드워즈에 이르는 사상가들도 이런 논증의 변형된 형태들을 지지했다. 그러나 "무한히 끔찍한 처벌이 어울리는 무한히 극악한 죄악"을 무한한 영광 개념으로부터 추론해내려는 시도는 다소 의문을 불러일으킨다. 사실 무한성은 어려운 개념이고 조심스럽게 말해도 어떤 것 속에 있는 무한성이 그 무한성과 어느 정도 관련이 있는 다른 것 속에 있는 무한성을 어떻게 수반하는지는 전혀 분명하지가 않다. 예를 들어보겠다. 내가 1과 2 사이에 있는 수의 배열은 무한하다는 것을 이해한다고 말했다고 치자. 그렇다고 거기서 나의 지식이 무한하다는 결론이 따라 나오는가? 전혀 그렇지 않다. 나는 무한성에 대해 어느 정도의 지식을 갖고 있지만 그것이 나의 지식을 무한하게 만드는 것은 아니다. 마찬가지로 죄가 무한히 영광스러운 존재에 대한 것이라는 사실로부터 그 죄가 무한히 극악하다는 결론이 도출되는 것은 아니다.

분명히 다음과 같은 주장이 더 개연성이 있다. 오직 유한한 시간과 능력을 가진 유한한 존재는 오직 유한한 해를 입힐 수 있다. 그러므로 오직 유한한 형벌을 받아야 한다. 그렇다면 나는 버크가 마음속으로 진정 옳다고 생각하면서 영원한 지옥을 주장했는지 의심스럽다.

더 나아가 공의의 문제를 검토해보자. 나는 버크가 인간의 자유와 그 자유가 도덕적 책임 및 죄책에서 차지하는 역할을 어떻게 생각하는지 잘 모르겠다. 하나님을 거부한 죄인들은 복음을 진정으로 받아들일 수 있다는 의미에서 자유가 있었지만 복음을 받아들이지 않는 길을 선택했다는 것이 사실일까?

버크는 하나님이 모든 사람에게 자유로운 상태에서 복음을 받아들이고 구원받을 만한 능력을 갖추기에 충분한 은혜를 베풀어주신다고 믿는가? 하나님은 자신이 다루는 비슷한 사례를 똑같이 다룬다는 의미에서 공의로우신가? 타락한 모든 죄인은 구원과 영생의 기쁨을 경험할 만한 기회를 동등하게 누리는가?

이 문제는 버크의 견해로 인해 복잡해진다. 그는 "성경이 회개하지 않고 죽는 모든 사람은 **지옥**이라고 불리는 장소에서 영원한 의식적 고통을 겪는다고 가르친다는 사실을 밝히는 것"이 자신의 목적이며 "이 세상에서 사는 동안 예수님을 믿지 않아 구원받지 못하는 사람은 누구든지 그리스도가 재림하실 때 부활해 정죄를 받을 것"이라고 말한다. 이런 발언이 문제를 복잡하게 만드는 이유는 분명하게도 어떤 사람들은 다른 불행한 사람들보다 복음을 듣고 받아들이기 좋은 기회를 훨씬 더 많이 누리는 것처럼 보이기 때문이다. 이를테면 성경을 믿는 교회에 주기적으로 출석하는 화목한 가정에서 태어난 사람은, 슬럼가에서 매춘부와 포악한 술장사 사이에서 태어난 사람보다 훨씬 더 좋은 기회를 맞이하게 된다. 슬럼가에서 태어난 사람이 복음에 대해 거부하는 왜곡된 견해에 둘러싸인 상태에서 노상강도를 만나 청소년기에 죽임을 당했다고 가정해보자. 만약 그리스도를 받아들일 기회를 그런 죽음으로 상실한다면 이 사람은 은혜 가운데 구원받을 수 있는 유의미한 기회를 거의 얻지 못한 셈이 된다.

버크는 "예수님은 지옥을 회개하지 않는 죄에 대한 정당한 형벌로 묘사하신다"라고 말한다. 이 처벌의 정당성은 이 부끄러워하지 않는 죄인들이 그들에게 제공될 수 있었던 은혜를 거부했다는 사실에 근거하는가? 다시 말해 뉘우치지 않는 이 죄인들에게도 구원받은 사람들에게 주어진 **동일한** 은혜와 긍휼이 제시되었는가? 또는 지옥에 가는 자에게는 공의가 시행되고 구원받는 자에게는 긍휼이 주어진다는 것은 사실인가?

나는 버크가 가진 카드를 테이블 위에 펼쳐놓기를 바라며 이와 같은 여러 가지 질문을 제기한다. 공평하게 나도 내가 가진 카드를 펼쳐놓겠다. 아마도 내가 쥐고 있는 카드가 무엇인지는 아주 명확할 것이다. 곧바로 말하자면 나는 지옥 교리가 신학적 결정론이 되면 도덕적으로 옹호할 수 없는 교리가 된다고 믿는다. 나는 버크가 이 사실에 동조할지 아니면 하나님이 어떤 이는 구원을 위해 선택하고 나머지는 죄 가운데 죽어 영벌을 받도록 유기하심으로써 영광을 받으신다고 말할지 잘 모르겠다. 그는 하나님이 어떤 사람들에게는 불가항력적인 은혜를 베풀어주시지만 그런 은혜가 주어지지 않은, 그래서 하나님께 죄를 범하고 불순종하는 것 외에 다른 일은 할 수 없는 다른 이들은 파멸에 이르게 하심으로써 영광을 받으신다고 믿을까? 이것이 버크가 "지옥의 존재는 죄에 대한 심판을 통해 하나님의 공의의 영광을 영원히 입증하는 역할을 한다"고 말할 때 가리키는 의미인가?

어쨌든 지옥은 하나님의 공의를 입증하는 데 필수적인가? 하나님이 영광을 받으시기 위해서는 영원한 지옥이 반드시 **필요**한가? 버크가 대속 교리를 확신한다고 가정하고 말하자면 하나님의 공의는 그리스도의 죽음에서 충분히 드러나지 않았는가?

내가 앞서 제기한 질문들은 하나님의 사랑을 배경으로 살펴볼 때 훨씬 더 날카로워진다. 버크는 하나님이 진실로 모든 죄인을 사랑하신다고 믿는가? 하나님은 진정으로 모든 사람의 구원을 바라시는가? 하나님이 베푸시는 은혜의 동기는 진실로 타락한 죄인들에 대한 사랑인가? 아니면 하나님은 단순히 은혜를 베푸신 후 그 은혜를 거부하는 자들을 멸망시킴으로써 자신의 공의를 분명히 나타내고자 하시는가? (다시 말하지만 죄인들이 단순히 베풀어진 은혜를 자유롭게 받아들일 수 없는 경우라면 지옥의 정죄는 모든 사람에 대한 하나님의 온전하신 사랑과 양립하기는커녕 일말의 정당성조차 인정받을 수 없다.)

죽으면 회개할 기회가 사라진다는 생각은, 그런 기회가 주어지는 몇몇 경우가 있다손 치더라도 수많은 사람이 생전에 복음을 접할 제대로 된 기회를 거의 얻지 못하는 분명한 현실 속에서는 공의의 문제로 보기가 무척 어렵다. 또한 그것은 하나님이 진실로 모든 사람을 사랑하고 신실하게 모든 사람의 구원을 바라신다는 주장과 일치하지 않는다. 나는 성경이 죽으면 회개할 기회가 사라진다는 개념을 가르친다고 생각하지 않는다. 그리고 그런 주장을 뒷받침하기 위해 전통적으로 제기되어온 근거들은 의심스럽다고 생각한다. 예를 들어 아퀴나스(Thomas Aquinas, 1225?-1274)는 사후에 회개가 불가능한 이유는 몸과 분리된 영혼이 자신의 근본적 성향을 바꿀 수 없기 때문이라고 주장했다. 그러나 만약 영원히 긍휼을 베푸시는 하나님이 누구든지 멸망하는 것을 바라지 않으시고 모든 사람이 회개하기를 바라신다면, 그래서 사후에도 자신의 은혜가 계속되기를 바라신다면 몸이 있거나 없거나 간에 죄인들이 회개할 기회는 분명히 베풀어질 수 있다.[8]

확실히 영원한 지옥 교리를 다룰 때는 은혜 및 인간의 자유에 관한 논의를 배제하기가 어렵다. 하지만 지옥이, 회개할 모든 기회에도 불구하고 베풀어진 은혜를 완고하게 거부하는 죄인들이 자유롭게 선택하는 곳이라면, 최소한 그들이 자신의 운명을 선택한다는 사실은 분명해진다. 그들에 대한 하나님의 신실하신 사랑에도 불구하고 그들은 하나님의 사랑을 거부하기로 선택한다. 그리고 그 결과 그들은 창조의 참된 목적을 단호하게 거부하는 사람들에게 불가피하게 임하는 비참을 경험하게 된다.

그러나 어떻게 무덤덤한 얼굴로 하나님이 구원의 은혜를 보류하신 사람들을 사랑하신다고 말할 수 있는가? "웨스트민스터 신앙고백"에 따르면 하나님은 그 은혜를 통해 자신이 사랑하는 자들이 "선한 일을 하도록

8_ 이 문제들에 관한 상세한 설명은 *Heaven, Hell and Purgatory*(Grand Rapids: Brazos, 2015), 8장을 보라.

결정하게 하시고, 효과적으로 그들을 예수 그리스도에게로 이끄신다. 그러나 그들이 지극히 자유롭게 오는 것과 같이, 그분의 은혜로 기꺼이 하도록 하신다."[9] 신학적 결정론자들에게는 인간의 자유가 어떤 자를 구원하기 바라시는 하나님에게 전혀 걸림돌이 되지 않는다. 불가항력적 은혜가 사람들이 "지극히 자유롭게" 오는 것과 같이 그리스도에게로 나아오길 원하도록 결정해준다.

내가 이런 질문들을 제기하는 것은 버크가 자신의 기고문을 마치면서 그럴듯한 말로 그가 마치 하나님이 진실로 모든 사람을 사랑하고 구원하길 원하신다고 믿는 것처럼 꾸몄기 때문이다. 버크는 "만약 하나님의 긍휼이 당신을 품을 정도로 크고 넓다면 당신의 이웃을 품기에도 충분하지 않겠는가?" 하고 묻는다. 이 말은 모든 사람을 구원하기에 충분한 은혜가 있음에도 지옥에서 끝을 보는 자들은 그들을 구원하기에 유용한 은혜를 완고하게 거부했기 때문이라는 뜻으로 들린다. 그의 의도는 그가 기고문을 끝맺으면서 인용한 스펄전의 유명한 호소에서 더욱 강조된다.

따라서 버크를 향한 나의 마지막 질문은 다음과 같다. 그는 스펄전이 말한 것처럼 하나님이 참된 연민을 느끼며 모든 타락한 죄인들을 사랑하신다고 믿는가? 아니면 단지 **우리는** 그들을 그리스도께로 인도하기 위해 심혈을 기울여 노력해야 하겠지만 **하나님은** 그들을 사랑하실 때 그런 방식으로는 하지 않으실 수도 있다고 믿는가? 만약 후자라면 우리가 그 죄인들을 하나님이 사랑하시는 것보다 더 사랑하는 아이러니한 상황이 벌어진다.

하지만 아이러니한 문제를 하나 더 말하겠다. 스펄전 자신의 신학에 따르면 하나님은 모든 죄인에게 그들이 기꺼이 그리고 지극히 자유롭게

9_*Westminster Confession*, X. 1.

그리스도께 나아가도록 결정하는 불가항력적인 은혜를 베풀어주실 수 있다. 그리고 만약 그들이 완고하게 지옥에 가기를 고집한다면, 그것은 하나님이 그런 은혜를 그들에게 베풀어주시지 않았기 때문이다. 나는 버크가 은혜와 인간의 자유를 어떻게 이해하는지 여전히 의아하다.

2

종결적 형벌

_존 G. 스택하우스 2세

"나는 불을 통과할 때 그것이 지옥인지
또는 하나님의 뜨거운 사랑인지 알 수 없었다." _G. K. 체스터턴

올바른 지옥 교리는 반드시 하나님의 선하심을 철저하게 고려해야 한다. 하나님의 선하심을 정의할 때 우리는 본질적인 역할을 하는 두 기둥을 염두에 둘 수 있다. 먼저 하나님의 거룩하심이라는 기둥이다. 하나님의 도덕적 정직하심과 깨끗하심, 잘못된 모든 것에 대한 하나님의 싫어하심과 모든 것을 올바르게 만들기 위한 하나님의 가차 없는 행동이 거기에 속한다. 한마디로 하나님은 완벽주의자시다. 나머지 하나는 하나님의 자비하심이라는 기둥이다. 하나님의 인자하심, 자상하심, 용서하심과 자기희생이 거기에 속한다. 한마디로 하나님은 사랑의 하나님이시다. 한 권의 책인 성경에서 이 두 가지 요점은 서로를 보완하는 역할을 한다. 곧 하나님은 "빛"이시면서 동시에 "사랑"이시다(요일 1:5; 4:8, 16).

　따라서 어떤 교리든 인정을 받으려면 하나님의 엄중한 거룩하심과 강렬한 사랑하심, 곧 하나님의 공의와 자비에 똑같이 충분하고 적절한 관심을 두어야 한다. 이 글에서 나는 "절멸주의" 또는 "조건적 불멸설"로 불리는 견해를 개관하고 옹호할 것이다. 그런데 나는 이 견해를 표현하는 말로 "종결적 형벌"(terminal punishment)이 더 올바르다고 생각한다. 이 견해는 예수님이 고난받고 죽음으로써 이루신 속죄에 의지하지 않는 자가 스스로 고난과 죽음을 통해 속죄를 이루어야 하는 상황이 지옥이라고 본

다. 그런 자들은 하나님이 보존하시는 생명에서 분리되어 우주에서 사라지게 된다. 나는 이 견해가 하나님의 선하심을 떠받치는 두 가지 기둥을 가장 잘 고려한 결과라고 주장할 것이다. (다른 기고자들을 논평할 때 나는 그들의 견해가 이 두 기둥 가운데 어느 하나를 무시하고 있다는 사실을 설명할 것이다.)

그런데 내가 더 확실하게 강조하고 싶은 것은 "종결적 형벌"이야말로 성경이 가장 빈틈없이 보증하는 지옥에 관한 견해라는 사실이다. 물론 다른 견해들도 나름대로 개연성 있는 성경적 근거를 제시할 수 있다. 그런 견해들을 대할 때 나는 신학자로서 나 자신의 상당한 한계를 솔직히 인정하고 싶기도 하다.[1] 그렇더라도 나는 종결적 형벌 견해가 내가 확인한 것처럼 어떤 교리에도 제공될 수 있을 만큼 강력한 성경의 보증서를 갖추었다고 담대히 주장하고자 한다. 그리고 교회사와 역사신학을 연구하는 데 많은 시간을 바친 복음주의 그리스도인으로서 나는 여전히 복음주의자가 있어야 할 자리에 서 있다. 전통이 무엇이 되었든지 간에 나는 누군가가 성경이 가르친다고 보는 내용 위에 서 있다는 말이다.[2] 그러므로 독자 여러분은 내가 종결적 형벌 견해를 다소 억세게 주장하더라도 이해해주기 바란다.[3]

1_ 나는 *Need to Know: Vocation as the Heart of Christian Epistemology*(Oxford and New York: Oxford University Press, 2014)에서 우리의 인식적 확신의 조건들을 폭넓게 제시했다.

2_ 그러므로 나는 내 견해를 지지하는 것으로 보이는 여러 초기 교회 인물들과 문서들(예. 디다케, 바나바의 서신, 안디옥의 이그나티오스 등)을 무대 위로 불러내지 않을 것이다. 또한 지옥 문제에 관해 나와 견해를 같이하는, John Stott로부터 Earle Ellis, Howard Marshall, Richad Swinburne에 이르는 다수의 중요한 현대 학자들을 소환하지도 않을 것이다(Christopher M. Date, Gregory G. Stump, Joshua W. Anderson eds., *Rethinking Hell: Readings in Evangelical Conditionalism*[Eugene, OR: Wipf and Stock, 2014]을 보라). 전통 교리의 무게 중심이 어디에 있는지는 의심의 여지가 없고 이 문제는 중심에 놓여 있지 않다. 그러나 기독교 신학자들을 포함한 그리스도인 대다수는 많은 복음주의자가 옹호할 의무를 느끼지 못하는 로마 가톨릭의 권위나 유아세례를 포함한 여러 가지 교리를 옹호해왔다. 우리가 탐구하고 옹호할 의무가 있다고 느껴야 하는 것은 성경이 말하는 바다. 그것이 바로 내가 여기서 시도하는 일이다.

3_ 이 열정과 관련하여 나는 이 책의 초판에서 나와 같은 관점을 기술한 피노크(Clark Pinnock)나 나

지옥은 무엇인가?

우선 성경에 비추어 지옥이 어떤 곳인지 적절히 이해하고 설명에 들어가는 것이 중요하다. 지옥을 적절하게 정의하지 못하는 지옥 교리는 너무 약하거나 너무 과한 것에 상관없이(나는 다른 견해들이 그렇다고 생각한다), 지옥에 관한 성경의 설명과 일치하는 교리에 자리를 내주어야 한다.

기독교의 지옥 이해는 문화적으로 앞서 기능하던 히브리 사상의 "스올"이나 그리스 사상의 "하데스" 개념과 분명히 대조된다. 이 두 가지 다른 장소 또는 상태(나는 "장소"와 "상태"라는 두 용어를 번갈아 사용할 것인데, 그 이유는 경험적으로 두 말이 동등하기 때문이다)와 같이 지옥은 사후에 뒤따르는 슬픈 상황으로서 흑암의 구덩이이고 기껏해야 이생의 그림자에 불과하다(예. 겔 32:17-32). 그러나 기독교의 사상 속에서 지옥은 최소한 세 가지의 중요한 특성을 갖게 된다.

첫째, 지옥은 종착지로 묘사된다. 지옥은 논리적이고 형이상학적인 개념으로서 하나님을 거부하기로—그래서 선을 거부하기로—결정한 데서 비롯하는 불가피한 결과다. 지옥은 하나님이 다루기 힘든 죄인에게 자의적으로 지정하신 종착지가 아니다. 지옥은 오직 생명의 원천이신 하나님과 분리되어서 어떤 다른 길들로 가기로 선택한 도덕적 행위자에게 임하는 자연적인 결과다. 여기서 다른 길(사실 우리는 단 하나의 다른 길이 있음을 확인하게 될 것이다)이란 성경이 지옥으로—또는 "멸망"으로—지칭하는 것이다(마 7:13; 빌 3:19).

둘째, 지옥은 불로 묘사된다. 성경에서 불은 두 가지 유용한 기능을 수

의 전임으로서 리젠트 대학의 상우유통치(Sangwoo Youtong Chee) 석좌교수였던 James I. Packer를 뛰어넘을 수는 없다고 본다. Packer는 내가 옹호하는 견해를 "[성경적] 특급 눈사태"라고 불렀다 (James I. Packer, "The Problem of Eternal Punishment"[*Crux* 26, 1990], 24)

행한다. 우선 불은 낟알을 드러내기 위해 겉껍질을 태우고 값진 금속을 얻기 위해 불순물을 연소시키는 것처럼 가치가 없는 것은 무엇이든 소멸시킴으로써 사물의 본질적 성격을 시험하거나 판별하는 기능을 한다. 그리고 이와 긴밀하게 관련되는 또 다른 기능은 지속적 가치가 더 이상 없는 어떤 것 자체의 상황을 정화하는 기능이다.

셋째, 지옥은 쓰레기 처리장으로 묘사된다. 오래전부터 그리스도인들은 예수님이 지옥을 지칭할 때 사용하신 "게헨나"라는 말이 예루살렘 지역의 쓰레기 처리장으로 기능하던 예루살렘 근처의 골짜기를 가리키는 말이라고 믿어왔다. 그 골짜기에는 끔찍한 역사가 서려 있었고 예수님이 게헨나를 제거, 불사름, 구더기의 장소로 묘사하셨음을 고려한다면 쓰레기 처리장은 쉽게 떠올랐을 것이다(막 9:43-48). 물론 성서학자들이 이후에 결정하기로는 게헨나를 예루살렘에 있던 진짜 쓰레기장으로 보는 첫 번째 참고 문헌은 그리스도가 오신 지 1,000년이 지난 시점에야 등장한다. 그러나 이 심상은 지옥을 악이 제거되고 파괴되는 곳으로 보는 성경의 포괄적인 묘사에 부합하기에 계속해서 사용할 수 있다(마 22:13; 25:30).

지옥은 왜 좋은가?

이제 이런 기본적 의미를 지닌 지옥이 어떻게 하나님의 선하심과 일치하는지 증명하기 위해 지옥의 세 가지 특성을 하나씩 살펴보자. 종착지로서의 지옥은 하나님의 형상대로 지어진 인간인 우리에게 주어진 선택의 자유 및 타당성을 존중한다. 이때 땅을 경작하라는 영광스러운 부르심에 따라 하나님과 협력하는 길을 선택하거나 거부하는 것 자체에 엄청난 존엄성이 주어진다(창 1-2장).[4] 종착지로서의 지옥은 하나님이 당신의 말씀을

4_ 창세기에서 최초 인간들에게 주어진 하나님의 명령을 이런 식으로 이해하는 것에 익숙하지 않은

지키신다는 것을 입증한다. 또한 우리가 어떤 환상 속에서가 아니라 하나님이 말씀하시는 대로 이루어지는 실제 세상 속에서 살아간다는 사실을 보여준다. 하나님이 우리에게 주시는 선택지들과 도전들은 실제적이어서 실제적인 결과를 불러일으킨다.

불로서의 지옥은 하나님이 만물을 심판하고 만물의 참된 성격을 분명히 하며 당신의 우주에서 완전히 선하지 않은 모든 것을 없애버리기로 확고하게 결정하셨다는 사실을 보여준다. 따라서 지옥 불은 죄에 대한 정당한 처벌이다. 불은 상처를 준다. 곧 고통은 죄가 초래하는 것으로서 속죄를 일으킨다. 그리고 지옥 불은 제거하는 역할도 한다. 죄의 최종적 결과는 사망이다(롬 6:23). 이는 심판의 불이 하나님의 선물인 영생을 소유하지 못하는 자들의, 끝내 사라질 잔재를 우주에서 완전히 없애는 것과 같다. 다시 말해 결국에는 영원히 계속될 수 없는 모든 것은 더 이상 오염을 일으키거나 상처를 입히거나 해를 가하지 못하도록 재가 되어 사라진다.

여기서 우리는 하나님의 선하심의 불은 "절대 꺼지지 않는다"고 말할 수 있다. 이는 악에 대한 하나님의 결연한 거부와 모든 것을 깨끗하게 하는 열정이 그 자체로 신적 성품의 하나로서 절대 변하지 않는다는 의미에서 그렇다. 죄에 대한 하나님의 진노는 소멸하고 말 것이 아니다. 왜냐하면 이는 하나님이 고정적으로 갖고 계시는 성품이기 때문이다. 하나님의 진노는 태워버릴 악이 아예 남아 있지 않다는 절대적 의미에서만 만족될 수 있다. 결국에 모든 악이 하나님의 심판이 이루어지는 불 못에서 소멸되어 모든 것이 마침내 선하게 된다면 그제야 하나님의 진노는 잠잠해진다.

쓰레기 처리장으로서의 지옥은 하나님이 악을 자신의 선한 창조세계

독자는 Albert M. Wolters, *Creation Regained: Biblical Basics for a Reformational Worldview*(Grand Rapids: Eerdmans, 1985)를 참조하라. 또 내가 쓴 *Making the Best of It: Following Christ in the Real World*(New York and Oxford: Oxford University Press, 2008)의 3부를 확인하기 바란다.

에서 단번에 제거하실 의도를 품고 계신다는 것을 보여준다. 쓰레기 처리장으로서의 지옥은 다행스럽게도 악이 하나님의 선한 질서 속에서 지속적이거나 적합한 자리를 차지하지 못한다는 의미다. 그러므로 지옥은 청결, 건강, 오염 방지와 같은 위생 관리에 하나님이 쏟으시는 열정의 상징으로 기능한다.

지옥에 관한 다른 견해들은 지옥이 실제로 우리가 이 세 가지 특성으로부터 뽑아낸 그림보다 더하거나 못하다고 주장한다. 지옥을 영원한 형벌이 가해지는 고문실이나 재활치료가 이루어지는 병실로 생각하는 것이다. 그러나 나는 이 세 가지 심상이 서로 엮이면서 우리가 지옥에 관해 성경으로부터 알아야 할 모든 것을 가르쳐준다고 주장한다. 그리고 그 심상들은 종결적 형벌이라는 용어로 가장 잘 이해할 수 있다.

지옥 교리는 왜 거부되는가?

오늘날 사람들이 지옥 교리를 거부하는 주된 이유는 우리 가운데 많은 이가 지옥 교리를 충분히 진지하게 대하지 않기 때문이다. 우리는 악에 관해 농담을 던지는 것도 모자라 악을 매력적인 것으로 칭송하기도 한다. ("악마의 맛"이라거나 "나쁜 남자의 매력" 등과 같은 말은 성탄절을 겨냥한 광고에서도 쉽게 사용된다.) 풍자 만화가들은 지옥에 관해 분별없는 이미지를 생산함으로써 지옥의 실재성을 평가절하하거나 왜곡한다. 우리는 결국에 모든 사람을 용서하는 좀 더 멋진 순간을 꿈꾸며 용서나 믿음에 관해서 감상적이 되어버렸다. 최소한 특정한 악인이나 악행에 실제로 주목하기 전까지는 그렇게 하는 것이 옳다고 느껴지기도 한다. 하지만 그 이후로는 그렇게 호락호락하지 않게 된다. (특별히 억압적인 정권 아래서 고난을 겪거나 누군가의 폭력에 시달린 사람들은 용서의 대가나 용서의 보편적 적용에 대해 그리 감상적인 것 같지 않다.) 그리고 우리는 일반적으로 악의 객관적 문제점과 악이 우주 속에 미치는 파급 효과에 관해 잘 모른다. 우리는 악한 행동이 죄책을 낳고, 피해를 가져오고, 빚을 지게 하고 여러 가지 나쁜 결과를 초래한다는 것에 관해 인류가 예전부터 소유했던 직관력을 거의 상실했다. (이후에 이 직관에 관해 더 설명하겠다.)

또 어떤 사람들이 지옥 교리에 관한 논의를 거부하는 이유 중 하나는 우리가 지옥 교리를 너무 심각하게 다루기 때문이다. 게다가 사람들은 전통적 견해가 가르치는 것처럼 지옥에 떨어져 영원히 고통당할 것을 두려워한다. 전통적인 지옥 관점 ─ 하나님이 피조물을 끝없이 소망 없는 고통 속에서 영원히 살게 하신다는 것 ─ 은 너무 공포스럽다. 그래서 심지어는 정통파 신자들(우리는 특별히 정통파 신자들이 이런 견해를 견지한다고 말할 수 있다)도 그 문제를 표면화하지 않기를 바라는 듯하다. 전통적 지옥 교리는 문자 그대로 너무 끔찍해서 생각조차 할 수 없다. 확실히 내 기고문은 바로 그렇게 겁먹은 신자들의 구미에 더 맞는다. 하지만 근본적으로 이는 신학적으로 더 건전하고 성경적인 대안이다.

그러나 어떤 그리스도인들은 지옥이 우리가 믿는 만큼 그렇게 나쁜 곳이 아니라 단순히 연옥과 같은 곳이라고 주장한다. 그들에 따르면 지옥이란 현재 하나님에 관해 혼란을 겪거나 심지어는 하나님을 거역하는 자들이 자신의 의견을 재고하고 삶을 재조정하는, 그리고 결국에는 유일하게 참되고 선하신 하나님을 보고 경배하게 될 만큼 충분한 시간과 최적의 상태가 제공되는 중간 상태다. 이 책의 나머지 부분은 그와 같은 주장들의 장점을 설명하는 데 할애되었다.

나는 관련된 모든 성경 본문을 정확하게 주석하면 지옥을 제한적 형벌의 장소로 이해하게 될 수밖에 없다고 주장한다. 여기서 우선 "형벌"이라고 말한 이유는 고통 및 죽음으로 갚을 때만 속죄가 이루어지기 때문이다. 또 "제한적"이라고 말한 이유는 어떤 한 인간의 개인적 죄든 구속받지 못한 인간의 집단적 죄든 관계없이 모든 죄는 결정적으로 미래의 어느 시점에 속해지고, 따라서 제거될 수 있고 또 제거될 것이기 때문이다. 더 나아가 그런 인간들이 지옥에 있는 것은 그들이 "모든 선의 원천"(칼뱅)에 연결되는 생명줄을 고의로 거부했기 때문이다. 따라서 그들 속에는 그들의 실존을 유지하거나 회복시킬 만한 조건이 하나도 없다. 그 결과 그들은 그들의 빚이 청산되면 사라질 뿐이다. 기고문의 나머지 부분에서 나는 이런 견해의 근거를 제시할 것이다.

종결적 형벌로서의 지옥

성경에 마음을 둔 모든 그리스도인이 시작하기 원하는 곳에서부터 매듭을 풀어보자. 다시 말해 성경에 직접 등장하는 말부터 살펴보려고 하는데, 여기서는 특히 "영원하다", "멸망하다", "죽음"이라는 세 가지 단어가 핵심적이다.

"영원하다"라는 말의 의미

그리스도인들은 지옥이 영원한 곳이라고 말한다. 하지만 성경에서 "영원하다"는 말은 어떤 의미일까?

서구 문명은 고대 그리스의 유산 위에서 형성된 까닭에 "영원하다"라는 말이 "실존을 지속하다"라는 등의 의미로 해석되는 경향이 있다. 즉 어떤 것이 영원하다면 그것은 끝없이 계속 존재한다는 것이다. 그러나 성경은 그 말을 그런 관점에서 사용할 때도 있고 다른 관점에서 사용할 때도 있다. 성경이 하나님은 영원하시다라고 표현할 때 그 말은 분명히 "영구적이다"라는 의미다. 그러나 같은 형용사가 산(山)을 묘사할 때는 분명 다른 의미를 가리키게 된다(창 49:26; 참조. 합 3:6[산들이 야웨의 날에 급격한 변화를 겪는다]).

또한 구약성경에는 "영원한"(이에 해당하는 히브리어는 "올람"이다) 것으로 묘사되는 규례, 의식, 제도들이 등장한다. 그러나 그런 것들은 실제로 영원히 계속되는 것이 아니다(그중 최소한 몇 가지 경우는 당시 사람들이 해당 요소가 영원히 계속되지 않으리라는 사실을 아주 잘 알고 있었음을 문맥으로 보여준다). 예를 들어 출애굽기는 유월절에 관해 다음과 같이 말한다.

> [24]너희는 이 일을 규례로 삼아 너희와 너희 자손이 영원히[올람] 지킬 것이니 [25]너희는 여호와께서 허락하신 대로 너희에게 주시는 땅에 이를 때에 이 예식을 지킬 것이라(출 12:24-25).

물론 엄격한 유대인은 오늘날까지도 유월절을 지킨다. 그러나 유대인이 아닌 그리스도인들은 이스라엘의 특수한 절기인 유월절 대신 고난 주간이나 성찬 의식을 기독교의 보편적 규례로 지킨다.

또한 출애굽기 29:4-9은 제사장의 위임과 관련된 의식을 설명하면서 "그들에게 제사장의 직분을 맡겨 영원한[올람] 규례가 되게 하라"(출 29:9)고 매듭을 짓는다. 이에 관해서도 엄격한 유대인들은 예루살렘의 새 성전에서 제사장 제도가 재정비될 것을 고대하고 있다. 그러나 그리스도인들은 옛 규례, 곧 아론 계열의 제사장직을 폐하신 그리스도를 유일한 대제사장으로 모신다(히 10:1-18).

열왕기상 8:6, 12-13은 솔로몬의 성전 낙성식을 묘사한다.

> [6]제사장들이 여호와의 언약궤를 자기의 처소로 메어 들였으니 곧 성전의 내소인 지성소 그룹들의 날개 아래라.…[12]그때에 솔로몬이 이르되 "여호와께서

캄캄한 데 계시겠다 말씀하셨사오나 ¹³내가 참으로 주를 위하여 계실 성전을 건축하였사오니 주께서 영원히 계실 처소로소이다" 하고(왕상 8:6, 12-13).

새로 지은 성전을 자랑스러워하는 솔로몬은 지혜로워서 인간이 세운 어떤 건축물도 영원히 서 있을 수 없다는 사실을 충분히 이해했을 것이다. 따라서 우리는 본문의 과장법을 인정해야 하고 솔로몬이 마음속으로 그 말들의 문자적 의미를 생각했을 것이라고 판단하면 안 된다.

신약성경에서 "영원하다"라는 의미로 가장 흔히 번역되는 "아이오니온"은 "영속적이다"(everlasting)라는 의미일 수 있다. 하지만 이 단어는 종종 "오는 시대에 속한"(of the age to come)이라는 의미를 띤다. 따라서 요한이 즐겨 사용한 "영생"이란 말은 끝이 없는 생명(양적 개념)을 가리킬 뿐만 아니라 다가올 하나님 나라의 빛 속에서 사는 삶의 모습, 곧 예수님이 재림하신 후에 누릴, 그러나 지금도 맛보고 있는 온전하고 충만한 생명(질적 관념)을 가리킨다.

물론 지옥을 영원한 고통의 장소로 믿는 사람들도 방금 언급한 내용을 무조건 부정하지는 않는다. 그들도 "아이오니온"에 양적 의미와 질적 의미가 함께 있음을 쉽게 인정한다. 우리가 합의를 이루지 못하는 부분은 "영원하다"라는 말이 반드시 "영원히 존재하다"의 의미인 것은 아니라는 주장에 관해서다. 분명한 것은 일정 시간 동안 일어나는 사건이나 행동과 그 사건이나 행동의 "끝없는" 결과 사이에 중대한 차이가 있다는 점이다. 물론 그 사건이나 행동의 결과에는 영속적 함축성이 있기에 그 사건이나 행동 자체가 "영원한" 것으로 불리기도 한다. 우리는 신약성경의 여러 핵심 본문 속에서 이 차이를 분명히 확인할 수 있다. 그중 세 가지 예시만 살펴보자.

히브리서 6:1-2은 "영원한 심판"에 관해 말한다.

¹그러므로 우리가 그리스도의 도의 초보를 버리고 죽은 행실을 회개함과 하나님께 대한 신앙과 ²세례들과 안수와 죽은 자의 부활과 영원한 심판에 관한 교훈의 터를 다시 닦지 말고 완전한 데로 나아갈지니라(히 6:1-2).

여기서 히브리서 저자가 영원히 계속되는 심판을 염두에 두지는 않았을 것이다. 그렇다면 하나님은 하늘의 심판석에서 내려오실 수 없지 않은가! 대신 정통적인 모든 그리스도인은 어떤 시점에 하나님의 판결이 이루어지고 최종 선고가 확정되는 모양의 최후 심판을 믿는다. 이때 심판 시점에 내려진 선고의 함축적 의미는 분명히 영구적이고 영속적이고 영원하다.

마찬가지로 히브리서 9:11-12은 "영원한 속죄"에 관해 말한다.

¹¹그리스도께서는 장래 좋은 일의 대제사장으로 오사 손으로 짓지 아니한 것 곧 이 창조에 속하지 아니한 더 크고 온전한 장막으로 말미암아 ¹²염소와 송아지의 피로 하지 아니하고 오직 자기의 피로 영원한 속죄를 이루사 단번에 성소에 들어가셨느니라(히 9:11-12).

여기서도 히브리서 저자는 그리스도가 우리 죄의 대속을 위해 자기 피를 아버지께 계속해서 바쳐야 한다고 생각했을 리 없다. 진짜 그렇게 믿는 사람은 아무도 없다. 사실 이 본문 자체는 "단번에"를 강조한다. 이는 히브리서 10:1-14에서 훨씬 더 활기차게 강조되는 주제다.[5]

5_ 나는 잠시 여기서 하나님이 무시간적 존재라고 믿는 그리스도인들은, 하나님의 관점에서는 모든 일이 항상 무시간적인 "현재"에 일어난다고 믿을 수 있음을 지적하고 싶다. 그렇다면 그리스도는 확실하게 영원히 자기 자신을 제물로 바치시게 된다. 그러나 그렇게 본다면 모든 사건은 항상 일어나고, 모든 것이 영원하게 되어버린다. 또한 우리 지성은 지옥을 포함한 기독교 신학의 중요한 주

또한 바울은 데살로니가후서 1:9에서 "영원한 멸망"에 관해 말한다. 바울이 이 말을 사용했을 때도 멸망의 끝없는 과정을 나타내려 했다고는 볼 수 없다. 바울이 뜻한 바는 분명히 그 멸망이 최후 심판에 따른 어느 한 시점에 결정되지만 철저하고 돌이킬 수 없는 냉혹한 파급 효과를 불러온다는 것이다. 곧 "영원히 사라진다"라는 의미에서의 "멸망"을 말한다.

마지막으로 마가복음 3:28-29은 "영원한 죄"에 관해 말한다.

> [28]"내가 진실로 너희에게 이르노니 사람의 모든 죄와 모든 모독하는 일은 사하심을 얻되 [29]누구든지 성령을 모독하는 자는 영원히 사하심을 얻지 못하고 영원한 죄가 되느니라" 하시니(막 3:28-29).

여기서도 우리는 예수님이 특별히 쉬지 않고 계속해서, 항상 죄를 짓는 어떤 사람을 염두에 두셨다고 상상할 수 없다. 오히려 분명히 드러나는 사실은 얕게든 깊게든 죄에 가담하면 그 죄는 영원한 결과를 초래한다는 것이다.

그러므로 지옥 교리를 진지하게 연구하려면 "영원하다"라는 말의 정의에 관해 성경 본문이 따를 수 없는 언어학적 관례들, 특히 "누구나 알고 있는 상식"에 의존하는 해석들을 너무 쉽게 받아들이지 않도록 조심해야 한다. "영원하다"라는 말은 확실히 "영원히 계속되다"라는 의미와 어느 정도 관련이 있다. 하지만 그렇더라도 성경에서 조심스럽게 영원히 계속되는 것이 무엇인지를 하나씩 파악하지 않으면 안 된다. 그 대상이 사물이나 사건인지, 아니면 그 함축적 의미인지를 물어야 한다는 말이다. 그

제 대부분을 다루기가 버거워진다. 따라서 이런 문제를 알고 있는 나로서는 그런 관점을 독특한 것으로 보아 한쪽에 치워놓아야 한다.

리고 내가 옹호하는 지옥 견해에서는 사람이 최후 심판에서 받는 판결의 영원한 함축성(도저히 피할 방도가 없을 것이다)과 그 판결의 본질(죄에 비례해 겪어야 할 특정량의 고통과 그 후의 죽음과 사라짐) 사이를 기본적으로 구분해야 한다.

"멸망하다"와 "죽음"이라는 말의 의미

"영원하다"로 번역되는 말의 경우와 달리, 성경이 어떤 것이 "멸망했다" 거나 "죽음"을 겪었다고 말할 때 그것은 일반적으로 종결(termination)을 의미한다. 그리고 퍼지가 면밀하게 예증한 것처럼 성경은 버림받은 자의 운명이 종결, 끝, 소멸, 근절, 절멸 또는 사라짐이라고 말하는 본문들로 넘쳐난다.[6]

심지어는 "멸망하다"나 "멸망"에 해당하는 말 가운데 하나가 "망가뜨리다"(아폴뤼나이, 아폴레이아)로 번역될 수 있을 때도 그 말은 보통—"불"이라는 말과 연계될 때는 늘 그렇다—대상의 해체와 소멸을 의미한다. 오늘날의 표현에서도 같은 개념이 드러난다. 우리는 심한 얼룩이 비단옷을 망가뜨렸다고 말할 수 있다. 그 옷은 다시 깨끗해질 수 없다. 물론 그 얼룩이 비단옷을 즉각 사라지게 하는 것은 아니다. 하지만 그 옷은 적절한 용도에 완전히 부적합한 상태가 된다. 그러면 우리는 이제 어떻게 하는가? 그 옷을 버린다. 그 옷은 우리 눈앞에 다시는 존재하지 않는다. 성경에 나오는 비유를 사용하면 그것은 버리게 된 낡은 가죽 부대와 같다(마 9:17).

또한 우리는 "누군가의 명성이 무너졌다(destroyed)"고 말하기도 한다. 이 말은 그 사람이 이후에 어떤 평판을 전혀 얻지 못했다는 뜻이 아

6_Edward Fudge, *The Fire That Consumes: A Biblical and Historical Study of the Doctrine of Final Punishment*(Houston: Providential Press, 1982). 지옥 교리를 진지하게 고찰할 생각이라면 Fudge가 이 주제에 관해 놀라울 정도로 탁월하게 제시한 성경적 업적을 고려해야만 한다.

니라 그의 남아 있는 평판이 사회적 활동이나 구직에 도움이 되지 않고 해가 되기까지 한다는 뜻이다. 그리고 그것은 사실상 돌이킬 수 없다. 요점은 분명해 보이지만 우리가 벌이고 있는 이 특수한 논쟁에서는 "멸망"(destruction), 그리고 더 유력하게는 "죽음"(death)이 진실로 소멸을 의미한다는 사실에 방점을 두는 것이 중요하다. 실제로 "남는 것"이 있을지도 모른다. 하지만 아무도 그것을 거기 있던 것으로 여기지도 않고 거기서 무언가를 건져내려고도 하지 않는다. 어떻게 남았든지 간에 그것의 참된 본질은 사라졌기 때문이다.

시편과 잠언도 거듭해서 그와 같은 성경적 가르침을 강조한다(예. 시 1:4-6; 잠 1:18-19). 악인은 결국에 그리고 불가피하게 똑같은 결말에 이른다. 지면에서 사라지는 것이다. 시편 37편은 악인이 풀과 같이 시들고 마를 것에 관해 말하는 여러 본문 중 하나다. 악인은 아무 흔적을 남기지 못할 정도로 연기처럼 사라지고 "끊어져"(시 37:9, 22), 결국에는 "멸망"하게 될 것이다(시 37:38). 다가올 좋은 세상에 관한 환상은 악인이 "본래 없던 것 같이"(옵 1:16) 간단하게, 놀랍게, 영원히 없어지는 모습에 관한 것이다. 악인은 처벌받기 위해 다른 어딘가로 가지 않고 사라질 뿐이다.[7] 구약성경에 매료된 랍비로서 예수님 자신도 복음서에서 악인이 멸망하고, 끊어지고, 불 속에 던져져서 완전히 파멸되는 것에 관해 거듭해서 말씀하신다. 이에 해당하는 비유가 마태복음 7장에 나온다.

7_ 보편구원론자는 악인들이 존재하지 않는 이유가 그들이 구속받기 때문이라고 주장하는 데 주력할 것이다. 그러나 그렇게 주장하면 그 본문들이 말하는 바에 상당한 내용을 덧붙이는 꼴이 될 뿐만 아니라 실제로는 그 본문들의 명백한 의미를 왜곡하게 될 것이다. 또 다른 사람들은 구약성경이 내세에 관해 많은 말을 하지 않으므로 죄인이나 성도들의 영원한 실존에 관한 내용도 구약성경에서 기대할 수 없다고 주장할 것이다. 그러나 여기서 다시 애매한 스올 개념으로 피하게 되면 이 구절들이 말하는, 소멸("자손을 남기지 못했다"는 의미를 담아서)로 귀결되는 부정적 심판이라는 명확한 함축적 의미도 놓치게 될 것이다.

소돔과 고모라의 멸망은 분명히 멸망에 관한 패러다임을 구성하는 예시 가운데 하나다. 그 도시들의 주민 전체는 말 그대로 하나님에 의해 죽임을 당했다. 그곳에는 불타오르는 연기 외에 남은 것이 아무것도 없었다. 지옥에 관한, 더 광범하게 말하면 회개하지 않는 자에 대한 하나님의 심판에 관한 신약성경의 서술은 대체로 소돔과 고모라 사건 및 그 이야기를 반영하는 주의 날에 관한 예언적 묘사(앞으로 살펴보겠지만 이사야서에서 두드러진다)를 통해 이루어진다. 그리고 그 이야기의 청중인 유대인들은 철저한 파괴에 관한 그처럼 생생한 이미지들을 쉽게 상기할 수 있었을 것이다. 예를 들어 베드로후서 2:6을 확인해보자.

소돔과 고모라 성을 멸망하기로 정하여 재가 되게 하사 후세에 경건하지 아니할 자들에게 본을 삼으셨으며(벧후 2:6).

베드로는 분명히 소돔과 고모라의 "멸망"이 "후세에 경건하지 아니할 자들에게 본"이 된다고 말한다. 이 구절 및 이와 비슷한 여러 성경 구절은 지옥에 관한 종결적 형벌 견해의 명확한 근거다. 다른 견해의 지지자들은 이처럼 분명하고 자연스러운 의미를 무시한 채 이 구절을 읽어야 한다.

마찬가지로 구약성경을 참고하는 신약성경의 다른 본문들을 해석할 때 본문의 원래 의미에 우선권을 두어야 한다. 이에 관해 퍼지는 다음과 같이 지적한다.

신약성경에 등장하는 "꺼지지 않는 불", "세세토록 올라가는 연기", "죽지 않는 벌레"와 같은 어구들은 구약성경의 예언서에서 빌려온 것이다. 신약성경에서 이 어구들의 의미를 정확히 주석하기 위해서는 최소한 구약성경에 나타난 의미에서 시작해야 하고, 오직 그 본문 자체를 통한 정당화를 통해 의미의

확대가 이루어져야 한다.[8]

요한계시록은 이런 쓰임에 관한 분명한 예시 몇 가지를 제시해준다. 큰 무리가 하나님이 바벨론 제국에 승리하신 것에 갈채를 보내는 요한계시록 19:3 —"'할렐루야!' 하니 그 연기가 세세토록 올라가더라"—이 좋은 예다. 또한 요한계시록 14:10-11도 선하신 하나님 앞에서 —"천사들 앞과 어린양 앞에서"— 겪는 가혹한 고난을 묘사한다. 그 고난은 소돔과 고모라를 곧바로 떠올리게 하는 불과 유황의 심판에서 절정에 달한다. 소돔과 고모라 사람들은 "불과 유황"이 그들에게 쏟아져 다시는 존재하지 못했다.

요한계시록 19장은 이후에 훨씬 더 생생한 그림을 보여준다. 그 그림은 분명히 고대의 전쟁터를 묘사하는데, 거기에는 가장 악한 하나님의 원수들을 위해 준비된 유황불 못(여기서도 소돔과 고모라가 엿보인다)이 있다.

[17]또 내가 보니 한 천사가 태양 안에 서서 공중에 나는 모든 새를 향하여 큰 음성으로 외쳐 이르되 "와서 하나님의 큰 잔치에 모여 [18]왕들의 살과 장군들의 살과 장사들의 살과 말들과 그것을 탄 자들의 살과 자유인들이나 종들이나 작은 자나 큰 자나 모든 자의 살을 먹으라" 하더라. [19]또 내가 보매 그 짐승과 땅의 임금들과 그들의 군대들이 모여 그 말 탄 자와 그의 군대와 더불어 전쟁을 일으키다가 [20]짐승이 잡히고 그 앞에서 표적을 행하던 거짓 선지자도 함께 잡혔으니 이는 짐승의 표를 받고 그의 우상에게 경배하던 자들을 표적으로 미혹하던 자라. 이 둘이 산 채로 유황불 붙는 못에 던져지고 [21]그 나머지는 말 탄 자의 입으로부터 나오는 검에 죽으매 모든 새가 그들의 살로 배불리

8_Fudge, *The Fire That Consumes*, 29.

더라(계 19:17-21).

이런 본문들의 세부적인 묘사를 시간적 순서나 길이에 따라 해석하려는 것은 부자연스러운 문자적 해석일 뿐이다. "연기가 어떻게 세세토록 올라갈 수 있을까? 연료가 끊임없이 공급되는 것일까?" 다음과 같은 해석 역시 극단적이다. "보이는가? 이 본문—생생하고 환상적이기까지 한 묵시 언어다—은 영원한 고통에 관한 우리의 견해를 지지한다." 그러나 고대의 청자는 요한이 여기서 사용하는 과장된 표현이 하나님의 원수들의 완벽한 패배와 하나님을 반대한 모든 자의 멸망을 묘사한다는 사실을 쉽게 이해했을 것이다. 그런 자들은 진짜 완전히 죽는다. 말하자면 연기만이 그 자리를 나타내줄 뿐이다(신 29:23; 사 34:10; 말 4:1). 소돔과 고모라의 경우와 마찬가지로, 이는 어떤 사람이나 성읍도 되돌아오지 못하는 사망이다.

누군가는 "밤낮 쉼을 얻지 못할 것"이라는 요한계시록 14:11의 표현이 지옥에 떨어진 자들이 사망의 쉼을 누리지 못하고 영원히 의식적 고통을 받게 된다는 의미가 아닌지 정당하게 질문할 수 있다. 그런데 구약성경(물론 요한계시록이 크게 의존하는 원천이다)에서 "쉼"은 단순히 경험의 중단을 의미하는 것이 아니라 안식(Sabbath)—특히 약속의 땅에서 영원히 하나님의 임재를 누리는 것으로서의 안식—이라는 긍정적인 의미를 지닌다. 따라서 그런 운명에 처한 죄인은 결코 쉼을 얻지 못하고 하나님의 안식에서 벗어나 고통을 겪고 죽게 될 미래를 피하지 못할 것이다(히 4:9).

그와 비슷하게 이사야 66:24을 보면 하나님께 거역한 자들의 시체가 남겨져 하나님의 진노의 "벌레"와 "불"에 소멸한다. 이 본문에서 그 시체들이 영원히 계속 있게 된다고 볼 이유는 전혀 없다! 그 시체들이 소멸한다면 어떻게 계속 있을 수 있겠는가? 결국에 그 시체는 벌레나 불꽃 속으로 한 조각도 남지 않고 사라질 것이다. 그러나 그들의 멸망을 집행하는 벌레와 불은 하나님이 악을 미워하고 사망으로 심판하시는 것을 상징한다. 앞서 지적한 것처럼 이런 태도는 하나님의 성품에 본질적으로 연결된 것으로서 절대 사라지지 않는다. "우리 하나님은 소멸하는 불"이시다(히 12:29; 참조. 신 4:24; 사 33:14).

요한계시록을 계속해서 살펴보면 다음과 같은 말씀과 마주친다.

14사망과 음부도 불 못에 던져지니 이것은 둘째 사망 곧 불 못이라. 15누구든지 생명책에 기록되지 못한 자는 불 못에 던져지더라(계 20:14-15).

사려 깊은 독자라면 비슷한 언어들을 통해 비슷한 결론에 도달할 것이다. 사망과 음부도 멸망하고(참조. 고전 15:24-26), "누구든지 생명책에 기록되지 못한 자"도 똑같이 멸망하고 죽어 사라진다. 다만 우리가 살펴볼 것처럼 즉시는 아니고 최후에 그렇게 될 것이다. 불 못에 던져지는 것은 확실히 고통을 수반하고 그 고통은 한동안 이어질 수 있다. 그 기간은 심판받는 내용이나 심판받는 자에 따라 좌우된다. 짐승과 거짓 선지자는 1,000년 동안 불 못에 갇혀 있게 된다(계 19:20). 그러나 "사망과 음부"가 고통을 당한다는 것은 생각할 수 없다. 결국 "둘째 사망"은 사라지는 것을 의미한다.

그렇다면 요한계시록 20:10은 어떤가?

또 그들을 미혹하는 마귀가 불과 유황 못에 던져지니 거기는 그 짐승과 거짓 선지자도 있어 세세토록 밤낮 괴로움을 받으리라(계 20:10).

이 본문은 확실히 악인이 영원한 고통을 겪는다고 가르치지 않는가?

그러나 요한계시록 20:10의 의미는 얼핏 보기와는 달리 분명하지가 않다. 앞서 확인했듯이 잠시 뒤의 문맥에서는 "사망과 음부"도 같은 불 못에 던져지기 때문이다(계 20:14). 그리고 그다음 구절은 "누구든지 생명책에 기록되지 못한 자"도 불 못에 던져질 것이라고 말씀한다(계 20:15). 그렇다면 이 말씀은 전통적 견해에서 말하는 것처럼 버림받은 자가 "세세토록 밤낮 괴로움을 받을" 것이라는 의미인가?

그런데 만약 그런 뜻이라면 우리는 한 이야기에 등장하는 다른 대상들과 달리 "사망과 음부"가 어떻게 세세토록 괴로움을 겪을 수 있는지 생각해야 하는 문제에 부딪힌다. 이는 전혀 이해할 수 없는 이야기이며 본문 역시 사망과 음부가 괴로움을 받을 것이라고 주장하지 않는다. 그 대신 사망과 음부가 끝난다고 보아야 본문을 이해할 수 있다. "사망과 음부도 불 못에 던져지니 이것은 둘째 사망 곧 불 못이라"(계 20:14)고 말하는 본문의 의미가 바로 그것이다. 그리고 그다음 구절(계 20:15)은 버림받은 자들의 똑같은 운명을 말하므로 그들 역시 둘째 사망을 겪는다고 결론짓는 것이 가장 자연스러운 해석이다. 분명히 말하지만 이 본문은 인간이 세세토록 괴로움을 겪게 될 것이라고 말하는 것이 아니다. 기본적인 문학적 요소들을 살펴보면 다른 의미가 보인다.

그렇다면 마귀, 짐승, 거짓 선지자가 세세토록 괴로움을 받는다는 말은 무슨 뜻인가? 일부 학자들은 이 세 집단도 사망 및 음부처럼 추상적 개념이며, 그것들의 영원한 고통은 단순히 모든 악이 하나님의 능력에 철저히 패배하는 것을 암시하는 신화적 표현이라고 주장한다. 그러나 다른 그리스도인들은 사탄, 짐승, 거짓 선지자는 실제적 인격체이며 최소한 이 세 집단만큼은 하나님이 원하신다면 영원한 고통을 겪는 것으로 생각할 수 있다고 믿는다. 어쩌면 그럴 수도 있다.

그러나 전형적인 묵시 언어는 일반적으로 과장이 섞여 있으며 시적이고 함축적인 표현으로 이루어진다. 특히 이 본문이 그런 특징을 잘 보여준다. 이런 사실을 기억한다면 영원한 고통이라는 언어를 이 희한한 존재들이 겪는 실제 사건들의 형이상학적 구조 안으로 밀어 넣어서는 안 된다. 사실 히브리서 2:14은 예수님이 마귀를 멸하신다고 말하며 이는 에스겔 28:19의 성취로 여겨진다. 따라서 우리는 요한계시록 20장의 본문이 근원적이고 역사적인 진리를 고도의 상징적 용어를 사용해 표현한다고 보아야 한다. 그 진리란 하나님의 원수들은 영원히 철저한 패배를 당하고 자신들의 죄악에 대해 충분한 보응을 받게 된다는 것이다. 그리고 하나님의 원수들은 상상할 수 있는 가장 나쁜 죄인들이므로 성경의 저자는 그들이 상상할 수 있는 가장 나쁜 형벌을 받는 것으로 보고, 상상할 수 있는 가장 강력한 말로 그런 사실을 표현한다. (요한계시록 19:20-21에서 다른 형벌 사이에 나타나는 암시적인 평행 관계를 보라.) 이것이 바로 요점으로서 우리는 그것을 잘못된 범주(시문학이 아니라 형이상학의 범주)에 집어넣는 실수를 하지 않도록 조심해야 한다.

그러나 공정하게 따지자면 우리가 사탄과 그의 졸개들이 문자 그대로 영원히 고통을 겪는다고 인정한다고 해도 요한계시록은 사탄과 그 졸개들에 관해서만 말할 뿐이다. 우리는 이 책에서 인간의 운명에 초점을 맞추고 있다. 우리가 간단하게나마 살펴본 다른 본문들과 마찬가지로 이 본문 역시 인간들이 "둘째 사망"을 맞아 결국에는 소멸한다고 가르친다.

때때로 성경 공부 모임에서 "죽음"의 문제가 불거질 때가 있다. 이때 어떤 이는 아담과 하와가 에덴동산에서 선악을 알게 하는 나무의 열매를 따 먹음으로써 하나님께 불순종하는 죄를 저질렀음에도 그에 대한 처벌로 즉각 죽지는 않았다고 지적한다. 아담과 하와는 하루가 지나도 죽지 않았다. 그러나 하나님은 "네가 먹는 날에는 반드시 죽으리라"(창 2:17)고 말씀하셨다. 물론 이 구절에 관한 해석은 내가 견지하는 견해를 지지하는 사람에게뿐 아니라 누구에게나 어렵다. 그러나 그 어떤 사람도 여기서 하나님이 "심히 불쾌할까 봐 말하지만 '네가 먹는 날에는 반드시 죽으리라'고 말할 때 실제로 내가 의미한 것은 네가 영원히 산다는 말이었다"고 겁을 주셨을 뿐이라고 결론 내릴 수는 없다. 나중에 하나님이 아담과 하와가 생명 나무 열매를 따 먹지 못하게 하신 것을 고려한다면(창 3:22), 우리는 하나님이 "죽는다"는 말로 "죽지 않는" 것을 가리키지는 않으셨다고 확신할 수 있다.

그러므로 우리는 종결이라는 뜻으로 매우 명확하게 들려오는 본문들("멸망"과 "죽음"에 관해 말하는 본문들)을 해석할 때 멸망하거나 죽는 것이 아니라 "고통스럽게 영원히 사는 것"을 가리키는 뜻으로 보지 않도록 조심해야 한다. 이 논쟁과 관련해 언어학적 문제를 어느 누구보다 더 주의 깊게 다룬 퍼지가 내뱉은 신랄한 평가는 이해할 만하다.

만약 성경 자체가 언어를 사용하는 방법을 무시한다면, 우리는 이 말들에 어떤 의미든 우리가 좋아하는 의미를 가져다 붙일 수 있다. 그러나 성경이 성경 자체를 해석하게 한다면 우리의 견해를 덧붙이는 일이 크게 줄어들 것이다. 이 주제에 관해서 말하는 성경의 모든 구절은 거듭해서 똑같은 결론으로 우리를 이끈다. 곧 악인은 결국 완전히 그리고 영원히 지옥에서 멸망할 것이다.[9]

더 분명히 생각해보자. 여기서 나는 하나님이 피조물을 영원한 고통 속에서 살게 하실 수 없다고 말하는 것이 아니다. 그 대신 하나님이 그렇게 하셔야 할 그럴듯한 이유가 없다는 것이다. 특히 성경에서는 그런 이

9_Edward W. Fudge, "The Final End of the Wicked," in *Rethinking Hell: Readings in Evangelical Conditionalism,* eds. Christopher M. Date, Gregory G. Stump, Joshua W. Anderson (Eugene, OR: Wipf and Stock, 2014), 41.

유를 찾을 수 없다. 오히려 그와는 정반대니 말이다.

어떤 이는 사형이 모든 형벌 가운데 가장 악한 형벌이고 안락사는 끔찍한 범죄라고 말함으로써 전통적 견해를 옹호한다. 따라서 그들은 비록 죄인들의 실존이 영속적이고 절망적인 비참한 상황에 있더라도 그들을 영원히 살게 하는 것이 하나님의 자비라고 주장한다. 그러나 이런 주장은 중대한 사실을 혼동한 결과다. 첫째, 사형과 안락사를 반대하는 그리스도인들은 대체로 유한한 인간이 하나님의 영역을 침범하면 안 된다는 이유를 든다. 그러나 하나님은 사람들의 생명을 정당하게 끝낼 수 있는 분이시다. 실제로도 그렇게 하신다. 둘째, 지옥의 상황은 오늘날 교도소에 갇혀 삶의 행복을 다소 제한당하는 현대의 죄수들이 놓인 상황과는 다르다. 나는 여기서 교도소의 무서움을 감소시키려고 이런 말을 하는 것은 아니다. 그러나 거기서도 최소한 어떤 음식은 매우 맛있고, 또 최소한 어느 정도 사회관계가 형성될 수 있으며, 상상과 기억의 위로라도 받을 수 있다. 그리고 늘 탈옥이나 석방에 관한 희망도 존재한다. 고질병이나 다른 장애로 고통을 겪는 사람들에 관해서도 비슷하게 생각할 수 있다. 많은 사람이 그런 곤란한 상황에서도 삶을 포기하지 않고 어려움을 감내할 정도로 삶 자체는 하나님이 베풀어주신 복임이 틀림없다.

그러나 지옥의 상황은 무자비한 비참과 전적인 형벌로 묘사된다. 우리 중 누군가는 회복할 수 없는 중상을 입거나 중병에 걸려 매 순간을 극심한 통증에 시달리며 희망을 상실한 사람을 돌본 적이 있을 것이다. 그런 사람들은 하나님이 자비를 베풀어 생명을 거두어주실 때 그 고통의 시간이 마침내 끝났다는 사실에 감사해 한다. 그렇다면 종결적 형벌이 하나님의 선하심과 훨씬 더 잘 어울린다.

물론 여기서 짚고 넘어가야 할 한 가지 문제는 교회 역사 대대로 그리스도인들이 당연하게 받아들여 온 영혼 불멸설이다. 이는 사실 의심받아야 마땅한 사상이다. 우리의 영혼은 본질상 불멸적이지 않다. 하나님만이 생명의 속성을 본질로 갖고 계시기 때문이다. 성경에는 하나님이 모든 사람의 영혼을 불멸하게 하신다고 말하는 구절이 하나도 없다. 영생은 믿는 자에게 주어지는 하나님의 선물이다(요 3:16; 고전 15:50-54). 죄를 범한 우리의 조상은 생명 나무 열매로 가는 길을 차단당했다(창 3:22-23). 우리 그리스도인들은 생명 나무가 줄지어 있는 영원한 성을 고대한다(계 22:2). 불멸성은 분명히 우리가 이미 갖춘 것이 아니라 얻어야 할 것이다. 그렇다면 지옥은 불멸의 영혼이 영원히 고통받는 장소라고 우리가 계속 믿어야 할 이유가 무엇이겠는가? 절대로 그렇게 믿어서는 안 된다.

제한된 형벌과 십자가

사람들은 종종 내가 견지하는 종결적 형벌 견해에서 버림받은 자는 오직 그리스도의 심판대 앞에서 즉결 심판을 받기 위해 부활한 후 즉시 소멸한다고들 말한다. 실제로 그렇게 가르치는 사람이 몇몇 있는 것 같기는 하다. 그러나 내가 보기에 버림받은 자들이 소위 중간 상태(죽음과 최후 심판의 사이)에 있는 동안에 자신들의 죄를 속하지 못하는 한 그들의 죄와 그 죄가 함축하는 의미는 분명히 그대로 남게 된다. 따라서 하나님의 선하심에 따라 하나님의 선한 우주 속에 영원히 존재하는 것은 그들에게 허용될 여지가 없다.

　하나님은 반드시 공의가 이루어지고 오염이 제거되며 빚이 청산되고 모든 것이 잘되게 하실 것이다. 죄에 관한 성경의 이해 중 적어도 한 가지 근본적 요소는 세계 전역의 다양한 문화들 속에서, 즉 인도 종교의 다르마/카르마 구조에서 시작해 각 대륙에 자리한 여러 소수 종족의 종교가 유지하는 타부 관습에까지 이르는 광범위한 영역에서 드러난다. 그것은 바로 인간의 악행이 우주에 해를 입힌다는 개념이다(예. 신 19:13; 21:9. 구약

성경에서 죄책은 단순히 추상적 명칭이나 정서적 상태가 아니라 처리할 필요가 있는 사물의 성격을 띤다. 이는 토라에서 시작해 예언서를 관통하는 개념이다. 예. 레 4장; 슥 3:9).[10] 하나하나의 범죄는 세상의 선함에 흠집을 내고 세상의 도덕 질서는 이를 어떻게든 바로잡을 것을 요구한다. 이런 개념은 하나님이 우리의 죄를 아무 고통 없이 "그저 용서할" 수 없으신 이유를 설명하는 데 도움을 준다. 하나님과 우리의 관계는 화해를 통해 바로잡히고 우리의 영적 상태는 거듭남을 통해 바로잡혀야 한다. 그뿐 아니라 우리의 실재 자체도 바로잡혀야 한다. 그리고 예수님이 겟세마네 동산에서 아버지 하나님과 나누신 날카로운 고뇌의 대화가 증명하는 것처럼, 하나님도 교묘한 방법으로 이 문제를 회피하실 수 없다. 반드시 속죄가 이루어져야 한다.

성경에서 고통과 죽음은 "죄의 삯"으로 이해되고(롬 6:23), 토라에 등장하는 정교한 속죄제사 제도는 이 근본적 실재를 상징하기 위해 하나님이 제정하신 것이다. 또한 우리는 하나님이 다른 결과를 선택하실 수도 있었는데도 불구하고 고통과 죽음을 자의적으로 죄와 연계시키신 것이 아니라는 사실을 기억해야 한다. 죄의 결과로 발생하는 결과는 고통과 죽음뿐이다.

그런데 신약성경이 분명히 말하는 것처럼 짐승의 피는 그 피를 바치는 사람이 범한 죄를 결코 완전하게 속할 수 없다. 오직 인간의 고난과 죽음만이 인간의 죄악을 충분히 속한다. 기본적인 공의의 원리를 피해갈 수 없다. 곧 누군가 빚을 완전히 청산하거나 구멍을 메우거나 오물을 처리하거나 깨진 것을 고쳐야만 한다. 속죄가 이루어지려면 굽은 것을 곧게 하고 험한 길을 평탄하게 해야 한다.

복음의 진수는 은혜로우신 하나님이 우리가 우리를 위해 스스로 할

10_ Gary A. Anderson, *Sin: A History* (New Haven, CT: Yale University Press, 2009).

수 없는 것을 감당하시려고 사람이 되는 길을 택하신 것에 있다. 하나님은 우리를 위해 죄를 충분히 대속하셨을 뿐 아니라 부활하시어 새 생명으로 나아가셨다. 하나님의 어린양이 우리를 대신해 이루신 구속을 기꺼이 받아들이지 않을 생각이라면 우리는 예수님의 죽음과 비슷한 고난과 죽음을 통해 자신을 구원할 수 있어야 하고 그렇게 해야만 한다. 다시 말해 예수님이나 우리 중 누군가는 우리의 죄를 청산해야만 한다.

그러므로 종결적 형벌 견해는 생명책에 이름이 기록되지 않은 자들이 하나님의 선한 질서를 반대하거나 해치는 모든 존재(마귀, 짐승, 거짓 선지자, 사망 자체, 음부)와 똑같은 운명에 이른다고 말한다. 곧 불 못에 던져진다는 것이다(계 20:15). 죄를 범한 도덕적 존재인 그들은 각각의 성격에 따라 거기서 고난과 죽음을 통해 속죄를 이룬다. 하나님의 우주는 사탄이나 사망이나 악인들의 잔재가 계속 남아 있는 한 완전히 또는 영원히 선한 상태일 수 없다.

다른 성경 본문 중 인간이 영원히 고통을 겪는다고 말하는 것으로 볼 만한 본문은 하나도 없다. 다니엘 12:2-3은 버림받은 자가 수치와 영원한 부끄러움을 당한다고 말한다. 그러나 이는 사람들 자신의 실존이 아니라 그들의 명성에 관한 내용이다. 그리고 마태복음 25:46은 논쟁 주제와 관련해 표현이 매우 애매하다. "영생"은 확실히 끝이 없는 기간 동안 경험하는 생명을 가리킨다. 여기에는 우리가 앞서 살펴본 질적 의미도 포함된다. 그러나 "영벌"은 앞서 증명한 것처럼 영원한 의식적 경험이 아닌, 영원한 의미를 띠는 고통과 죽음이라고 자연스레 이해할 수 있다. 이는 죽음의 본질과 연관된다. 다시 한번 사형에 관한 우리의 이해를 되짚어보자. 사형은 생명을 끝내는 형벌이며 그 결과는 영원하다. 사형당한 자는 다시 살아 돌아오지 못한다. 우리 가운데 그 누구도 사형이 지속적인 고통을 경험하는 상태를 의미한다고 생각하지 않는다.

그러므로 지옥은 고통과 죽음의 최종 장소다. 지옥의 고통은 죄와 결부된다. 온 땅의 심판자는 항상 공정하시다. 어떤 이는 다른 이보다 더 가혹한 고통을 겪는데, 그것은 그가 다른 이보다 더 악한 죄를 범하기 때문이다. 그리고 하나님과 연합하지 못하는 모든 사람에게 최후의 죽음이 임하는 것은 모선을 떠난 우주비행사가 생명 유지에 필요한 열, 공기, 물의 공급을 받지 못해 죽음에 이르는 것처럼 불가피하다. 그는 잠시 스스로 선택한 일종의 자율을 누린다. 하지만 그는 결국, 그것도 비교적 이른 시간에 자신이 다만 "자유롭게" 고통을 겪으며 죽고 있다는 사실을 깨닫는다. 그 결과는 임의적이지 않으며 그의 행동에 따른 당연한 결말이다.

더 나아가 예수님은 십자가에서 맞은 절명의 순간에 "다 이루었다"(테텔레스타이; "다 지불했다"는 의미도 있다)고 말씀하셨다(요 19:30). 이는 예수님도 일정한 시간만큼만 고난을 겪으셨다는 의미다. 그와 마찬가지로 속죄를 이루는 자는 누구든 죄와 상응하는 고통을 겪고 죽는다. 심지어 온 세상의 죄를 대속하신 예수님도 영원히 고난을 겪지는 않으셨다. 그와 마찬가지로 스스로 속죄를 이루는 각 사람도 영원히 고통당하지는 않는다. 유한한 존재들은 다만 유한한 분량의 죄를 저지를 수 있을 뿐이며 그 죄를 속할 때는 유한한 분량의 고통으로 충분하다.

내 의견에 반대하는 친절한 신학자들은 신적 존재이신 예수님은 우리를 대신해 무한히 고난을 겪으신 것일 수 있다고 답변할지도 모른다. 버림받는 자도 아마 그런 식으로 무한히 오랫동안 고통을 겪지 않겠는가? 하지만 우리가 예수님이 (유한한) 성육신의 상태에서 유한한 십자가 처형 시간에 경험하신 고통의 무한한 기간과 무한한 양을 상정한다는 것이 무슨 소리인지 안다고 가정해도(나는 이런 설명이 논리적이라고 전혀 생각하지 않는다), 성경에 이런 무한성에 대해 말하는 구절은 전혀 없다.

기독교 초기 1,000년의 역사를 살펴보아도 무한성을 말하는 경우는 많지 않다. 중세 신학의 전성기에 신학 용어를 분류하는 데 심혈을 기울이던 안셀무스, 아퀴나스 등의 여러 신학자는 그런 개념들에 의존했다. 간단히 말해 그들은 하나님의 위엄과 영예가 무한하므로 하나님의 위엄과 영예에 대해 저질러지는 죄는 어떤 죄를 막론하고 무한한 형벌을 받아 마땅하다고 주장했다. 교회의 유구한 전통 속에서 이 위대한 인물들에게 경의를 표하기는 해야겠지만 그들이 개념화한 범주를 당연시하면 안 된다. 오히려 어떤 사상이든 합리성 및 성경이라는 기준으로 시험해보아야 한다.

어떤 사람들은 중세 스콜라 신학의 주장과 동떨어진 주장을 가볍게 내세울 수 있다. 즉 유한한 피조물은 우주 안에서 그리고 우주에 대해 유한한 해만 끼칠 수 있고 그 죄를 속하려면 유한한 고통만 받아야 한다는 것이다. 그렇다면 유한하거나 무한한 죄악의 분량은 그 죄악을 속하기 위해 유한하거나 무한한 분량의 고통을 요구한다는 말인가? 골치가 아프다.

그러나 다시 말하지만 우리가 연역적 주장의 적합성을 관대하게 인정한다고 해도 결국에 우리는 성경을 기준으로 판단해야 한다. 이에 관해 성경은 "죄의 삯은 사망"(롬 6:23)이라고 단호하게 말한다. 사망은 다른 것이 아닌 종결을 의미한다. 사망의 의미에 포함되지 않는 뚜렷한 의미는 "죽지 않는 것"이다. 고난으로, 또 죽음으로 구성되는 속죄에 관한 압도적이고 일관적인 성경의 증언을 통해 우리는 십자가를 대하는 올바른 관점을 갖게 된다. 십자가란 신인(神人)이 자신의 고난과 죽음을 통해 속죄 사역을 이루시고 다시 살아나심으로써 신자들에게 새 생명을 주신 사건이다(롬 5:6, 8; 히 2:9; 요일 3:16).

하나님의 선하심

성경은 확실하고도 일관되게 종결적 형벌이 하나님의 선하심과 완전히 일치한다는 주장을 뒷받침해준다. 물론 하나님은 누구라도 멸망하기를 바라지 않으신다. 마지막 때가 되면 하나님이 사람들을 당신에게로 이끌기 위해 하실 수 있는 모든 일을 하셨다는 사실이 분명하게 드러날 것이다. 그러나 하나님은 천사들을 도덕적 행위자로서 존중하신 것처럼, 도덕적 행위자인 우리에게 부여된 존엄성도 존중하신다. 그리고 사탄과 같은 일부 타락한 천사들이 하나님의 허락하심 속에서 거역과 그 결과를 선택하는 것처럼 인간의 일부에게도 똑같은 운명이 허락될 것이다.

(이 점에서 우리는 종결적 형벌 교리가 단동설이나 신인협력설에 관계없이 모든 정통적 예정 교리와 일치한다는 사실을 주목해야 한다. 하나님의 뜻과 인간의 뜻 사이에 벌어지는 상호 작용의 신비에 관해 뭐라고 말하든 간에 인간이 지은 죄의 최종적 결과는 똑같다. 우리의 죄를 위해 고난받고 죽는 것이 예수님이시든 우리 자신이든 마찬가지다.)

형벌은 죄와 상응한다. 하나님은 거역한 천사와 인간들이 영원히 살지 못하게 하실 때도 그것이 빚을 청산하고 죄책을 제거하는 데 절대로 필요할 때만 그렇게 하신다. 신구약 성경은 진실로 선하신 하나님이 최후에 죄를 심판하실 때 그 심판은 진실로 최종적이라고 본다. 우주는 그때에야 악을 행하는 자를 포함한 온갖 악에서 완전히 깨끗하게 된다. 그때 하나님이 긍휼을 베푸셔서 악을 행하는 자들에 관한 기억조차 사라져버린다. 따라서 오는 시대에는 과거에 사랑했으나 상실한 사람들을 향한 슬픔도 없게 될 것이다(사 65:17; 계 21:4). 그렇게 예수님은 우주를 새롭게 하신다(계 21:5). 그렇게 하나님은 진실로 "만유의 주로서 만유 안에" 계실 수 있다(고전 15:28).

그러므로 지옥은 나쁘다. 정말 끔찍하게 나쁘다. 여기서 나는 내가 견지하는 지옥에 관한 견해가 결과적으로 누군가를 쉽게 사라지게 허용한다는 비난을 단호하게 거부한다. 절대로 아무나 "사라지게 허용"되는 것이 아니다. 그리스도의 긍휼로 가려지지 않는다면 모든 사람이 정당한 대가를 치러야 하기 때문이다. 지옥은 끔찍하다. 그리고 지옥은 최종적이다. 존 스토트는 이를 매우 설득력 있게 요약한다.

로잔 언약의 "하나님으로부터의 영원한 분리"라는 표현은…"내게서 떠나가라"는 예수님의 말씀(마 7:23; 25:41)과 "주의 얼굴을 떠나"라는 바울의 말(살후 1:9)을 의식적으로 반영한다. 여기서 우리는 이렇게 하나님 앞에서 사라지는 것이 실제적이고 끔찍하고(따라서 "그 사람은 차라리 나지 아니하였더라면 자기에게 좋을 뻔"했다[막 14:21]) 영원할 것이라고 확실히 말하지 않으면 안 된다. 신약성경은 이후의 형 집행 정지나 사면 등의 가능성에 관한 암시를 조금도 보여주지 않는다. 성경의 표현은 "영생"이나 "영원한 구원"과 대조되는 말, 곧 "영원한 심판"(히 6:2; 막 3:29), "영원한 부끄러움"(단 12:2), "영벌"(마 25:46), "영원한 멸망"(살후 1:9), "영원한 불"(마 18:8; 25:41)과 같은 개념을 포함한다. 그리고 이런 표현을 지지하는 심상에는 닫히는 문(마 25:10-12)과 건널 수 없는 큰 구렁텅이(눅 16:26)와 같은 그림들이 포함된다.[11]

그러나 지옥은 나빠야 할 정도보다 더 나빠지는 않다. 따라서 종결적 형벌 견해는 우리의 선하신 하나님에게서 영원히 괴롭히는 존재라는 섬뜩한 이미지를 제거해준다. 악인의 고통을 즐거워하는 기쁨은 없고 다만

11_John R. W. Stott, "Judgment and Hell," in *Rethinking Hell: Readings in Evangelical Conditionalism*, eds. Christopher M. Date, Gregory G. Stump, Joshua W. Anderson (Eugene, OR: Wipf and Stock, 2014), 50.

슬픈 공의가 있을 따름이다.

따라서 나는 성경의 명백한 가르침과 성경의 논리, 그리고 성경의 심상들은 모두 종결적 형벌과 절묘하게 일치한다고 주장하고 싶다. 더 나아가 종결적 형벌은 하나님의 진노와 하나님의 사랑을 조화시킨다. 하나님은 선을 사랑하고 최대한 많은 선을 창출하기 위해 할 수 있는 모든 일을 하는 분이시기 때문이다.

따라서 서두에 소개한 체스터턴은 둘을 다 보았다고 할 수 있다. 곧 지옥은 하나님의 뜨거운 사랑이다.

영원한 의식적 고통 지지자의 답변

데니 버크

스택하우스가 성경에 기초를 두고 자신의 견해를 개진한 점은 칭찬할 만하다. 그리스도인의 양심을 속박할 수 있는 유일하고도 적절한 권위는 성경에 있기 때문이다. 하지만 나는 여러 가지 이유로 스택하우스의 견해를 받아들일 수 없다.

1. 하나님의 진노와 사랑은 서로 다투지 않는다

스택하우스는 하나님의 선하심에 거룩하심과 자비하심이라는 두 기둥이 있다고 주장한다. 그에 따르면 하나님의 거룩하심은 하나님의 도덕적 정직성과 죄에 대한 혐오를 가리킨다. 하나님의 자비하심은 죄인들에 대한 하나님의 인자와 긍휼을 가리킨다. 어떤 지옥 교리든지 성경적이라면 이 두 가지 속성에 관심을 두어야 한다. 이런 논리대로라면 보편구원론(하나님의 거룩하심과 일치하지 않기에)과 영원한 의식적 고통 견해(하나님의 자비하심과 일치하지 않기에)는 배제되어야 한다. 이로써 "종결적 형벌"이 비성경적인 두 극단 사이에서 아리스토텔레스적인 중용으로 자리하기 위한 무대가 설치된다.

그러나 나는 지옥 문제에 관한 이런 접근에 의문을 제기한다. 물론 성경은 하나님이 진노하는 분이시자 사랑하는 분이심을 명확히 계시한다(예. 요 3:36; 요일 4:8). 그러나 어디서도 두 속성이 서로 갈등 속에서, 또는 서로 견제하며 균형을 이룬다고 말하지 않는다. 하나님의 진노는 하나님의 거룩하심을 반영한다. 이는 하나님의 성품이나 선하심에 대립하는 모든 것에 대한 하나님의 분노다. 요약하면 죄에 대한 적절한 반응이 바로 진노다. 죄는 우리를 하나님과 떨어뜨리고 우리를 종으로 만들어 파멸로 이끈다. 죄는 우리가 하나님과 관계를 맺지 못하도록 방해한다. 따라서 우리를 철저히 홀로 있게 하며 하나님을 욕되게 하는 일에 무관심한 것은 하나님의 사랑이 아니다. 만약 하나님이 사랑하는 분이시라면 당연히 당신의 영광이나 당신의 피조물을 모욕하는 것에 대해 화를 내고 심판하실 것이다. 이런 점에서 하나님의 사랑과 진노는 서로 견제하며 균형을 이루는 대립적인 두 속성이 아니라 상호보완적인 신격의 두 측면이다.

하나님의 사랑과 진노가 상호보완 관계임을 보여주는 또 다른 증거를 살펴보자. 죄에 대해 하나님이 발하시는 진노의 크기를 파악하지 못하면 하나님이 그리스도 안에서 우리에게 품으시는 사랑의 깊이도 알 수 없다. 성경은 하나님의 사랑을 이해할 때 하나님이 내리시는 죄에 대한 심판을 염두에 두라고 가르친다.

우리가 아직 죄인 되었을 때에 그리스도께서 우리를 위하여 죽으심으로 하나님께서 우리에 대한 자기의 사랑을 확증하셨느니라(롬 5:8).

하나님은 우리 대신 그리스도께 자신의 진노를 쏟으심으로써 죄인들에 대한 당신의 사랑을 확증하셨다. 우리가 지옥에서 영원히 고통당하지 않도록 건져진 것은 예수 그리스도가 우리를 위해 십자가에서 고통을 직접 겪으셨기 때문이다. 따라서 그리스도의 고난의 정도—여기에는 그리스도가 죄에 대한 하나님의 영원한 진노를 감당하신 것도 포함된다—는 우리를 향한 하나님의 사랑의 정도와 같다. 하나님의 진노를 축소하면 우리를 위해 예수님이 감당하신 희생의 무게도 감소한다. 그 결과 하나님의 사랑에 관한 우리의 경험까지 줄어든다. 이런 상황을 제대로 짚은 스펄전의 설명을 살펴보자.

엄청나게 많은 모든 빚이 그리스도의 어깨에 달려 있었습니다. 그의 모든 백성이 범한 죄의 전체 무게가 그리스도에게 두어졌습니다. 그리스도는 그 무게 아래 흔들리는 것처럼 보이셨습니다. "아버지여! 만일 할 만하시거든." 그러나 곧바로 자세를 바로잡으셨습니다. "그러나 나의 원대로 마시옵고 아버지의 원대로 하옵소서." 그의 백성에게 주어진 형벌 전체가 한 잔에 스며들었습니다. 죽을 수밖에 없는 인간의 입으로는 그 잔을 한 모금도 마실 수 없습니다. 그리스도가 그 잔에 입술을 대셨을 때 그 잔은 너무 써서 받지 못할 것 같았습니다. "이 잔을 내게서 지나가게 하옵소서." 그러나 자기 백성에 대한 그리스도의 사랑은 너무 강했습니다. 그 잔은 그의 양손에 들렸습니다. 그는 자신의 모든 백성을 위해

"그 잔을 사랑으로 단번에 들이킬 때
지옥의 저주가 다 마르도록 마셨습니다."

그리스도는 그것을 모두 마셨습니다. 모든 것을 감당하셨습니다. 모든 고난을 당하셨습니다. 그리하여 그들에게는 지옥의 불길이 영원히 전혀 없습니다. 고난의 아픔이 전혀 없습니다. 그들에게는 영원한 화가 조금도 미치지 않습니

다. 그리스도가 그들이 겪어야 했던 모든 것을 겪으셨기에 그들은 해방되어야 하고 해방될 것입니다.[1]

그러므로 하나님의 진노가 하나님의 사랑에 반한다고 보는 관점은 잘못되었다. 이 두 속성은 하나님의 성품 안에서 대립 없이 존재한다.

2. 지옥을 "불"과 "쓰레기 처리장"으로 묘사하는 것은 부족하다

스택하우스는 "게헨나"를 "쓰레기 처리장"로 해석하는 관점은 시대착오적임을 학자들이 증명했다는 사실을 인정한다. 그런데도 스택하우스가 그런 관점이 적합한 것인 양 계속 주장하는 이유는 "지옥은 악이 제거되고 악이 파괴되는 곳"이라는 "성경의 포괄적인 묘사에 부합하기" 때문이다. 하지만 이런 시대착오적 관점은 성경의 지지를 받지 못하고, "지옥"은 악한 것들이 멸망하는 곳이라는 그의 주장의 힘도 약하게 만든다. 우리가 쓰레기 처리장을 고려해야 한다는 증거는 아무것도 없다. 따라서 쓰레기 처리장의 이미지를 악한 것들이 지옥에서 어떻게 "파괴"되는지 설명하는 기초로 사용하면 안 된다. 결국 쓰레기 처리장에서 쓰레기들이 처리되고 해체되는 것과 같은 방식으로 지옥에서 악한 것들이 "멸망한다"고 주장하는 것은 올바르지 않다. 신빙성이 없는 이미지에 의존할수록 스택하우스의 기초는 허물어질 수밖에 없다.

1_Charles Haddon Spurgeon, "Sermon XX: Justification by Grace," in *Spurgeon's Sermons*, vol. 3(Peabody, MA: Hendrickson, 2014), 298.

3. 지옥 불을 절멸로 보는 것은 종말론적 부조리를 초래한다

스택하우스는 성경이 지옥을 불의 장소로 묘사한다는 사실을 올바르게 인정한다. 하지만 지옥 불이 상징하는 바를 정확하게 짚어내지는 못한다. 그가 보기에 지옥 불은 시험과 정화라는 두 가지 기능을 갖추고 있다. 불은 "가치가 없는 것은 무엇이든 소멸시킴으로써 사물의 본질적 성격"을 **시험**하고, 지속적 가치를 갖고 있지 못한 것을 **정화**한다는 것이다. 여기서 스택하우스는 지옥 불이 지옥에 가는 자를 정화한다고 주장하지는 않는다. 대신 불은 지옥에 가는 자의 존재를 제거함으로써 하나님의 우주에서 "완전히 선하지 않은 모든 것"을 없앤다고 주장한다.

하지만 그렇게 되면 최후 심판이 있고 나서도 성경이 묘사하는 최후 심판 이후의 모습이 되지 않는다는 문제점이 있다. 하나님의 창조세계가 여전히 죄인들의 실존으로 오염된 상태에서 하나님의 불은 죄인들이 우주에서 완전히 제거될 때까지 계속 타오를 것이다. 이는 최후 심판 이후에 악이 결정적으로 처리되고 우주는 올바른 질서로 회복될 것이라는 성경의 묘사와 일치하지 않는다(계 21:5). 지옥에 떨어진 자의 실존을 상정하는 스택하우스의 주장에서는 악이 최후 심판 후에—비록 한시적이기는 해도—여전히 해소되지 않은 문제로 남게 된다. 스택하우스의 주장을 따르자면 신약성경의 "이미/아직" 종말론이 최후 심판 이후에도 오랫동안 이어지게 된다고 말할 수 있다. 이는 지옥 불의 심상이 뒷받침하지 않는 부조리한 관점이다.

더 나아가 스택하우스는 "하나님의 우주는 사탄이나 사망이나 악인들의 잔재가 계속 남아 있는 한 완전히 또는 영원히 선한 상태일 수 없다"고 주장한다. 그러나 우리는 이 진술을 성경이 보증하는지 물어야만 한다. 성경은 하나님의 공의가 악인의 제거가 아닌 악인의 심판으로 확장된다고 거듭해서 말한다.

이에 관한 정확한 한 가지 사례가 "큰 음녀"에 관한 기사를 담은 요한 계시록 19:1-6이다. 이 본문에서는 심지어 연기가 지옥에 떨어진 자로부터 올라갈 때도 하늘에서 큰 무리가 사중으로 "할렐루야"를 외친다. 지옥에 떨어진 자에 대한 하나님의 심판에서 드러나는 하나님의 영광스러운 공의를 드높이는 것이다. 여기서 연기는 일반적인 의미의 연기가 아니며 불은 영속적이지만 지옥에 떨어진 자는 영속적이지 않다는 의미를 담고 있지도 않다. "그[큰 음녀의] 연기가 세세토록 올라가더라"(계 19:3)라는 말씀은 지옥에 떨어진 자의 실존이 영원한 불과 함께 존속한다는 점을 암시한다. 또한 "할렐루야"라는 외침은 악인의 제거 자체가 아니라 하나님이 행하신 심판에 관한 것이다. 여기서 하나님의 공의가 의심을 사지 않는 이유는 불타고 있는 동안에도 큰 음녀가 실존하기 때문이다. 하나님의 공의는 큰 음녀가 계속 불타는 것으로 입증된다. 하나님의 심판이 지옥에 떨어진 자에게 임할 때 하나님의 우주 안에 있는 모든 것은 선하다.

성경에서 지옥 불은 주로 죄에 대한 하나님의 거룩하신 진노를 묘사하는 심상이다. 지옥 불은 불에 타는 대상의 유한한 실존에 관해서는 아무런 말도 하지 않는다. 지옥 불은 오직 하나님이 끝까지 회개하기를 거부하는 자와 죄에 대해 품으시는 끝없는 격분에 관해 말할 뿐이다. 하나님이 부활한 몸에 부여하시는 특수한 속성들에 비추어보면, 지옥 불이 지옥에 떨어진 자의 한시적 실존에 관한 존재론적 진술을 의미한다고 말하는 것은 지옥 불 심상을 무시하는 것이다. 지옥 불 심상은 지옥에 떨어진 자의 실존이 최후 심판 이후에는 하나님의 회복된 우주의 오점이 된다는 사실을 암시하지 않는다. 최후 심판을 끝내신 하나님이 또다시 지옥에서 소멸시키는 심판 기간을 보내면서 남아 있는 일을 처리하시는 것이 아니다. 오히려 반대로 지옥 불은 죄에 대한 하나님의 정당하고 단호한 분노에 관한 진술이다.

4. "구미에 맞는다"고 종결적 형벌 견해가 진실이 되지는 않는다

스택하우스는 정통파 신자들에게도 영원한 의식적 고통 관념은 종종 너무 "공포"스럽고 "끔찍해서 생각조차 할 수" 없는 것 같다고 말한다. 이어서 그는 "하나님이 피조물을 끝없이 소망 없는 고통 속에서 영원히 살게 하신다는" 혐오스러운 견해보다 종결적 형벌 견해가 더 "구미에 맞는다"고 주장한다. 분명히 스택하우스는 성경이 양심을 속박하는 궁극적 기준이 되어야 한다고 말한다. 그러나 이 문제에 관한 이런 감정적 접근은 교회의 2,000년 역사 속에서 정통파 그리스도인들을 지배해온 견해에 반대하는 비성경적인 편견에 불과하다.

　만약 스택하우스가 다른 해석에 양심을 속박하기 원한 것이라면 이런 식으로 편견에 찬 진술은 도움이 되지 않는다. 궁극적으로 이 문제는 성경적 근거에 따라 해결되어야 한다. 결국에는 하나님이 세상에서 어떻게 행하셔야 하는지에 관한 우리의 추측이 아니라 성경에 최종적 권위를 두어야 한다. 어쨌든 죄인들에게 "구미에 맞는" 대안으로 보이는 것도 거룩하신 하나님에게는 전혀 바람직하지 않을 수 있다.

5. 핵심 성경 본문들에 관한 해석이 설득력이 없다

이 짧은 논평에서 스택하우스의 성경 해석을 낱낱이 논박하기는 어렵다. 그렇게 하려면 추가 기고문을 새로 써야 할 것이다. 그럼에도 핵심 성경 본문에 관한 스택하우스의 해석을 반박해보겠다. 그는 "영원하다"라는 말의 의미는 범주가 넓어서 "영원히 계속하다"라는 의미일 때도 있고, 영원히 계속되지 않는 어떤 것을 묘사할 때도 있다고 지적한다. 그의 지적은 올바르다. 그러나 사실 문제는 "영원하다"라는 말의 의미론적인 범주가 아니다. 중요한 것은 이 말이 문제가 되는 본문의 문맥 속에서 나타내는 의미다.

"올람"이라는 말이 어떤 본문에서 일시적인 것을 가리킨다고 해서 다니엘 12:2과 같은 본문이 **영속적**이라는 의미를 갖지 않는 것은 아니다. 다니엘 12:2은 의인과 악인이 다 "깨어나" 자기들의 운명에 관한 의식을 갖게 된다고 말한다. "올람"이라는 말은 그들의 운명을 묘사하고, 그들의 운명은 미래—의인의 미래는 분명히 의식적이고 영속적이다—에까지 똑같이 이어진다. 이 본문에는 악인의 운명이 무의식적이고 일시적일 것이라는 사실을 암시하는 내용이 조금도 없다.

스택하우스는 "멸망"이나 "죽음"과 같은 성경의 언어는 일반적으로 "종결"을 의미한다고 주장한다. 이는 절멸주의자들의 주장으로 널리 알려진 것으로서, 여기서 스택하우스가 줄기로 삼은 내용은 퍼지와 피터슨이 주장과 반박을 이어간 논쟁이다.[2] 이 책의 기고문에 제시된 스택하우스의 해설은 대부분 설득력이 없다. 그 이유는 그가 현세적 심판들에 관해 가르치는 일련의 본문들(예. 시 1:4-6; 37편; 잠 1:18-19; 욥 1:16)을 근거로 제시하기 때문이다. 현세적 "멸망"과 "죽음"에 관한 본문들은 데살로니가후서 1:9과 같은 본문이 가르치는 영원한 죽음과 멸망에 대항하는 구실을 제대로 하지 못한다. (내 기고문에서 그 본문에 관한 해설을 참고하라.)

2_Edward William Fudge, Robert A. Peterson, *Two Views of Hell: A Biblical Theological Dialogue*, Spectrum Multiview Books(Downers Grove, IL: IVP Academic, 2000).

6. "영혼 불멸"은 지옥에 떨어진 자의 부활에 반대하는 주장이 아니다

스택하우스는 영원한 의식적 고통이란 견해가 성경에서 거리가 먼 "영혼 불멸" 사상에 의존한다고 주장한다. 그는 이에 관해 "성경에는 하나님이 모든 사람의 영혼을 불멸하게 하신다고 말하는 구절이 하나도 없다.…그 렇다면 지옥은 불멸의 영혼이 영원히 고통받는 장소라고 우리가 계속 믿어야 할 이유가 무엇이겠는가? 절대로 그렇게 믿어서는 안 된다"라고 말한다. 그러나 정확히 말해 전통적 견해의 지지자들이 불멸성에 관해 믿는 내용은 이런 것이 아니다.

성경이 가르치는 것은 단순히 인간 영혼의 불멸성이 아니라 온전한 인간의 불멸성이다. 이는 성경에서 종종 영혼과 몸을 구별해서 말하는 내용(예. 살전 5:23)을 부인하는 것은 아니다. 또한 이는 몸과 분리되어 존재하는 영혼을 말하는 성경 본문(예. 고후 5:8)에 대한 부인도 아니다. 단지 세상 끝 날에 의인과 악인이 물리적인 몸을 가진 존재로 부활하게 되리라고 말하는 것이다(단 12:2-3; 요 5:28-29). 구원받은 자와 지옥에 떨어진 자는 오는 시대에 물리적 몸을 갖게 된다. 그들은 몸이 없는 영의 상태로 영광이나 파멸로 들어가는 것이 아니다. 그들은 그들의 영원한 운명에 적합한 몸을 가진 인간들이다.

스택하우스가 단언한 것처럼 성경에 소위 영혼 불멸에 관련된다는 가르침이 없더라도 그것이 요점은 아니다. 문제는 오는 시대에 부활한 인간에게 어떤 일이 일어나느냐는 것이다. 단순히 그들의 영혼에 어떤 일이 일어나느냐가 문제는 아니다. 그리고 성경은 어떤 이는 영원한 심판을 받기 위해 부활한다고 가르친다.

7. 죄의 유한한 지속 기간은 형벌의 유한한 지속 기간을 의미하지 않는다

스택하우스는 "유한한 존재들은 다만 유한한 분량의 죄를 저지를 수 있을 뿐이며 그 죄를 속할 때는 유한한 분량의 고통으로 충분하다"고 주장한다. 그런데 이 진술도 성경적 근거가 없다. 성경에 따르면 죄의 심각성 – 그 죄에 합당한 처벌의 심각성도 마찬가지다 – 은 죄의 지속 기간이 아니라 죄가 저질러진 대상의 존엄성에 따라 정해진다. 죄가 영원한 처벌을 받아야 하는 이유는 하나님의 거룩하심 때문이다. 하나님은 모든 존재 가운데 으뜸가는 최고의 자리를 차지하는 분이시다. 하나님의 존엄성과 가치는 측량할 수 없다. 따라서 무한히 영광스러운 존재에게 저지르는 죄는 무한히 끔찍한 처벌이 어울리는 무한히 극악한 죄다. 지옥의 형벌 – 하나님의 진노 아래 영원한 의식적 고통을 받는 것 – 은 하나님 편에서 보면 과잉 대응이 아니다. 지옥의 형벌은 하나님의 거룩하심과 공의를 영원하고 영광스럽게 증명한다. 오는 시대에 속한 모든 성도는 그 진리를 기뻐할 것이다(계 18:20).

보편구원론 지지자의 답변

로빈 A. 패리

먼저 스택하우스가 절멸주의자의 관점을 명확히 제시해준 것에 대해 감사하고 싶다. 스택하우스의 설명은 전체적으로 일관적이며 주석적 반성과 신학적 반성이 절묘하게 조화를 이룬다. 나는 절멸주의자—또는 "종결주의자"(terminators)로 불러야 할 사람들—에 많은 시간을 할애한다. 나도 그중 하나였기 때문이다. 나는 여러 가지 면에서 종결주의자들이 고통주의자들보다 우위에 있다고 생각한다. 특히 지옥의 고통이 **끝이 없다**는 주장에 반대하는 그들의 논증이 설득력이 있게 느껴질 때가 많다. 그런데 종결주의에도 몇 가지 문제가 있는 것 같다.

예수님과 하나님의 실패?

나는 고통보다 종결이 신학적으로 문제가 더 없다는 스택하우스의 주장에 동의한다. 영원한 의식적 고통이란 견해는 하나님의 공의 및 사랑과 양립할 수 없는 것처럼 보인다. 반면 종결주의 관점은 확실히 정당성을 확보할 수 있고(최소한 보응이 우리의 공의 관념을 충족시켜준다면 그렇다), 심지어는 하나님의 사랑과도 양립할 수 있다. 그러나 내가 보기에 고통주의자와 종결주의자 모두 딜레마에 빠진 것으로 보인다.

여기서 질문은 이것이다. 하나님은 모든 사람이 자유롭게 그리스도 안에서 구원을 받게 하실 수 있는가? 만약 칼뱅주의자가 있다면 "그렇다"고 대답하고, 아르미니우스주의자가 있다면 대체로 "아니다"라고 대답할 것이다.[3] 하나님은 모든 사람이 자유롭게 복음을 받아들이기를 바라시지만 사람들의 자유로운 선택을 강제하실 수는 없다. 따라서 아르미니우스주의자들은 하나님이 모든 사람의 구원을 보증하실 수 없다고 본다. 여기서 우리는 두 가지 대안을 마주하게 되는데, 문제는 그 두 대안이 모두 그리 매력적이지 않다는 것이다.

① **만약 하나님이** 모든 사람의 자유를 침범하지 않고 그들을 **구원하실 수 있으나** 그들 가운데 일부를 (고통이나 종결을 위해) 지옥에 보내기로 선택하신다면, (인과 응보의 관점에서) 이 행위는 의로울 수 있겠지만 이는 하나님이 이 죄인들을 사랑하고 그들에게 가장 좋은 것이 주어지기를 바라신다는 주장과는 양립할 수 없다. (어쨌든 하나님은 그리스도를 통해 그들을 구원하심으로써 자신의 공의를 양보하는 일은 절대 하지 않으신다.)

② **만약 하나님이** 모든 사람의 자유를 침범하지 않고는 그들을 **구원하실 수 없다면**, 하나님은 만물의 회복을 바라시지만 실제로 그 바람은 영원히 좌절된다고 볼 수 있다. 그렇다면 우리는 어떻게 하나님의 종말론적 승리에 관해 말할 수 있겠는가?

3_ 그렇지만 내 기고문에서 주장한 것처럼 나는 아르미니우스주의자도 "그렇다"고 답변할 수 있다고 생각한다.

따라서 보편구원론이 옳지 않다면 하나님은 사랑이시라는 주장이나 하나님이 완전히 이기신다는 주장 가운데 하나는 포기해야 하는 압력이 발생하게 된다.

여기서 스택하우스는 두 번째 대안을 선택한다. 그는 인간의 자유와 그 자유의 본질적 결과에 관해 언급한 후 하나님이 "사람들을 당신에게로 이끌기 위해 **하실 수 있는 모든 일**"을 하신다는 사실을 밝히고 하나님이 "선을 사랑하고 **최대한 많은 선**을 창출하기 위해 할 수 있는 모든 일을 하는 분"이시라고 말한다(강조는 덧붙임). 그러나 결국 하나님은 많은 사람이 당신을 거부하고 영원히 버림받은 자가 되어버리는 현실을 감수하셔야 한다. 이때 하나님은 기쁨을 얻지 못하신다. 다만 "슬픈 공의"만 있을 따름이다. (덧붙이지만 하나님이 "사람들을 당신에게로 이끌기 위해 **하실 수 있는 모든 일**"을 하신다고 말하면서 동시에 죽음 너머에는 구원의 기회가 전혀 없다고 주장한다면 개연성이 사라져 버린다. 실제로 우리는 하나님이 죽은 모든 자가 복음을 받아들이도록 하실 수 있는 일이 **더는 없었다**고 주장할 수 있는가?)[4]

하나님이 종말론적 멸망을 피조물이 자초하도록 마지못해 허용하시는 것이라면, 나에게 그것은 하나님이 그런 피조물에 대한 당신의 목적을 이루지 못하고 영원히 실패하시는 모습으로 비친다. 하나님은 너무 늦기 전에 멈춰 세우려고 하셨으나 그들은 모래처럼 하나님의 손가락 사이로 미끄러져 나간다. 반대로 하나님이 죄를 지은 피조물에게 종말론적 멸

4_더 나아가 Stackhouse의 속죄에 관한 설명을 감안하면 나는 그가 왜 보편구원론자가 아닌지 잘 모르겠다. 그는 죄가 우리 자신이나 그리스도의 죽음으로써 속죄되어야 한다고 말한다. 그러나 그는 이어서 **예수님이 모든 사람을 위해 충분히 빚을 청산하셨다**고 말함으로써 보편적 속죄를 이야기한다. Stackhouse의 논리에 따르면 이런 경우에는 어떤 죄인도 자기 **자신의** 죽음으로 죄를 속할 필요가 없다. 그렇다면 누군가는 왜 지옥에 가야 하는가? 지금으로써는 Stackhouse의 설명에 문제가 있다. 좋게 보아도 불완전하다. 예수님의 죽음은 다만 **잠재적** 속죄인 듯하다. 세상 죄를 잠재적으로 지고 가는 하나님의 어린 양을 보라!

망이 임하도록 적극적으로 개입하신다면 그것은 그 피조물들을 향한 하나님의 목적이 영원히 좌절되었음을 드러낸다. 하나님은 그들에게 사랑을 요청하시나 그들은 하나님의 구애를 좌절시킨다. 그래서 하나님은 구애를 포기하고 그들을 정죄하심으로써 지옥으로 떨어뜨리거나 존재하지 못하게 하신다. 어느 쪽이든 하나님은 마지못해 차선책을 취하실 수밖에 없다.

어떤 사람들은 이런 선택지를 울며 겨자 먹기 식으로 받아들일 준비가 되어 있는 것처럼 보인다. 그러나 이 이야기의 끝에서 "죄에 대한 하나님의 승리" 또는 "신적 승리"를 말하는 것은 오웰주의자의 모순적인 선언과 비슷해 보인다. 이론적으로 따져보면 여기서 문제점은 이성적 행위를 하는 모든 피조물이 자유롭게 하나님을 거부하고 멸망을 받아들이는 상태와 그런 신적 승리가 양립할 수 있다는 가능성이다. 그렇게 되면 우리는 온 우주가 지옥에서 불타거나 종결된 상태, 즉 그리스도가 죽음의 값을 치르신 자 가운데 아무도 구원받지 못하고 피조물에 대한 하나님의 목적이 하나도 실현되지 못한 종말론적 상태를 보면서도 "**이것이** 죄에 대한 하나님의 승리다!"라고 말해야 한다. 그러나 내가 볼 때 그런 상태는 하나님의 목적을 좌절시킨 죄 및 사탄의 승리와 더 가깝다. 이는 우려스럽게도 "하나님이 승리하신다"라는 말을 "하나님이 패배하신다"라는 의미에 더 가까운 말로 만들어버린다.

절멸주의자는 영원한 고통 견해에 반론을 제기한다. 영원한 고통을 주장하는 전통적 견해에 따르면 악은 피조물로부터 전혀 제거되지 않고 단지 영원한 시험관 속에 갇히게 된다. 정말이다! 죄를 아예 끝내고 창조 세계에서 제거하는 것이 더 낫다. 단두대로 문제를 해결하는 절멸주의에서는 새 창조에 죄인들이 낄 자리가 없다. 만유이신 하나님이 만유 안에 계신다.

그런데 여기서 문제점은 하나님의 악에 대한 그런 대응 방식은 **복음**

의 해결책(즉 죄인들에게서 죄를 없애는 것)이 아니고, 터미네이터(terminator)
식 해결책(즉 죄인들 자체를 없애는 것)이라는 것이다. 이는 창조세계를 위한
극약 처방으로서 선거에서 다른 편에 투표할 유권자를 모두 죽임으로써
유권자 전체의 지지를 얻는 것과 같다. 가설이지만 하나님은 대다수 인간
을 절멸시킨 후 자기를 사랑하는 피조물로 가득 찬 우주 속에서 영광스
러운 승리를 얻었다고 주장하실지 모른다. 그러나 이는 상처만 남은 피로
스의 승리와 같지 않은가? 승리의 대가가 커도 너무 크다. 그리고 하나님
이 이런 대가를 결코 치르고 싶어 하지 않으신다는 사실을 고려하면 이는
승리가 아니라 패배다. 이 견해에 따르면 결국에는 죄와 사망이 자기들이
목적하는 악한 길로 치닫는 것처럼 보인다. 곧 하나님께 당신이 사랑하는
많은 사람을 포기하고 말살하도록 강요하는 것 같다. 이에 관해 니크 안
젤(Nik Ansell)은 다음과 같이 말했다.

> 하나님의 선한 창조세계의 절멸과 멸망은 엄밀히 악의 목표와 목적이지 악이
> 패배한 증거가 아님을…기억해야 한다. 자기 파멸을 포함해 하나님의 형상으
> 로 지음 받은 자의 멸망은 흑암의 세력이 쟁취한 승리를 표상한다. 영원한 처
> 벌이 최종 심판[즉 절멸]으로 바뀐다 해도 악은 여전히 최종 결정권을 쥐게
> 된다.[5]

여기서 신적 사랑과 신적 승리를 **함께** 확언할 수 있는 견해라는 점이
보편구원론의 한 가지 매력으로 드러난다.

5_Nik Ansell, "Hell: The Nemesis of Hope? Online: http//theotherjournal.com/2009/04/20/hell-the-
nemesis-of-hope/.

성경의 심상에 관한 과잉 해석?

내 느낌으로는 종결주의자들도 종종 고통주의자들처럼 성경의 심상(예. 소멸시키는 불)과 용어(예. "멸망하다")에 필요 이상으로 집착하는 듯하다. 성경이 문맥에 따라 최후의 파멸과 절멸을 가리키는 것으로 읽힐 수 있는 **아주 강력한** 용어와 심상을 사용해 죄인들의 운명을 묘사한다는 사실은 인정할 만하다. 그럴 때 스택하우스를 비롯한 종결주의자들이 그런 용어에 의지하는 것은 정당하다.

그러나 그것으로 논란이 해소되는 것은 아니다. 우리는 이런 강력한 심상에서 지옥이 종결적 **형벌**을 가리킨다는 선언으로 너무 빨리 넘어가면 안 된다. 왜 그럴까? 성경의 하나님이 멸망시키는 분인 **동시에** "죽은 자를 살리시는"(롬 4:17) 분임을 기억하지 않으면 안 되기 때문이다. 하나님의 이런 특성으로 인해 멸망에 관한 주장은 상대화된다. **사람은 신적 회복이 미치지 않는 곳으로 멸망할 수 없다.** 주 하나님이 개입하시는 순간 멸망이 종착지가 되어야 할 필연성이 사라진다. 나의 기고문에서 간단히 살펴보았듯이 성경은 가차 없이 진노의 수사법을 사용한다. 진노의 수사법은 이후에 오직 회복에 관해 말하기 위해서 극단적인 종결 언어로 구성된다.

스택하우스가 올바로 짚은 소돔과 고모라의 예시를 살펴보자. 소돔과 고모라는 "영원한 형벌"(유 1:7)을 이야기하는 훌륭한 사례다. 스택하우스는 소돔과 고모라에 "불타오르는 연기 외에 남은 것이 아무것도 없었다"고 말한다. 그는 이를 "종결적 형벌 견해의 명확한 증거"로 본다. 그러나 나는 소돔과 고모라가 우리에게 절대로 희망을 포기하지 말라는 경고를 전해준다고 생각한다. 예수님은 소돔과 고모라가 다가올 심판 날에 어떻게 처리될 것인지를 말씀하신다(마 10:15; 11:24). 여기서 추측되는 것은 예수님이 소돔과 고모라의 주민들이 어떤 식으로든 존재하지 않는다고 생각하시는 것이 아니라는 사실이다. 그렇다면 그들에게 미래의 심판이 임할 리 없기 때문이다.

아마 어떤 종결주의자는 소돔과 고모라 주민들이 두 번째 절멸당하기 전에 부활하게 될 것이라고 말할지도 모르겠다. 순전한 추측이다. 그러나 에스겔서는 무엇을 말하는가? 에스겔서는 유다를 소돔의 자매로 묘사하면서 유다의 악한 행위가 소돔의 행위를 능가한다고 개탄한다. 이에 관해 하나님은 소돔의 죄를 보고 그들을 "없이 하셨다"(removed)고 말씀하신다(겔 16:48-50). 유다 역시 공개적으로 그런 수치를 당할 것이다(겔 16:52, 57-59). 그러나 하나님은 회복의 하나님이시다. 하나님은 예상치 못한 은혜로 사마리아 및 유다와 더불어 소돔과 그의 딸들의 운명을 되돌릴 것이며(겔 16:53), 그들이 모두 옛 지위를 되찾게 할 것이라고 약속하신다(겔 16:55). 유다는 분명히 지은 죄로 인해 부끄러움을 당할 것이다. 하지만 하나님은 유다의 죄를 속하고 영원한 언약을 세우시며 소돔을 유다의 딸로 주실 것이다(겔 16:60-63). 여기서 우리는 예언자가 소돔—악한 행위와 격렬한 심판의 모범 사례—을 통해 **절멸 이후의 회복**을 약속하는 모습을 보게 된다.

최소한 우리는 이런 논의를 통해 **외관상** 심판에 관한 최종적 언어와 심상으로 보이는 내용이 최후 회복의 가능성을 배제하는 것은 아니라는 사실을 깨달아야 한다. 만일 소돔이 최후 심판에 관한 성경의 핵심 패러다임을 분명하게 제공한다—맞는 말이다—면 왜 거기서 최후의 멸망 너머에 있는 희망에 관한 성경적 기초를 발견하면 안 되는가?

사망

스택하우스가 사망을 표현하는 언어들을 근거로 절멸주의를 주장하는 데는 더 많은 문제가 있기에 나는 버크와 같은 편에 서겠다. 내가 보기에 스택하우스의 주장 일부는 죽음과 비존재(nonexistence)를 서로 바꿔 쓸 수 있는 개념으로 보는 데 근거한다. 두 가지 예만 살펴보면 다음과 같다. ① "사망의 의미에 포함되지 않는 뚜렷한 의미는 '죽지 않는 것'이다." ② "우리는 종결이라는 뜻으로 매우 명확하게 들려오는 본문들을…죽는 것이 아니라 '고통스럽게 영원히 사는 것'을 가리키는 뜻으로 보지 않도록 조심해야 한다."

그런데 이런 주장은 "죽음"과 비존재, "생명"과 존재를 동등시해야 설득력이 있다. 이는 의문을 불러일으킨다. 만약 "사망"(죽음)이라는 말과 "비존재"가 (그리고 "생명"과 "실존"이) 서로 바꾸어 쓸 수 있는 말이 아니라면 스택하우스의 이 주장은 성립될 수 없다. 그리고 내가 볼 때 성경에서 이런 말들은 존재나 비존재의 의미로 사용되지 않는다. 어찌 되었든 죽은 자를 철저하게 존재하지 않는 자로 보는 관점은 드러나지 않는다. 구약성경에서 죽은 자는 스올/하데스의 그늘진 지하 세계에 거주하는 유사-실존이다. 신약성경에서 이런 하데스 개념은 좀 더 확대되고 비존재 개념은 더욱 설 자리가 없어진다.

물론 죽은 자는 땅 위에서 사라질 것이다(스택하우스가 증명해주었다). 그러나 그것은 **완전히** 사라지는 것과 같은 개념이 아니다. 더 나아가 성경은 생명이나 죽음의 개념을 신학적 의미에서 생명의 원천이신 하나님과 맺는 관계(또는 무관계)를 가리키는 것으로 사용할 때가 훨씬 더 많다. 즉 하나님과의 관계에서 벗어나 있는 사람은 죄로 인해 죽은 자로 간주된다(예. 엡 2:1). 이는 그들이 존재하지 않는다는 뜻이 아니다. 반대로 그리스도 안에 있는 자는 그리스도의 생명에 참여하고 하나님에 대해 살게 된다(예. 엡 2:5). 이 역시 존재나 비존재와는 아무 상관이 없다. 모든 것이 하나님을 아는 것과 관련될 뿐이다. 따라서 우리가 죽음에 관한 말이 절멸에 관한 말과 동등하다고 상정하지 않는 한 불 못이 "둘째 사망"이라는 구절을 "두 번째 절멸"이라는 의미로 추정할 수 없다. 그러나 오히려 죽음이, 오는 시대에 맞닥뜨리게 될 신적 생명과의 단절을 의미한다면 죽음을 나타내는 언어는 온전한 의미로 읽히게 될 것이다.

내 말이 옳다면 죽음, 심지어 둘째 사망도 부활에 관한 소망을 소멸시키는 것으로 간주될 수 없다. 새 예루살렘의 문들은 절대 닫히지 않는다. 메시아를 적대시한 결과로 자신들이 불 못 속에 있음을 깨닫게 될 땅의 임금들과 거역하는 민족들에게도 그 문들은 항상 열려 있다(계 21:22-27). 어린양의 피는 항상 유효하므로 모든 희망의 저편에 있는 곳에까지 희망을 준다.

지옥과 연옥 지지자의 답변
제리 L. 윌스

내가 이 논평에서 먼저 지적할 것은 스택하우스가 자신의 견해를 지지하는 근거를 성경으로부터 끌어올 때 상당히 과장된 말을 한다는 사실이다. 그는 "종결적 형벌 견해가 내가 확인한 것처럼 어떤 교리에도 제공될 수 있을 만큼 강력한 성경의 보증서를 갖추었다"고 주장한다. 그리고 기고문의 뒷부분에서 영원한 지옥 개념을 반대하는 가운데, 영원한 지옥 개념을 "성경이 확고하게 반대한다"고 말한다.

조건적 불멸설, 혹은 스택하우스가 명명한 종결적 형벌 견해는 한동안 유효한 복음주의적 관점으로 인정받았다. 실제로 다수의 저명한 신학자와 성서학자들이 이 견해를 지지한다. 더 나아가 종결적 형벌 견해는 전통적인 지옥 견해에 도전하고 조건적 불멸설을 참된 성경적 대안으로 옹호하려는 목적하에 존재하는 공적 기관에 강력한 지원—내 말은 지성적인 지원이란 의미다—을 제공한다.[6] 따라서 스택하우스가 이 견해를 그 성경적 견해라고 확실하게 말하는 것도 그리 놀랍지는 않다.

그러나 이 책이 존재한다는 사실 자체로 그런 단언은 거짓말임이 드

6_ 특히 *Rethinking Hell*을 말하는 것이다.

러난다. 스택하우스가 종결적 형벌 견해가 여느 교리만큼 강력한 성경의 보증서를 갖추었다고 했을 때 이는 분명히 어느 정도 사실을 과장한 말이다. 스택하우스 자신도 성경의 확실한 지지를 받을 만한 교리에는 성육신, 예수님의 육체 부활, 믿음을 통해 은혜로 얻는 구원 등이 있음을 잘 알 것이다.

물론 나도 얼핏 보면 종결적 형벌을 분명히 가르치는 것처럼 보이는 다수의 성경 본문이 있다는 사실을 기꺼이 인정한다. 그런데 문제는 그와 마찬가지로 지옥은 영원한 의식적 고통이라고 가르치는 성경 본문도 다수이며, 분명히 보편구원을 가르치는 것으로 보이는 다른 본문도 있다는 점이다. 지금까지 이어진 논쟁의 흐름에서 핵심은 누가 자신이 가장 확실하다고 보는 본문들에 비추어 다른 두 견해가 근거로 제시하는 본문들을 가장 잘 설명하고 해석할 수 있느냐였다. 그리고 지금까지의 논쟁은 조건적 불멸설 지지자가 자신이 이겼다고 말하는 어떤 주장도 성숙한 주장이 아니었다는 사실을 합리적으로 분명히 드러내 주고 있다.

더구나 최근 수십 년 동안 보편구원론과 조건적 불멸설에서 확인된 장점에도 불구하고 전통적 견해가 옳다는 합의가 여전히 폭넓게 이루어져 있다. 따라서 입증의 책임이 전통적 견해를 끌어내리려는 관점을 가진 사람들에게 있다는 사실에는 변함이 없다. 내가 버크의 견해를 논평할 때 주장했듯이 이 논쟁은 광범위한 신학적·철학적·도덕적·심미적 주제들과 더불어 이루어져야 한다. 여기서 나는 적합하다고 생각되는 몇몇 주제와 관련해 이야기를 풀어낼 작정이다.

그런데 나는 합리적인 의심을 넘어 거짓임이 증명되지 않는 한 전통적 견해가 정확한 것으로 추정되어야 하는 이유에 관해 더 많이 이야기하고 싶다. 분명히 말하지만 우리는 전통이 성경과 다르다고 보는 데 신중해야 한다. 그런데 스택하우스가 복음주의자는 "전통이 무엇이 되었든지 간에…성경이 가르친다고 보는 내용 위에" 서 있어야 한다고 말할 때 전통이 성경과 반대된다고 보는 선입관이 드러나는 듯하다. 물론 어떤 전통은 성경에서 벗어나 있다. 나는 **그런** 종류의 전통에 관한 한 스택하우스와 뜻을 함께할 것이다.

그러나 그 전통적 교리가 성경적 주석에 뿌리를 두고 있고, 초기 교부들에게까지 거슬러 올라갈 정도로 오랜 세월 동안 일치된 합의를 이루어 왔으며, 모든 교파의 교회에서 견지하는 교리라면 우리는 모든 의심의 눈초리를 거두어야 한다. 하나님의 명확한 성문 계시인 성경의 권위를 엄중히 존중하는 마음으로 그렇게 해야 한다. 여기 그 이유가 있다. 만약 성경이 하나님의 계시라면 하나님은 성경을 통해 성공적으로 당신의 진리를 나타내신다. 그렇다면 성경을 정확히 해석하는 데 최선의 노력을 기울이는 교회는 그 일에 성공하기 마련이라고 생각하는 것도 일리가 있다. 만약 교회가 성경을 정확히 해석하지 못한다면 성경의 명료성이나 신적 계시로서 성경이 갖는 권위에 관한 의문이 제기될 수밖에 없다.

물론 나는 여기서 과장된 주장을 하고 싶지는 않다. 나는 지금 지옥에 관한 전통적 견해가 니케아 신조 등의 교리들과 똑같은 차원에 있다고 말하는 것이 아니다. 영원한 지옥 교리는 니케아 신조에 포함된 교리들만큼 합의를 이룬 것은 아니다. 또한 그런 교리들만큼 성경의 계시에서 중심적인 위치에 자리하는 것도 아니다. 따라서 고전적 신조의 교리들과는 달리 영원한 지옥 교리는 도전에 문을 열어놓아야 한다. 그러나 영원한 지옥 교리는 의심이 제기될 때 우선권을 누릴 자격이 있을 만큼 전통 속에서 큰 비중을 차지한다. 보편적으로 그리스도인들은 대대로 전통적인 영원한 지옥 교리가 믿을 만한 성경 드라마의 한 가지 요소라고 간주했다. 심지어 이는 그 교리가 참되지 않은 것으로 믿고 싶을 때도 다르지 않았다. 사실 나는 최근에 악의 문제로부터 생명의 의미에 이르는 근본적인 문제들을 설명하는 데 중요한 근거가 되는 마지막 일들에 관한 기독교적 관점을 제시할 기회가 있었는데,[7] 그 일부로서 전통적 지옥 견해를 옹호했다.

그렇다면 조건적 불멸설(그리고 보편구원론) 지지자는 자신의 견해가 신학적으로, 도덕적으로 그리고 심미적으로 전통적 지옥 견해보다 우월하고, 대다수 그리스도인이 대대로 지지해온 전통적 견해보다 성경의 드라마를 더 만족스럽게 설명한다는 점을 증명해야 한다. 더 나아가 그들은 전통 속에서 지배적인 지옥 견해가 어떻게, 왜 잘못된 길로 들어섰는지 설명하는 설득력 있는 "오류 이론"을 제시하지 않으면 안 된다. 그들이 이런 작업을 자신들의 해석적 주장의 필수적인 요소로 구성할 수 있다면 그들의 견해도 성경의 가장 뚜렷한 지지를 받는 견해 중 하나라고 주장해도 된다.

그러나 나는 이것이 종결적 형벌 견해가 감당하기 어려운 요구라고 생각한다. 종결적 형벌 견해는 그 지지자들이 다른 견해들과 경쟁 구도를 형성한다고 주장하는 것만큼 성장하지 못했다. 구체적으로 살펴보자. 첫째, 나는 종결적 형벌 견해가 의존하는 중대한 근거 중 하나가 종결적 형벌이 영원한 비참보다 더 적합한 형벌이라는 생각에서 비롯한다고 생각한다. 유한한 피조물은 오직 유한한 분량의 악을 저지를 수 있고, 짧은 생애 동안 유한한 정도의 해를 끼칠 뿐이다. 그러니 무한한 형벌은 그런 범죄와 비대칭을 이루는 것으로 보인다. 더구나 전통적 지옥 견해는 종종 지옥을 최악의 고문실로 묘사한다. 그런 묘사는 영원한 지옥이 도덕적으로 옹호할 수 없는 과도한 형벌이라는 주장에 힘을 실어준다. 스택하우스가 지적하는 것처럼 하나님이 피조물을 영원히 살게 하심으로써 사면(赦

7_Jerry L. Walls, *Heaven, Hell, and Purgatory: Rethinking the Things That Matter Most* (Grand Rapids: Brazos, 2015).

免)의 희망 없이 무한한 고통을 겪게 하신다는 생각은 많은 신자가 견지하기를 포기하게 할 정도로 정말 "공포스럽다." 그것은 "문자 그대로 너무 끔찍해서 생각조차 할 수 없다." 그래서 스택하우스는 자신이 제시하는 견해가 신학적으로 더 건전하고 "성경적인" 대안이라고 주장한다.

그러나 이처럼 추정된 장점들은 내가 옹호하는 영원한 지옥 견해와 거기서 설명되는 최적의 은혜 앞에서는 힘을 쓰지 못한다. 내가 볼 때 지옥은 현세에 저질러진 죄에 대해 주어지는 영원한 형벌이 아니다. 오히려 지옥이 영원한 이유는 죄인의 일부가 세세토록 하나님의 사랑과 은혜를 완고하게 거부하기 때문이다. 사랑은 하나님의 본질적 속성이기에 죄인들에 대한 하나님의 사랑도 절대 끊이지 않는다. 하나님의 사랑을 거부하는 자들은 행복의 유일한 토대를 걷어차는 것이다. 그 결과 그들은 비참 속에 남아 있게 된다. 여기서 나는 분명히 하나의 신학 전통, 즉 정교회의 신학 전통에 동조한다. 하트(David Hart)에 따르면 그 전통은 "본질적으로 지옥 불과 영광스러운 하나님의 빛 사이에 차이가 없다고 본다. 이때 지옥에 떨어지는 것은 영혼이 영광스러우신 하나님의 아름다움에 저항하는 것, 곧 신적 사랑 앞에 문을 열기를 거부함으로써 그 사랑을 외적 징계처럼 보이게 만드는 것으로 해석된다."[8]

영원한 지옥에 관한 이런 이해는 하나님이 회개하지 않는 피조물을 아무런 희망 없이 영원히 처벌하기 위해 계속 살게 하신다는 개념과는 완전히 다르다. 내가 볼 때 하나님의 사랑은 지옥에 있는 자들에게 영원히 미치고 그들 가운데 일부는 그 사랑을 받아들여 아버지의 집으로 돌아가기로 결정할 가능성이 있다. 결국은 집에 돌아오는 것이 훨씬 좋다는 사

8_ David Bentley Hart, *The Beauty of the Infinite: The Aesthetics of Christian Truth*(Grand Rapids: Eerdmans, 2003), 399.

실을 깨닫게 된 탕자처럼 말이다.

그다음으로 나는 전통적인 지옥 견해가 인간이 가진 자유의 중요성 및 구원과 구속의 드라마 속에서 인간의 자유가 맡는 역할을 더 잘 설명한다고 생각한다. 다음과 같은 스택하우스의 설명에는 나도 동의한다. "지옥은 하나님이 다루기 힘든 죄인에게 자의적으로 지정하신 종착지가 아니다. 지옥은 오직 생명의 원천이신 하나님과 분리되어서 어떤 다른 길들로 가기로 선택한 도덕적 행위자에게 임하는 자연적인 결과다." 물론 우리는 이 자연적인 결과가 무엇인지에 관해서는 의견이 일치하지 않는다. 이 의견의 불일치는 자유가 인간인 우리의 참된 본질과 어떻게 관련되는지에 관한 견해의 차이에서 비롯한다.

인간의 참된 본질은 자신의 형상을 따라 우리를 창조하신 사랑의 하나님과 긍정적으로든 부정적으로든 영원히 관련된다. 이에 근거해 마니스(R. Zachary Manis)는 키에르케고르 철학을 더 깊이 전개하면서 영원한 지옥의 가능성이 최고선에 대한 선택의 자유가 남기는 유산이라고 주장했다.

> [우리는] 최고의 선인 하나님 및 하늘에 있는 성도들과 영원한 친교를 갖도록 지음 받은 피조물이다. 인간에게 이 목적을 가능하게 하는 인간 본성의 특징들—불멸성과 피조물에게 최고의 선물로 주어진 도덕적 자유를 포함하여—은 동시에 인간에게 영원한 자기 파멸의 힘을 주는 특징들이다. 구원의 능력(영원한 친교)과 멸망의 능력(영원한 분리)은 동전의 양면과 같다. 이 두 가지 능력은 형이상학적으로 불가분리적이다.[9]

9_R. Zachary Manis, "'Eternity will nail him to himself': the logic of damnation on Kierkegaard's *The Sickness unto Death*," *Religious Studies*(2015), 22. 나는 *Hell: The Logic of Damnation* (Notre Dame: University of Notre Dame Press, 1992), 136-38에서 비슷한 주장을 펼쳤다.

이 짧은 논평에서 마니스의 논증을 제대로 평가하기는 어렵다. 하지만 마니스의 논증이 도덕적·형이상학적 판단에 좌우된다는 점은 짚고 넘어가겠다. 특히 마니스의 논증은 인간의 자유의 본질 및 그 중요성, 그리고 인간의 자유가 인간인 우리의 참된 정체성과 근본적으로 어떻게 관련되는지에 관한 주장들에 의존한다.[10]

마지막으로 나는 모든 악의 완전한 파괴와 근절을 제시하는 자신의 견해가 전통적 견해보다 심미적 이점이 대체로 더 크다는 스택하우스의 주장에 이의를 제기하고 싶다. 스택하우스는 "다가올 좋은 세상에 관한 환상은 악인이 '본래 없던 것 같이'(욥 1:16) 간단하게, 놀랍게, 영원히 없어지는 모습에 관한 것"이라고 말한다.

그런데 문제가 있다. 그 악인들은 본래 하나님과 다른 사람들을 사랑하도록 지음 받은 인간으로서 누군가의 부모, 형제, 자녀들이다. 그들의 가족 가운데 많은 이가 "다가올 좋은 세상"에서 행복을 누리는 복을 받을 것이다. 그렇다면 그들의 악한 선택과 최종적 멸망에 관한 고통스러운 기억은 계속되는 현실의 한 부분으로 남을 수밖에 없다. 하나님이 구원받은 사람들의 기억을 모두 지워버리지 않는 한—이는 문제를 해결하기보다는 더 악화시키는 주장이다—다가올 좋은 세상에는 여전히 구속받지 못한 악인의 고통이 어느 정도 남게 된다. 스택하우스가 직접 언급한 것처럼 지옥이 "나빠야 할 정도보다 더 나쁘지는 않은" 곳이라는 사실은 주목할 만하지만 "슬픈 공의"의 문제는 여전히 해결되지 않았다. 슬픈 공의가 최종적으로 남게 된다면 악의 그늘에서 완전히 해방되는 이야기의 결말은 성립될 수 없다.

만약 스택하우스가 "사탄과 그의 졸개들이 문자 그대로 영원히 고통

10_Manis는 특히 자신의 논문 후반부에서 "절멸을 부정하는 이유"를 설명하는 데 집중한다.

을 겪는다고 인정"한다면 문제는 더욱 심각해진다. 그렇게 되면 종말의 현실에는 최종적으로 절멸한 악인들에 관한 기억을 포함하는 해결되지 않은 악뿐 아니라 의식적인 영원한 고통도 여전히 존재하기 때문이다.

종결적 형벌 견해는 얼핏 보기에 어느 정도 장점이 있는 것처럼 보인다. 하지만 나는 지금까지의 고찰에 비추어 그런 장점들이 내가 옹호하는 전통적인 지옥 견해를 넘어서지는 못한다고 생각한다.

3

보편구원론

_로빈 A. 패리

기독교적 보편구원론은 하나님이 결국엔 그리스도를 통해 모든 사람을 자기 자신과 화목하게 하실 것이라고 보는 견해다.[1] 보편구원론이 무엇인지 좀 더 이야기해보겠다. 보편구원론은 죄를 매우 심각하게 다룬다. 죄는 창조세계를 안팎으로 부패시킨다. 그래서 인간은 죄와 죄의 결과로부터 구원받아야 한다. 오직 하나님만이 우리를 이 곤경에서 건지실 수 있으며 그것이 바로 하나님이 그리스도의 속죄 사역을 통해 행하신 일이다. 보편구원론에 보편이라는 수식어가 붙은 이유는 단순히 "하나님이 **모든** 사람과 화목을 이루실 것"이라는 주장 때문이다. 이는 보편구원론이 종말론적 심판을 믿지 않는다는 뜻인가? 아니다. 종말론적 심판은 **존재**하지만 "마지막에" 구원이 있다는 것이다.

교회 안에서 보편구원론은 소수 의견이다. 하지만 새로 유행하는 어떤 자유주의적 신학 사상은 아니다. 오히려 보편구원론은 고대 기독교의 신학적 입장 중 하나로서 초기 교회에서 유효한 기독교적 견해로 인정받으며 절멸주의 및 영원한 의식적 고통 교리와 어깨를 나란히 했다. 보편구원론은 위대한 성서학자이자 목회적 신학자인 오리게네스(Origenes, 184?-254?)와 가장 관련이 깊다고 볼 수 있다. 하지만 그에 앞서 에데사의 바르데사네스(Bardesanes, 154-222)나 알렉산드리아의 클레멘스

1_ 이 글의 초안을 작성할 때 건설적인 평가로 도움을 준 Thomas Talbott, David Congdon, Andrew Torrance, Alex Smith에게 감사한다.

(Titus Flavius Clemens, 150?-215?)와 같은 사상가, 그리고 "베드로의 묵시록"과 같은 문헌이 선구자적 역할을 했다. 그 후 여러 인물이 오리게네스의 보편구원론을 이어받았는데, 그중에는 다음과 같은 인물들이 포함된다고 볼 수 있다. 테오그노스토스(Theognostos, 210?-270?), 피에리오스(Pierios, †309), 기적을 행한 그레고리오스(Gregorios, ?213-270), 팜필로스(Pamphilos, †309), 올림포스의 메토디오스(Methodios, †311?), 유세비오스(Eusebios, 260?-340?), 아타나시오스(Athanasios, 296-373), 실명자 디뒤모스(Didymos, †398?), 카이사레아의 바실레이오스(Basileios, 329?-379), 니사의 그레고리오스(Gregorios, 335?-395?), 나지안주스의 그레고리오스(Gregorios, 329?-390?), 폰투스의 에바그리오스(Evagrios, 345-399), 타르수스의 디오도로스(Diodoros, †390?), 몹수에스티아의 테오도로스(Theodoros, 350?-428), 젊은 시절의 히에로니무스(Eusebius Hieronymus, 347?-420), 루피노스(Rufinos, 340?-410), 재판관 디오뉘시오스(Dionysios, 6세기경), 고백자 막시무스(Maximus, 580?-662), 니느웨의 이사크(Isaac, †700), 에리우게나(Johannes Scotus Eriugena, 815?-877?).[2] 아우구스티누스 ―초기에는 보편구원론에 찬성했으나 나중에는 보편구원론을 강력히 거부한 것으로 보인다―의 행보는 보편구원론이 당대 교회에서 매우 흔한 사상이었다는 사실을 증명한다.[3] 내가 이처럼 긴 명단을 제시한 이유는 순수하게 보편구원론이 기독교 신학 자체의 심연에서 발생하는 자극에 따라 제기되는 고전적인 기독교적 견해임을 강조하기 위해서다.

2_ 이 사람들이 보편구원론자였다는 주장의 상세한 근거는 Ilaria Ramelli, *The Christian Doctrine of Apokatasis: A Critical Assessment from the New Testament to Eriugena. VC 120*(Leiden: Brill, 2013)을 보라. 보편구원론이 이단으로 선언된 문제에 관해서는 Gregory MacDonald(ed.), *"All Shall Be Well": Explorations in Universal Salvation and Christian Theology, from Origen to Moltmann*(Eugene, OR: Cascade, 2011), 2-13을 보라.

3_ Augustine, *Enchiridion,* sec. 112.

방법에 집착함

과거에 지옥 논쟁은 종종 증거 본문의 수렁에 빠져 헤어나지 못하는 형국이었다. 물론 지금도 단순히 증거 본문 구절을 몇 가지 제시하는 것으로 문제를 해결할 수 있다고 생각하는 사람들이 있다. 나는 언젠가 부자와 나사로의 비유(눅 16:19-31)를 근거로 보편구원론이 잘못되었다고 주장하는 어떤 사람과 아주 길게 대화를 나눈 적이 있다. 그 사람은 내가 보편구원론을 지지하는 성경적 근거를 아무리 많이 제시해도(그는 그중 어떤 것에 대해서도 답변하지 못했다) 완전히 요지부동이었다. 그의 생각에 따르면 성경 본문이 어떤 내용이든 간에 그 본문은 절대로 보편구원론을 **가르치지 않는다**. 이 문제에 관한 그의 고찰은 누가복음 16장에서 시작하고 끝났다. 물론 그 본문은 중요하고 피할 수 없는 내용을 다룬다.[4] 그러나 문제는 누구든지 자신의 견해를 지지하는 **것처럼 보이는** 구절들을 **사방**에서 뽑아내 제시할 수 있다는 것이다. 예를 들어 다음과 같은 구절들을 살펴보라.

① 영원한 고통(마 25:45; 살후 1:6-9; 계 14:11; 20:10-15)

② 절멸(마 7:13; 10:28; 요 3:16; 롬 6:23; 히 10:39)

③ 보편구원(롬 5:18; 11:32; 고전 15:22; 빌 2:11; 골 1:20)

4_ 누가복음 16:19-31에 관해서는 다음 자료들을 살펴보라. David Powys, *"Hell" A Hard Look at a Hard Question: The Fate of the Unrighteous in the New Testament* (Carlisle: Paternoster, 1998), 218-28; Richard Bauckham, "The Rich Man and Lazarus: The Parable and the Paralles," *New Testament Studies* 37(1991), 225-46; Kim Papaioannou, *The Geography of Hell in the Teaching of Jesus* (Eugene, OR: Pickwick, 2013), 111-35; Gregory MacDonald, *The Evangelical Universalist,* 2nd ed.(Eugene, OR: Cascade, 2012), 145-47(이하 *TEU*로 지칭). (Gregory MacDonald는 내가 *TEU*를 쓸 때 사용한 필명이다).

여러분이 견지하는 지옥에 관한 견해를 어떤 본문이 액면 그대로 지지하는 듯하다고 해서 문제가 해결되는 것은 아니다. 이 논쟁에 참여하는 사람 중 성경에 모순이 없다고 생각하는 자는 **누구나** 자신이 파악한 본문의 의미를 반대 입장에서 해석해보아야 한다.

정밀한 신학적 해석을 도와주는 안내자가 있을까? 있다. 교회는 그리스도의 성육신, 사역, 죽음, 부활, 승천, 재림으로 분명히 드러나는 삼위 하나님에 관한 복음의 내러티브가 성경 해석의 중심에 놓여야 한다는 점을 늘 인정해왔다. 삼위일체가 담겨 있고 복음을 구성하는 이 내러티브는 "신앙의 규범"으로 알려졌는데, 이는 진정한 **기독교적** 성경 해석의 정통적 기준이었다. 따라서 우리에게는 복음 자체에 뿌리를 두고 있고 그 이야기의 흐름에 민감한 신학적 해석학이 필요하다.

우리가 주의를 기울여야 하는 해석의 문제를 여기서 모두 상세히 다룰 수는 없다. 그래서 나는 관심의 초점을 큰 그림, 곧 그리스도를 핵심으로 하는 성경의 웅대한 내러티브에 두고자 한다. 독자 중 일부는 내가 지옥을 명시적으로 언급하지 않는 내용에 많은 지면을 할애하는 것에 불만을 느낄 수도 있다. 이에 대해 양해를 구한다. 하지만 지옥에 관한 생각을 명확히 하고자 한다면 지옥과 지옥에 관한 개별 본문들을 그런 신학적 틀의 맥락에 따라 고찰할 필요가 있다.

지옥을 제자리에 두기

그리스도 중심의 성경적 메타내러티브의 맥락

지옥 교리를 제대로 이해하려면 성경의 메타내러티브, 곧 창세기에서 시작해 요한계시록까지 펼쳐지는 웅대한 이야기 속에 자리를 마련해야 한다. 성경의 줄거리 속에 집어넣고 살펴보면 보편구원론적 지옥 교리가 이치에 맞는다는 사실을 알게 된다.

하나님과의 관련성을 살펴보면서 가장 일반적인 수준에서 시작해보자. 바울은 만물이 하나님"에게서" 나오고, 하나님"으로 말미암고", 하나님"에게로" 돌아간다고 말한다(롬 11:36). 하나님은 세상의 배경으로서 창조세계의 기원과 운명이 되신다. 나는 이것이 우리가 고려해야 하는 포괄적인 신학의 틀이라고 생각한다.

좀 더 가까이 다가가 보자. 이 포괄적 이야기를 여는 서론으로서 골로새서 1장의 그리스도 찬가를 살펴보자.

[16]만물이 그[아들]에게서 창조되되 하늘과 땅에서 보이는 것들과 보이지 않는 것들과 혹은 왕권들이나 주권들이나 통치자들이나 권세들이나 만물이 다 그로 말미암고 그를 위하여 창조되었고…[19]아버지께서는…[20]그의 십자가의 피로 화평을 이루사 만물 곧 땅에 있는 것들이나 하늘에 있는 것들이 그로 말미암아 자기와 화목하게 되기를 기뻐하심이라(골 1:16, 19-20).

우리는 여기서 그리스도로 말미암은 만물의 창조로부터 그리스도로 말미암은 **동일한** 만물의 화목에까지 웅대하게 펼쳐지는 이야기를 발견한다(창조와 구속이 "만물"을 축으로 이루는 평행 관계에 주목하라).[5] 이 본문에서 보편구원론을 외면하는 것은 보편구원론을 반대하는 사람들에게 하나의 도전이 될 듯하다. 어떤 이는 여기서 화목하게 되는 것이 "질서를 세우는 것"을 의미한다고 주장한다. 신자는 구원받음으로써 "화목하게" 되지만 비신자는 멸망함으로써 "화목하게" 된다는 말이다. 그런데 여기서 문제는

5_ 죄는 언급되어 있지 않지만 화목이 요구된다는 사실은 분명히 죄를 전제로 한다.

이런 주장이 일반적인 화목 개념을, 그리고 특별히 바울의 화목 개념(롬 5:10; 고전 7:11; 고후 5:18-20; 엡 2:16; 골 1:22)을 제대로 고려하지 않는다는 것이다. 패배하고 정죄당하는 것이 화목은 **아니다**! 오히려 이 화목은 "그의 십자가의 피로 **화평을 이루사**"라는 말로 설명된다(골 1:20). 이에 관해 볼프(Miroslav Volf)는 다음과 같이 말한다.

> 십자가의 중심에는 다른 편에 원수로 남아 있는 것을 허용하지 않고 자기 안에 죄인이 들어올 공간을 만드는 그리스도의 태도가 놓여 있다.[6]

비록 지옥에 떨어진 자가 형벌의 정당성을 **인정한다고 해도**, 나는 십자가로 말미암은 "화평"이 어떻게 멸망과 관련될 수 있는지 파악하는 데 심혈을 기울일 것이다.[7]

따라서 나는 우리가 그리스도 중심의 창조-새 창조 구도를 지옥을 살펴보는 배경으로 고려해야 한다고 주장하고자 한다. 그리스도가 성경을 해석하는 규범이시다. 바로 이 해석학적 판단이 나의 견해 전체를 뒷받침한다.

창조: 만물이 그로 말미암고 그를 위하여 창조되었다

그리스도인들은 창조에 관해서는 보편주의자다. 곧 하나님이 자신의 말씀으로 **모든** 것을 창조하셨다고 믿는다. 그리고 창조 교리는 단순히 만물의 기원에 관한 것(만물은 하나님**으로 말미암는다**)만이 아니라 만물의 목적이나 운명과도 관련된다. 피조물에게는 "텔로스" 곧 목적이 있고, 그 "텔로

6_Miroslav Volf, *Exclusion and Embrace: A Theological Exploration of Identity, Otherness, and Reconciliation*(Nashville: Abingdon, 1996), 126(『배제와 포용』, IVP 역간).

7_골로새서 1장에 관해서는 *TEU*, 41-53을 보라.

스"는 하나님이시다. 창조의 결말은 창조의 시작 속에 있다. 다시 말해 창조세계는 하나님**으로 말미암고**, 하나님**을 위하며**, 하나님 **안에서** 그 잠재성이 완성됨을 통해 하나님**에게로** 돌아간다. 따라서 보편구원론에 관한 물음은 하나님이 모든 피조물을 의도하신 목표대로 인도하고자 역사하시는지의 질문으로 구성될 수 있다.

인간을 이해하라. 이것이 이 책이 다루는 주제다. 그리스도인들은 **모든** 인간이 하나님의 형상을 따라 지어졌다고 고백한다(창 1:24-26). 그런데 "선한" 존재로 창조된 인간은 완성 및 완결된 피조물로 창조된 것은 아니다. 하나님은 인간을 점차 자라가는 운명을 가진 존재로 창조하셨다. 공동체적 인간의 "텔로스"는 하나님으로 충만해져서 세상에 하나님의 형상을 드러내는 것이다.

예수 그리스도가 계시하신 복음은 인간의 "텔로스"에 관한 우리의 이해를 심화하며 날카롭게 해준다. 부활하고 승천하신 그리스도의 인간성은 인간 본성의 최정점에 자리한다. 언젠가는 우리도 그리스도와 같이 될 것이다(롬 8:11; 고전 15:12-57; 요일 3:2). 어떤 면에서 우리에게 인간이 되는 것은 아직 끝나지 않은 여행이다. 예수님은 **온전한** 인간이라고 말할 수 있는 유일한 사람이시다. **예수 안에서** 인간성이 목표에 도달했다. 그리고 복음을 통해 인간의 창조에 두 가지 측면이 있다는 사실이 더 분명하게 드러난다. 곧 첫 사람 아담은 땅에 속하고 둘째 아담은 하늘에 속한다는 것이다(고전 15:42-49). 인간은 목적에 따라 창조되었고, 그 목적은 참된 인간의 형상 곧 두 번째 인간성의 기원이신 예수님께 맞추어져 있었다.

타락

창세기는 1단계 인간성에서 2단계 인간성으로의 이동이 죄로 인해 가로

막혔다는 사실을 말해준다. 죄는 모든 면에서 인간성을 부패시키고 우리가 우리의 목적지에 도달하는 것을 불가능하게 한다. 죄로 인해 우리는 오히려 생명의 원천이신 하나님을 떠나 부패, 썩음, 사망으로 들어가게 된다.

그리스도인들은 죄에 관해서도 보편주의자다. **모든** 사람이 죄를 범해 하나님의 영광에 이르지 못한다(롬 3:23). 하나님이 베푸시는 구속의 은혜가 없다면 인간(그리고 창조세계 전체)은 무익한 존재가 되는 운명에 빠질 뿐이다.

우리는 마땅히 신적 처벌을 받아야 하는 존재인가? 그렇다. 우리는 신적 구원을 받기에 마땅한 존재인가? 아니다. 하나님은 우리를 구원하실까? 여기서 우리는 타락한 인간이라 할지라도 여전히 하나님의 형상을 따라 지어진 존재이며(창 9:6) 여전히 소중하고 사랑받는 존재임을 기억해야 한다.

> [모든] 피조물이 하나님의 선하심에 참여한다. 특히 하나님의 형상을 따라 창조된 이성적 피조물은 더욱 그렇다.…이성적 피조물은 본질상 하나님의 형상을 지니고 있고 하나님과 연합을 이루도록 명령받은 존재다.…비록 죄에 빠졌다고 해도 하나님이 이성적 피조물을 소중히 여기지 않으실 수 없는 것은 자기 자신을 소중히 여기지 않으실 수 없는 것과 같다. 이성적 피조물은 하나님 자신의 본질을 반영하는 존재이기 때문이다. 그러므로 하나님은 이성적 피조물이 당신에게 신실하지 못할 때나 그들의 죄를 없애야 하실 때도 그들에게 늘 신실하시다.[8]

8_John Kronen, Eric Reitan, *God's Final Victory: A Comparative Philosophical Case for Universalism* (New York: Bloomsbury, 2011), 38. 독자 일부는 하나님의 형상을 이성과 연결하는 것이 불편하게 느껴질 것이다. 만약 그렇다면 "이성적"이라는 말을 "인간"이라는 말로 바꿔서 인용문을 읽어보라.

그들이 타락한다고 해도 하나님이 자신의 형상대로 지으신 피조물을 미워하시는 것은 간접적으로 자기 자신을 미워하시는 것과 같다. 하나님은 이런 일을 결코 하실 수 없다. "하나님은 **비록** 인간을 사랑하시지만 인간의 죄에 분노하시는 것이 아니다. 하나님은 인간을 사랑하시기 **때문에** 인간의 죄에 분노하신다. 하나님이 죄를 부정하시는 이유는 하나님이 죄인을 긍정하시기 때문이다."[9]

따라서 다음과 같은 질문이 제기된다. 하나님은 죄가 우주를 아름답게 하는 당신의 목적을 좌절시키는 것을 허용하실까? 그 대답은 복음 이야기 속에 담겨 있다. **절대 허용하지 않으신다!** 죄는 엄청나게 깊고 어둡고 치명적일 수 있지만 그리스도는 그 죄를 끝장내신다! 첫 사람 아담은 파멸을 가져왔으나 둘째 아담은 파멸을 그 이상으로 되돌려놓으신다(롬 5:14-21). 따라서 여기에 또 하나의 (함축된) 질문이 따라온다. 그리스도는 죄의 결과인 **모든** 파멸을 되돌려놓으시는가, 아니면 그중 **일부**만 되돌려놓으시는가? 죄가 더한 곳에 은혜가 **더욱** 넘치는가(롬 5:20), 아니면 그저 **많이** 넘치는가?

구속: 만물이 그로 말미암아 구원받는다

① **성육신**.[10] 거룩한 말씀, 곧 삼위일체 하나님의 둘째 위격이 육신이 되셨다(요 1:14). 둘째 아담으로서 예수님은 인류 전체를 대표하셨다. 죄가 없으신 예수님은 순종하심으로써 하나님이 인간과 맺은 언약 관계를 충만히 이루셨다. 그리스도인은 대다수가 그리스도의 인성에 관한 보편주의자다. 예수님이 그의 인성으로 **모든** 인간을 대표하신다고 본다는 말이다.

9_ Jürgen Moltmann, *The Coming of God: Christian Eschatology* (London: SCM, 1996), 243.

10_ 물론 이야기를 충분히 전개하려면 하나님이 이스라엘을 다루시는 방법에 관해 말해야 하지만 지면이 허락되지 않는다. 이스라엘과 보편구원론에 관해서는 *TEU*, 54-73, 90-96, 229-33을 보라.

예를 들어 푸아티에의 힐라리우스(Hilarius, †367)는 다음과 같이 말했다.

그리스도는 인류 전체의 몸이 되셨다. 다시 말해 그는 그 몸을 통해 인류 전
체가 그분 안에 감추어지도록 친히 그 몸을 취하셨다….[11]

그리스도가 온전히 사람이 되신 것은 우리의 구원에 있어 핵심적이
다. 이에 관해 나지안주스의 그레고리오스는 그리스도가 "자신이 취하지
아니하신 것은 전혀 고치지 않으셨다"고 말한다.[12] 그리스도는 인간이 되
셨기 때문에 죽음과 부활을 통해 우리의 인간성을 고치실 수 있었다. 이
는 도발적인 진술이다. 이에 관해 아타나시오스는 "모든 인간을 해방하
고, 모든 인간을 죽은 자 가운데서 되살리고, 모든 인간을 죄로부터 속량
하기 위해 말씀이 육신을 취하셨다"고 말한다.[13]

② **죽음**. 과거와 현재를 막론하고 그리스도인 대다수는 그리스도의
십자가 죽음에 관한 보편주의자다. 예수님은 **모든** 사람을 구원하려고 **모
든** 사람을 대신해 죽으셨다.[14] 이 믿음을 뒷받침하는 성경과 전통의 근거
는 충분하다. 다음 말씀들을 살펴보라.

그[그리스도]는 우리 죄를 위한 화목 제물이니 우리만 위할 뿐 아니요 **온 세**

11_ *Psalmos*, 51.16-17에 나옴.

12_ Gregory of Nazianzus, *Epistle 101*.

13_ Athanasius, *Letter to Adelphius*.

14_ 분명히 (전부는 아니지만) 수많은 칼뱅주의자는 그들이 견지하는 제한적 속죄 교리로 인해 예외
로 남는다. 그들의 견해에 따르면 예수님은 사람 가운데 일부, 곧 택함 받은 자만을 대속하기 위
해 죽으셨다. 이 본문들 속에 나타나는 보편적 속죄 개념을 옹호하는 다음 자료를 확인하라. I.
Howard Marshall, "For All, For All My Saviour Died," in *Semper Reformandum: Studies in Honor of
Clark H. Pinnock*, eds. S. E. Porter, A. R. Cross(Carlisle: Paternoster, 2003), 322-46.

상의 죄를 위하심이라(요일 2:2).

그리스도의 사랑이 우리를 강권하시는도다. 우리가 생각하건대 한 사람이 **모든 사람**을 대신하여 죽었은즉 모든 사람이 죽은 것이라(고후 5:14).

³이것이 우리 구주 하나님 앞에 선하고 받으실 만한 것이니 ⁴하나님은 **모든 사람이 구원을 받으며** 진리를 아는 데에 이르기를 **원하시느니라.** ⁵하나님은 한 분이시요, 또 하나님과 사람 사이에 중보자도 한 분이시니 곧 사람이신 그리스도 예수라. ⁶그가 **모든** 사람을 위하여 자기를 대속물로 주셨으니…(딤전 2:3-6).

오직 우리가…죽음의 고난 받으심으로 말미암아 영광과 존귀로 관을 쓰신 예수를 보니 이를 행하심은 하나님의 은혜로 말미암아 **모든 사람**을 위하여 죽음을 맛보려 하심이라(히 2:9).

예수님은 "세상 죄를 지고 가는 하나님의 어린 양"이시다(요 1:29). "하나님이 그 아들을 세상에 보내신 것은 세상을 심판하려 하심이 아니요, 그로 말미암아 **세상이 구원을 받게 하려** 하심"(요 3:17)이라는 사실을 기억하라. 그리고 "내가 땅에서 [십자가에] 들리면 모든 사람을 내게로 이끌겠노라"(요 12:32)고 말씀하신 예수님은 계속해서 그 일을 행하실 것이다.[15] 이에 관해 아타나시오스는 다음과 같이 말한다.

그리스도는 지금 썩을 운명에 있는 인간을 다시 썩지 않을 운명으로 이끌기

15_ 효과적 부르심과 이 구절의 관계에 대해서는 *TEU*, 239-41을 보라.

위하여…**모든 사람**을 대신해 자신의 몸을 죽음에 내놓으셨다.[16]

이 가르침은 모든 사람이 구원을 받기 **바라시는** 하나님이(딤전 2:4; 벧후 3:9), 그렇게 하시려고 그리스도 안에서 행하셨다는 주류 기독교의 견해를 강조한다. 여기서 도전적인 질문이 제기된다. 모든 사람이 구원받기를 바라시는 하나님의 소원은 성취될 것인가, 아니면 영원히 좌절될 것인가? 십자가는 그리스도가 죽음으로써 위하고자 하신 모든 사람을 구원할 것인가, 아니면 그 죽음은 어떤 사람들에게 무익한 것으로 남겨질 것인가?[17]

③ **부활/승천**. 예수님의 부활은 새 창조이자, 악한 이 세대에 침투하는 오는 시대다. 예수님의 부활은 단지 **예수님의** 부활로 그치지 않는다. 예수님의 부활은 **우리의 부활**로서 우리를 대표하는 인격에 들어 있는 모든 인간의 운명이다.

기독교의 모든 종말론은 그리스도를 중심에 두어야 한다. 그리고 그 기반은 **여기** 곧 예수님의 부활 사건이어야 한다. 우리는 여기서 세상의 미래, 인간의 미래가 예수님의 부활하신 육체 속에 명시되는 것을 본다. 인간에 관한 이야기는 십자가에서 종결되지 않고 빈 무덤을 거쳐 하나님께로 올라간다. 따라서 나는 다음과 같이 질문할 수밖에 없다. 모든 사람을 위한 예수님의 부활은 **모든** 사람의 미래를 밝히는 전조인가, 아니면 단지 **일부** 사람의 미래만 밝히는 전조인가? 만약 후자라면 지옥에 떨어진 자들을 위한 그리스도의 부활은 헛수고가 되어버리는가? 그들은 부활의 손이 닿지 않는 곳에 있는가?

16_ Athanasius, *De Incarnatione*, 9.

17_ 속죄가 **어떻게** 이루어지는지에 관한 기독교적 견해가 합의를 이룬 적은 없다. 나는 속죄 과정을 **어떻게 이해하더라도** 그 이해는 보편구원론과 가장 일치할 것이라고 주장한다.

교회: 오는 시대의 전조

우리는 예수님의 부활과 죽은 자 전체의 부활 사이, 곧 이미 출범한 하나님 나라와 우리가 온전히 참여하게 될 하나님 나라 사이의 시대에 살고 있다. 새 시대는 **지금** 여기에 있다. 이미 그리스도가 높임을 받으셨고 성령이 부어졌기 때문이다. 그러나 우리는 여전히 완전한 새 시대의 도래를 기다리고 있다.

　"이미"와 "아직" 사이의 이 긴장은 보편구원에 관한 신약성경의 가르침을 관통한다. 한편에서 보면 부활하신 그리스도의 인격 속에서 모든 사람은 **이미** 구속을 받았다. 하나님은 그리스도 안에서 **이미** 세상과 화목을 이루셨다(롬 5:18; 고후 5:19; 골 1:19-20).

　다른 한편에서 보면 오직 성령을 통해 그리스도와 연합된 자만이 지금 그 구원에 참여한다(그렇더라도 전체 부활이 있을 때까지는 선행적으로 참여할 뿐이다). 따라서 모든 사람이 실제로 구원에 실존적으로 참여하는 것은 현재가 **아니라** 미래의 현실로 남아 있다. 아담 안에서 모든 사람(all people)이 죽은 것 같이 그리스도 안에서 모든 사람이 삶을 얻게 **될 것이다**(고전 15:22).[18]

[18]그런즉 [아담의] 한 범죄로 많은 사람(all people)이 정죄에 이른 것 같이 [그리스도의] 한 의로운 행위로 말미암아 많은 사람(all people)이 의롭다 하심을 받아 생명에 이르렀느니라. [19]한 사람이 순종하지 아니함으로 많은 사람이 죄인 된 것 같이 한 사람이 순종하심으로 많은 사람이 의인이 **되리라**(롬 5:18-19).[19]

18_ 이에 대해 비판하는 주장을 반박하고 이 본문의 보편구원론적인 해석을 옹호하는 내용은 *TEU*, 84-90을 보라.

19_ 이에 대해 비판하는 주장을 반박하고 이 본문의 보편구원론적인 해석을 옹호하는 내용은 *TEU*,

그렇다면 현재 모든 사람이 의롭다 하심을 받았는가? "그렇다"와 "아니다"라는 대답이 모두 가능하다. 그리스도는 우리의 의롭다 하심을 위해 부활하셨다(롬 4:25). 이 점에서 우리는 이미 그리스도의 부활 안에서 의롭다 함을 받았다. 그러나 이 의롭다 함에 주체적으로 참여하는 것은 오직 성령을 통해 복음에 순종하는 믿음으로 반응하고 그리스도와 연합할 때에만 가능하다.

"이미"와 "아직"의 긴장은 바울 서신 전체에서 확인할 수 있다. 예를 들어 고린도후서 5:14-21에서 바울은 그리스도의 사역이 지니는 보편적 의미에 관해 이야기한다. 거기서 바울은 "한 사람이 모든 사람을 대신하여 죽었은즉 모든 사람이 죽은 것"이라고 말한다(고후 5:14). 또 그는 "하나님께서 그리스도 안에 계시사 **세상**을 자기와 화목하게 하시며 그들의 죄를 그들에게 돌리지 아니"하셨다고 말한다(고후 5:19). 이런 관점에 따르면 "인사이더"와 "아웃사이더"가 따로 없다. 모두가 인사이더다. 그러나 바울은 이어서 "그리스도를 대신하여 간청하노니 너희는 하나님과 **화목하라**"(고후 5:20)고 명령한다. 그리스도 안에서 이미 이루어진 구원에 참여하려면 여전히 성령의 능력에 따라 이루어지는, 복음에 대해 인간이 내보이는 반응이 요구된다. 그리고 지금은 많은 사람이 믿음의 공동체 밖에 있다. 그래서 바울은 자신의 모든 서신에서 "그리스도 안에" 있는 자와 그렇지 못한 자, 교회와 세상, 신자와 비신자, 택함 받은 자와 택함 받지 못한 자를 매우 확실하게 구분한다. 여기서 전자에 해당하는 자들은 "구원받는" 자들이지만 후자 쪽은 "멸망하는" 자들이다(고후 2:15; 4:3).

그러나 우리가 주목할 점은 바울이 죄로 말미암아 죽은 자가 그리스

78-84을 보라. "모든"이 전부를 의미하는 것이 아니라는 주장, 곧 어떤 본문들에 관한 보편구원론적인 해석을 반대하는 데 으레 사용되는 주장에 관해서는 *TEU*, 82-83과 Thomas Talbott, *The Inescapable Love of God,* 2nd ed.(Eugene, OR: Cascade, 2014), 52-57을 보라.

도 안에서 사는 자가 될 수 있고, 진노의 운명을 가진 자녀가 긍휼의 자녀가 될 수 있다고 본다는 사실이다(엡 2:1-11).[20] 바울의 관점이 합당한 이유는 그가 구원받는 자와 멸망하는 자 간의 **현재적** 분리를 묘사한다는 이유만으로 그 분리가 **영원히** 고정되어 있다고 추정할 수는 없기 때문이다. 예를 들어 로마서 9-11장을 살펴보자. 거기서 바울은 이스라엘 안에서 "택하심을 입은 자"와 "그 남은 자들"(롬 11:7), "긍휼의 그릇"과 "멸하기로 준비된 진노의 그릇"(롬 9:6-23) 사이를 엄격하게 구분한다. 이 구분은 완전히 최종적인 것처럼 보인다. 그러나 로마서 11장은 이스라엘의 완고함이 단지 **부분적이고**("이스라엘의 더러는"), **한시적**("충만한 수가 들어오기까지")이라는 사실을 확인시켜준다(롬 11:25). 멸하기로 준비된 진노의 그릇은 감람나무에서 꺾였지만 **다시 접붙여질 수 있으며** 긍휼의 그릇이 되어 택하심에 참여할 수 있다(롬 11:17-24). 실제로 종말의 때가 되면 그들은 다시 **접붙여질 것이다.** "구원자가 시온에서 오실" 때 "**온** 이스라엘은 구원을 받을 것이다"(롬 11:26).[21] 바울은 지금 이스라엘 안에 존재하는 내집단과 외집단 사이의 분리를 인식한다. 그러나 새 시대가 되면 이 분리는 극복될 것이다.

내가 보기에 신약성경의 교회론은 마지막 때에 이스라엘이 회복되고, 성령이 부어지고, 민족들이 순례길에 올라 이스라엘과 함께 아브라함의 하나님을 경배하게 될 것이라는 구약 이스라엘 예언자들의 환상을 그 바탕으로 한다(예. 사 2:1-4; 11:10-12; 18:7; 60:1-16; 61:5-6; 66:12, 18, 23). 신약성경의 저자들이 볼 때 이 환상은 **"에클레시아"에서** 이루어진다. 다시 말

20_ 선택 사상은 매우 중요하지만 여기서 다루기는 어렵다. 선택 사상에 관한 나의 견해는 *TEU*, 222-42에서 확인하라.

21_ 로마서 9-11장은 무척 난해하고 복잡한 본문이어서 어떤 해석도 다른 해석의 도전을 받아들일 수밖에 없다. *TEU*, 90-96, 229-33에서 나는 이에 관한 견해를 충분히 밝혔다.

해 그들은 성령이 부어진 교회 안에서 유대인과 여러 민족이 동등한 존재로 연합을 이루어 이스라엘의 하나님을 함께 경배하는 모습을 확인한다. 그러나 우리는 "이미"와 "아직"의 긴장을 시야에서 놓치면 실수를 저지른다. 지금의 교회는 단지 다가올 온전한 실재의 예언적 전조일 뿐이다. 곧 교회는 "온 이스라엘"이 구원받고(롬 11:26), 만국과 땅의 왕들이 새 예루살렘으로 공물을 갖고 들어올 때(계 21:24-27) 이루어질 새 창조의 웅대한 성취를 예시한다.

여기서 바울이 살던 시대의 유대인 사이에 존재하던 분절을 고찰하는 것이 필요하다. 당시 이스라엘 안에는 다수 곧 바울이 전하는 복음에 반응하지 않는 유대인과, 소수 곧 메시아를 믿는 유대인이 존재했다. 바울은 이런 분리에 마음이 무척 괴로웠다(롬 9:1-5; 10:1). 그러나 희망이 없는 것은 아니었다. 바울이 볼 때 메시아를 믿는 유대인들은 믿지 않는 남은 자들 **대신** 택함 받은 것이 아니라 그들을 **위해** 택함 받은 자들이었기 때문이다. 따라서 메시아를 믿는 유대인은 하나님께 제물로 바쳐진 첫 열매와 같다고 여겨진다(롬 11:16). 이는 앞으로 남은 자들(즉 온 이스라엘)의 추수가 적절한 때에 이루어지리라는 사실을 말해준다.

완성: 만물이 그에게로 돌아갈 것이다

지금까지 전개된 이야기에 비춰보면 상황이 어떻게 흘러갈지 알 수 있다. 보편구원은 이 이야기의 결말로 잘 어울린다. 이에 관해 바울은 다음과 같이 말한다.

> [9]그[하나님의] 뜻의 비밀을 우리에게 알리신 것이요, 그의 기뻐하심을 따라 그리스도 안에서 때가 찬 경륜을 위하여 예정하신 것이니 [10]하늘에 있는 것이

나 땅에 있는 것이 다 그리스도 안에서 통일되게 하려 하심이라(엡 1:9-10).[22]

모든 피조물은 하나님을 "위하여" 그리고 하나님"에게로" 돌아가도록 지어졌다. 그에 적합한 결말과 목적이 예수님 안에서 성취된다. 그때 **모든** 자들―"하늘에 있는 자들과 땅에 있는 자들과 땅 아래에 있는[곧 죽은] 자들"―이 예수님의 이름에 무릎을 꿇고, **모든** 입이 예수님을 주라 시인할 것이다(빌 2:9-11).[23] 만물이 그리스도께 복종하면 그리스도는 창조세계를 대신해 아버지께 복종하실 것이다. 이때 하나님은 "만유의 주로 만유 안에" 계시게 된다(고전 15:28).[24] **그것**이야말로 내가 성경의 이야기에서 기대하는 결말이다.

그런데 우리는 **이런** 성경 이야기의 결말과 전혀 어울리지 않는 전통적인 지옥을 어떤/많은/대다수 사람의 최후 운명으로 못 박아 말하는 데 매우 익숙하다. 사실 어떤/많은/대다수 사람에게 이런 비극적인 결말을 이야기하려면 **아주** 제대로 된 이유를 제시해주어야 한다. 어떻게 결말에서 이런 반전이 이루어질 수 있다는 말인가? 비록 우리가 그 질문에 대한 답변을 찾을 가능성이 있다고 생각한다고 해도(그에 대한 좋은 답변을 찾는 것은 중요한 도전이다), 보편구원론에서 벗어난 관점에 기초한 성경 이야기는 하나님의 비극적인 부분적 실패로 끝나는 결말을 피하기 어렵다.

하나님에 관한 교리의 맥락

모든 지옥 교리에는 하나님에 관한 교리가 녹아 있고, 하나님에 관한 모

22_ 에베소서에 관한 보편구원론적인 해석은 *TEU*, 184-91을 보라.

23_ 이 본문에 관해 (**자기들의 뜻에 반해** 무릎을 **강제로** 꿇게 될 것이라고 종종 제기되는 주장과 반대로) 보편구원론적 해석을 옹호하는 내용은 *TEU*, 97-100을 보라.

24_ 고린도전서 15장에 관한 보편구원론적 해석은 *TEU*, 84-90을 보라.

든 교리는 지옥 신학의 바탕이 된다. 기독교가 견지하는 하나님에 관한 기본적 주장을 몇 가지 살펴보자.

하나님은 빛이시고 그에게는 어둠이 조금도 없으시다(요일 1:5). 기독교 신학은 하나님을 **본질상** 선하신 분으로 본다. 하나님은 단순히 어쩌다 한 번 운수 좋게 선한 분으로 드러나시는 것이 아니다. 하나님은 악을 선택하실 수도 있으나 임의로 선을 선택하신 것도 아니다. 하나님은 완전하시기에 **반드시 선한 분이 되실 수밖에 없다.** 한 발 더 나가 기독교 신학은 복음의 하나님이 사랑이시라고 늘 확고하게 주장해왔다(요일 4:8, 16). 다시 말해 하나님은 우연히 사랑을 행하시는 분이 아니다. 본질상 하나님은 사랑이시다. 하나님의 참된 존재는 곧 사랑이다. 하나님이 선하거나 사랑하는 데 실패하신다면 그것은 하나님이 **하나님 되는 것**에 실패하신다는 말이다. 그런 실패는 문자 그대로 모순이다.

여기서 이어지는 그리스도인의 본능적 사고는 단순하고 명쾌하다. 사랑이신 하나님은 당연히 당신의 모든 피조물을 사랑하신다.[25] 그리고 어떤 이를 사랑하는 것은 그가 가장 잘되기를 바라는 것이다. 기독교적 관점에서 피조물인 인간에게 가장 좋은 것은 그리스도로 말미암아 이루어지는 하나님과의 연합이다. 따라서 사랑이신 하나님이 모든 사람과 연합하기를 **원하실** 것이라는 점만은 우선 분명해 보인다(이 때문에 악한 세상 속에서 죄로부터 이루어지는 구원이 필요해진다). 더 나아가 하나님이 사랑이시라면 하나님은 지옥에 있는 자들도 사랑하셔서 그들이 가장 좋은 상태로 돌아가기를 바라실 것이다.

또한 그리스도인들은 하나님이 본질상 의로운 분이시라고 주장한다.

25_ 삼위일체 하나님은 사랑할 피조물이 전혀 없다고 해도 사랑하실 수 있지만, 사랑할 피조물이 있다면 반드시 그 피조물을 사랑하신다. "하나님은 사랑이시다"라는 말의 함축적 의미에 관해서는 Talbott, *The Inescapable Love of God,* 102-19을 보라.

우리의 지옥 견해는 하나님의 공의와 부합해야 한다. 여기서 문제가 좀 더 복잡해지는데, 그것은 우리가 말하는 공의에 논란이 다소 따르기 때문이다. 그러나 나는 보편구원론이 신적 공의의 본질에 관한 모든 진지한 주장들과 양립할 수 있다고 주장한다.[26] 이에 관해 자세히 말하기는 어렵지만 여기서 한 가지 요점만 짚고 넘어가자. 그 요점이란 우리가 하나님의 행위를 논할 때 마치 어떤 행위는 사랑의 행위(사람들을 구원하는 등의 행위)이고 다른 행위는 의로운 행위(지옥에 있는 사람들을 처벌하는 등의 행위)로 나누어지는 것처럼 말하며 신적 사랑과 공의를 서로 **대립시키지** 않도록 매우 조심해야 한다는 것이다.[27] 그렇지 않으면 하나님은 내적 모순 속에서 사랑하는 것과 의로운 것 사이를 왔다 갔다 하셔야 한다. 하나님이 둘로 나뉘는 위험에 빠지는 것이다. 따라서 하나님이 행하시는 **모든 일**이 의롭고 거룩하고 사랑 많으신 하나님의 **존재**와 부합한다는 사실을 파악하는 것이 중요하다. 하나님의 사랑은 거룩한 사랑이다. 거룩한 사랑은 감상적이거나 혼탁한 사랑이 아니라 불굴의 인내로 드러나는 사랑이다. 하나님의 사랑은 때로 엄격한 긍휼로 나타난다. "하나님의 사랑은 거룩함에 도취된 사랑이고, 악에 대한 반응이 오직 온전한 미움의 순결함으로 나타나는 의로운 사랑이다. 진노와 공의는 그런 사랑이 그에 대한 부정에 직면했을 때 자신을 증명하는 방법일 뿐이다."[28]

　우리에게 필요한 지옥 신학은 지옥이 신적 선의 표현으로, 곧 사랑의

26_ 지옥과 공의에 관해서는 Talbott, *Inescapable,* 133-52와 John Kronan, Eric Reitan, *God's Final Victory: A Comparative Philosophical Case for Universalism* (New York: Bloomsbury Academic, 2011), 91-126을 보라. 이 두 책은 똑같이 보편구원론이 참되다면 지옥은 **다만** 신적 공의의 요청들을 해결하는 것으로 이해될 수 있다고 주장한다.

27_ 이는 더 나은 본능적 직관을 저버린 주류 전통이 종종 빠지는 위험이다.

28_John A. T. Robinson, *In the End, God...: A Study of the Christian Doctrine of the Last Things,* 1950, special edition (Eugene, OR: Cascade, 2011), 99.

공의와 공의의 사랑으로 드러날 수 있는 신학이다.

지옥: "여기 들어오는 모든 자는 희망을 포기하라?"[29]

무대를 설치했으니 이제 복음이 말하는 하나님과 양립할 수 있는 지옥 견해의 뼈대를 제시하겠다.

심판

성경에서 신적 심판에는 다양한 목적이 있다. 전통적 견해가 올바르게 지적하는 것처럼 신적 심판에는 응보의 측면이 있다. 어떤 사람이 처벌받는 것은 그 처벌을 **받을 만하기** 때문이다. 성경에서 형벌 개념을 찾아내기란 그리 어려운 일이 아니다. 그러나 처벌이 성경적 공의와 응보의 의미를 정확히 가리키는 개념이라고 생각한다면 오산이다. 성경적 공의는 잘못된 일을 바로잡는 것을 가리키기 때문이다. 따라서 형벌은 공의의 필요조건이 될 수는 있어도 충분조건이 될 수는 없다. 형벌만으로는 발생한 피해를 되돌리거나 잘못된 것을 바로잡지 못한다.[30] 창조와 관련해서 보면 하나님의 공의는 처벌이 아니라 구원을 핵심 목적으로 삼는다는 사실을 알 수 있다.[31] 그리고 형벌 자체는 단지 악행의 당연한 결과로 가해지

29_ Dante, *Inferno*, Canto III. 9.

30_ 공의와 관련된 형벌의 제한된 역할에 관해서는 Talbott, *Inescapable*, 113-52을 보라.

31_ 형벌을 **훨씬** 능가하는 성경적 공의, 진노, 처벌에 관해서는 다음 자료들을 보라. Stephen Travis, *Christ and the Judgment of God: The Limits of Divine Retribution in New Testament Thought*, 2nd ed.(Milton Keynes: Paternoster, 2009); Patrick Dale, *Redeeming Judgment*(Eugene, OR: Cascade, 2012); Christopher Marshall, *Beyond Retribution: A New Testament Vision for Justice, Crime, and Punishment*(Grand Rapids: Eerdmans, 2001).

는 고통이 아니다. 형벌은 죄의 억제책으로(예. 신 13:11), 회개의 촉구 수단으로(예. 계 14:7의 문맥), 학대의 희생자를 건져내는 수단으로도(예. 살후 1:6-7a) 기능한다. 더 나아가 형벌은 처벌받는 자를 교정하는 수단—그들이 저지른 일과 그에 따르는 결과의 진정한 중요성을 파악하게 하는 수단—이기도 하다(예. 고전 5:1-5; 11:29-32; 딛 2:11-12; 히 12:5-11; 계 3:19).

그리고 이처럼 다양한 처벌의 목적은 서로 배타적이어서는 안 된다. 이를테면 하나님이 이스라엘을 처벌하시는 것은 **응보적인 형벌이면서 동시에 회복의 수단**일 수 있다. 물론 특정 문맥에서는 하나 혹은 다른 어떤 측면에 초점이 맞추어질 가능성도 있다. 그러나 그렇다고 해서 또 다른 측면은 관련 없다고 가정하는 실수를 하지 않도록 조심해야 한다.

내가 볼 때 성경의 신적 처벌은 반복해서 특정한 패턴을 보인다. 표준 패러다임이라고 볼 수도 있는 그 패턴은 **심판 다음에 회복이 이어지는** 패턴이다. 이 패턴은 이스라엘과 여러 민족의 역사에서 반복해서 펼쳐진다. 이에 해당하는 사례는 성경 전체에서 끌어낼 수 있지만 여기서는 특별히 예레미야서를 예로 삼고자 한다. 예레미야 30장에서 예레미야는 하나님의 백성에게 두려운 심판이 임하고(렘 30:5-7c), 그다음에 놀라운 구원이 **이어질** 것이라고 말한다(렘 30:7d-11). 계속해서 고질적인 불치의 상처가 묘사되고(렘 30:12-15), 그다음에는 하나님의 치유가 **뒤따른다**(렘 30:16-17). 또 신적 진노의 폭풍이 지나가면(렘 30:23-24), 그 뒤에는 언약의 갱신이 **이어진다**(렘 31:1). 이 패턴—심판과 구원, 추방과 귀환, 죽음과 부활[32]—이야말로 하나님이 이스라엘을 다루신 방식이다.

32_ 이스라엘의 추방과 귀환에 관해 말하는 죽음과 부활의 언어는 예레미야서에 등장하지 않는다. 나는 에스겔 37장의 심상(마른 뼈 골짜기)을 떠올리게 하면서도 그것이 (이스라엘을 대표하는) 메시아 자신의 부활과 신학적으로 연결될 가능성이 있음을 암시하고 있다. 이스라엘의 추방-귀환과 그리스도의 죽음-부활 간의 관련성을 탐구한 내용은 *TEU*, 3-4장에서 확인하라.

다른 민족들은 어떤가? 예레미야서에서 예레미야가 다른 민족들에게 전하는 예언은 주목할 만한 가치가 있다. 물론 그 민족들은 파멸에 관한 예언을 잔뜩 전해 들어야 했다. 하지만 애굽, 모압, 암몬, 엘람에 관한 예언은 희한하게도 회복의 약속으로 끝난다(렘 46:26; 48:47; 49:6; 49:39). 여기서 중요한 점은 그 예언들 속에 등장하는 심판의 언어들이 종결의 어감을 띤다는 사실이다.

⁴²모압이…**멸망하고** 다시 나라를 이루지 못하리로다.…⁴⁷그러나 내가 마지막 날에 모압의 포로를 돌려보내리라…(렘 48:42, 47).

³⁷…내가 엘람으로…**놀라게 할 것이며**…그들을 **멸망시키리라.**…³⁹그러나 말일에 이르러 내가 엘람의 포로를 돌아가게 하리라(렘 49:37, 39).

진노를 이야기하는 예언적 수사법을 보면 우리는 이 민족들이 막다른 길에 이르렀다고 생각할 수 있다. 그러나 그렇지 않다. 우리는 하나님이 하나님의 불에 멸망한 죄인들의 전형인 **소돔에 대해서도** 회복을 약속하셨다는 사실을 기억해야 한다(겔 16:53). 애굽에 관한 이사야의 예언도 마찬가지다.

여호와께서 애굽을 치실지라도 치시고는 **고치실 것이므로** 그들이 여호와께로 돌아올 것이라. 여호와께서 그들의 간구함을 들으시고 그들을 고쳐주시리라(사 19:22).³³

33_ 이 가르침이 개인이 아니라 집단과 관련되어 있을 뿐이라는 반론에 대한 나의 답변은 *TEU*, 218-20에서 확인하라.

여기서 근본적인 신학-논리를 제공하는 것은 예레미야애가다.[34]

²²여호와의 인자와 긍휼이 무궁하시므로

우리가 진멸되지 아니함이니이다.

···³¹이는 주께서 영원하도록

버리지 아니하실 것임이며

³²그가 비록 근심하게 하시나 그의 풍부한 인자하심에 따라

긍휼히 여기실 것임이라.

³³주께서 인생으로 고생하게 하시며

근심하게 하심은 본심이 아니시로다(애 3:22, 31-33)

따라서 나는 우리가 이런 관점에 따라 지옥을 엄밀하게 이해해야 한다고 본다. 성경 전체에 걸쳐 묘사되는, 오는 시대의 처벌이 이와 같은 패턴을 따른다고 추정하는 것은 지나친 비약이 아니다. 요한복음은 사람들이 현시대에 경험하는 정죄가 종말론적 정죄를 예시하는 의미가 있다고 주장한다(요 3:18). 만약 그것이 사실이라면 우리는 오는 시대에 있을 정죄가 형벌 **이상의 것**이라고 생각할 만한 합리적인 근거를 얻게 된다. 다시 말해 그것에는 **회복**의 의미도 있다. 우리는 최후의 심판 너머로 구원을 바라볼 만한 근거가 있다. (이런 주장은 새롭지 않다. 기원후 2, 3세기의 다양한 기독교 문헌들이 지옥에 떨어진 자의 사후 구원에 관해 말한다. 때로는 성도들의 기도가 그 동력으로 제시되기도 한다.)[35]

34_ 예레미야애가, 신적 진노, 지옥에 관한 고찰은 Robin A. Parry, *Lamentations.* Two Horizons Old Testament Commentary(Grand Rapids: Eerdmans, 2010), 193-201을 보라.

35_ 베드로의 묵시록, 엘리야의 묵시록, 사도 서신, 시빌의 신탁 2권, 솔로몬의 송가, 니고데모의 복음, 바울의 묵시록, 바울과 테클라의 행전, 페르페투아와 펠리치타스의 수난기. 이 문헌들에 관해서는

이런 직감은 지옥이 성경의 줄거리 안에서, 또 복음의 주체가 되시는 하나님의 맥락 안에서 이해되어야 한다는 사실을 상기할 때 더 강해진다. 우리는 이것이 어떻게 쓸모없는 죄인들을 보살피시는 하나님의 **자애로운 공의**의 표출인지 증명해야 한다. 만약 지옥에 떨어진 자에 대한 하나님의 사랑과 양립할 수 없다면 우리의 지옥 신학은 잘못된 것이다.

사람이 사후에 그리스도에게 나아갈 수 있을까?

보편구원론을 지지하는 사람들이 대체로 공유하는 결정적 요소는 사람이 사후에**도** 구원받는 것이 가능하다는 주장이다.[36] 하지만 누군가가 죽으면 복음을 받아들일 기회가 더 주어지지 않고 사라진다는 진술을 기정사실로 받아들이는 그리스도인은 매우 많다. 만약 그것이 사실이라면 최소한 역사 속에서 등장했던 보편구원론은 모두 문제가 있다.

성경은 무엇이라고 말하는가? 성경은 이 문제를 **직접** 언급하지 않는다. 죽음이 다시 돌아오지 못하는 강이라고 말하는 성경 본문은 없다. 반대로 사후에 회개할 기회가 주어진다고 명시적으로 밝히는 본문도 없다.[37] 물론 어떤 이는 히브리서 9:27과 같은 본문에 호소한다. 하지만 그 본문의 주장은 모든 인간이 한 번 죽은 후에 심판에 직면해야 한다는 것이 전부다. 이 책이 다루는 **모든** 견해가 **그** 주장에 동의한다. 더 나아가 그 심판이 돌이킬 수 없는 처벌을 낳는다는 주장은 본문이 말하는 범위를 넘어선 주장이다.

결국 성경은 이 문제에 관해 **직접** 답변하지 않는다. 그렇다고 성경의

Ramelli, *Christian Doctrine of Apokatastasis*, 67 이하를 보라.

36_ 바르트주의에 속한 일부 보편구원론자는 하나님이 죽은 뒤에 특별히 회개할 시간을 주신다는 사상을 거부할 것이다.

37_ 하지만 이후에 요한계시록과 베드로전서 3:18-20, 4:6을 확인하라.

가르침이 이 문제에 관한 우리의 신학적 고찰과 아무 관계가 없다는 뜻은 아니다. 도리어 정반대다![38]

한편에서 우리는 사람의 운명이 죽음으로 영원히 고정된다는 주류 사상의 배후에 어떤 신학적 원리가 놓여 있는지 질문해야 한다. **왜** 그것이 사실인가? 사람은 죽은 후에 자신의 길을 바꾸어 회개할 수 없는가? 어쨌든 죽음은 우리를 영원히 악한 상태 속에 가두어버리는가? 이는 개연성이 거의 없어 보인다. 그렇다면 단순히 하나님이 죽음의 장벽이 가로막은 후에는 잃은 자를 찾지 않기로 결심하신 것이 아닐까? 그러나 우리는 또다시 그 이유를 물어야 한다. 하나님은 그들을 사랑하지 않게 되셨는가? 하나님은 이제 그들이 죄에서 돌아서서 당신에게 나아오기를 원하지 않으시는가? 하나님은 이제 어떤 진정한 회개나 믿음도 무시하실 셈이신가? 다시 말하지만 이런 모든 추정은 복음이 말하는 하나님 곧 "그 잃은 것을 찾아낼 **때까지**" 잃은 양을 계속 찾아다니시는 하나님과 전혀 어울리지 않는다(눅 15:4).

다른 한편에서 보편구원론자는 사후에 얻는 구원이 하나님의 거룩한 사랑 및 죄를 물리치시는 하나님의 종말론적 승리와 충분히 일치하는 장점을 보인다고 주장할 것이다. "갈보리에서 홀(笏)을 얻어낸 사랑은 그 홀을 늘 반짝이고 절대 사라지지 않는 권력의 상징으로 세세토록 쥐고 있을 것이다.…아버지는 탕자들을 갈망하는 일을 절대 멈추지 않으시고, 그리스도는 자신의 이름 앞에 무릎 꿇지 않고 뻣뻣하게 서 있는 사람이 한 사람이라도 있거나 자신의 사랑으로 정복하지 못한 심령이 하나라도 있는 한 버림받은 자를 찾아다니는 일을 절대로 중단하지 않으실 것이다."[39]

38_ Stephen Jonathan, *Grace beyond the Grave: Is Salvation Possible in the Afterlife?*(Eugene, OR: Wipf & Stock, 2014)를 보라.

39_ James Baldwin Brown, *The Doctrine of Annihilation in the Light of the Gospel of Love*(London: Henry

더 나아가 우리가 성경이 모든 사람이 구원받을 것이라는 사실과 어떤 사람은 지옥에 갈 것이라는 사실을 **동시에** 가르친다—그렇게 가르치는 것처럼 보인다—고 믿는다면, 지옥에 간 자는 지옥에서 건짐을 받게 된다고 보는 추론이 적법한지 논할 가치가 있다. 사후 구원이 성경에 충분한 근거를 둔 가르침으로부터 합리적으로 추론될 수 있다면 그 교리 자체는 최소한 부차적 의미에서라도 성경적이라고 할 수 있다.

난해한 본문들

그러나 성경이 가르치는 지옥 개념은 사후 구원이나 보편구원론을 명백히 배제하지 않는가? 그런 것처럼 보이는 성경 본문이 더러 있다. 우리는 그중 몇 가지 본문에 관해 좀 더 자세히 살펴보아야 한다. 복음서에서 지옥에 관한 최초기 본문으로 여겨지는 내용에서 시작해보자.

마가복음 9:42-50

예수님은 "작은 자들 중 하나라도 실족하게" 할 때 주어질 끔찍한 결과에 대해 경고하신다(막 9:42). 이어서 예수님은 제자들에게 다음과 같이 말씀하신다.

> [43]만일 네 손이 너를 범죄하게 하거든 찍어버리라. 장애인으로 영생에 들어가는 것이 두 손을 가지고 지옥 곧 꺼지지 않는 불에 들어가는 것보다 나으니라.…[48]거기에서는 구더기도 죽지 않고 불도 꺼지지 아니하느니라. [49]사람마

King, 1875), 118-19.

다 불로써 소금 치듯 함을 받으리라(막 9:43, 48-49).

첫째, 영어 성경(NIV)에서 "지옥"(hell)으로 번역된 말은 "게헨나"다. 게헨나는 예루살렘 근처에 있던 골짜기의 이름으로, 이 골짜기는 우상숭배와 하나님의 심판이 뒤따랐던 이스라엘의 역사와 깊은 관련이 있다(왕하 23:10; 대하 28:3; 33:6). 예레미야는 그 골짜기에서 배교한 이스라엘이 끔찍한 살육을 당할 것이라고 예언했다. 그 골짜기는 시체로 가득 차고 불에 타 "재의 골짜기"가 될 것이다(렘 7:29-34; 19:1-15; 31:40). 예수님도 이런 내용을 알고 계셨다.

많은 사람이 예수님 당시에는 게헨나가 영원한 처벌의 장소를 가리키는 말로 널리 알려졌고, 예수님의 청중은 이와 같은 관점에 따라 예수님의 가르침을 이해했을 것이라고 주장해왔다. 그러나 증거를 보면 이런 주장은 별로 설득력이 없다. 성경을 제외한 초기 유대교 문헌 중 게헨나를 언급한 본문은 **모두[40] 기원후 70년에 일어난 예루살렘 멸망 이후에** 기록되었고, 그중 최초의 문헌은 예수님 이후 반세기 정도가 지난 후에야 등장했다.[41] (그리고 이런 후기 유대교의 게헨나 개념은 유동적이고 가지각색이었다. 어떤 이에게 게헨나는 사후에 겪는 영원한 고통을 의미했고 다른 이에게는 절멸을 의미했다. 또 다른 이들은 게헨나로부터의 구원도 가능하다고 보았다.)[42] 우리는 이 후

40_ 에스라 4서 2:29, 7:36; 바룩 2서 59:10, 85:13; 이사야 승천기 1:3, 4:14-18; 에녹 3서 44:3, 48D:8; 아브라함의 묵시록 15:6; 그리스어 에스라의 묵시 1:9; 시빌의 신탁 1:104, 2:292, 4:186. 이런 본문들에 관한 설명은 Edward Fudge, *The Five that Consumes: A Biblical and Historical Study of the Doctrine of Final Punishment,* 3rd ed.(Eugene, OR: Cascade, 2011)과 Powys, *"Hell": A Hard Look at Hard Question,* 그리고 Papaioannou, *The Geography of Hell*을 보라.

41_ 분명히 예루살렘의 멸망이라는 대격변은 이 개념의 전개에 이바지한 요소 중 하나일 것이다. 이역시 예루살렘 멸망 이후에 전개된 내용을 예수님 당시로 소급시켜 적용하지 않도록 경고해준다.

42_ 누군가는 심지어 1년 뒤에 게헨나에서 벗어난다는 랍비들의 놀라운 사상에 관한 내용은 *b. Rosh Ha-shannah* 16b, 17a에서 확인하라. (이 탈무드적 해설은 예수님 시대가 지난 지 오랜 후에 기록

기 유대교 문헌들이 예수님의 말씀을 해석하는 배경으로 얼마나 유용한지 고찰할 때 매우 조심하지 않으면 안 된다. 사실 나는 우리가 현재 보유한 증거들을 볼 때 게헨나는 예수님 당시에 그 의미가 널리 공유된 통상적 용어가 **아니었다**고 조심스레 결론을 내렸다.[43] 아마도 예수님은 묵시적 심판의 문맥에서 이 용어를 **최초로** 사용한 사람이었을 것이다. 이런 모든 논의의 의미는 분명하다. 우리는 예수님이 제시하신 이미지와 말씀을 그 자체로 대해야 하며 그 말씀을 해석하는 배경으로서 예레미야서의 본문을 더 진지하게 고려해야 한다.

둘째, 불과 벌레의 이미지는 이사야 66:24의 환상에 뿌리를 두고 있다. 이사야 66장은 예루살렘의 회복에 관한 종말론적 그림을 제시한다. 그러나 예루살렘 성곽 밖(힌놈 골짜기?)에는 전투에서 죽은 하나님의 악한 원수들(배교한 이스라엘 사람들과 이방인 군대)의 시체가 놓여 있다. 예언자 이사야는 이 시체들에 관해 "그 벌레가 죽지 아니하며 그 불이 꺼지지 아니하여 모든 혈육에게 가증함"이 될 것이라고 말한다. 결국 이스라엘과 이스라엘의 원수들에 대한 신적 심판을 언급하는 예레미야서와 이사야서 본문에 의존하신 예수님은, 두 본문을 융합시켜 이 심판이 다시 임할 것에 관해 말씀하시며 희생을 치르더라도 그 심판을 피해야 한다고 권고하셨다. 일부 신약학자들은 이 심판이 예레미야가 말한 심판과 같이 예루살렘에 대한 역사적이고 현세적인 심판, 곧 로마 군대에 의해 예루살렘이

되었으나 초기 유대교 전승들을 보존하고 있다. 게헨나로부터의 구원이 예수님 당시에도 존재하던 개념이라는 가설은 확실하지는 않지만 성립할 수 있다.) 여기서 나의 요점은 초기 랍비들이 보편구원론자였다는 것이 아니다. 그들은 확실히 보편구원론자가 아니었다. 나의 요점은 단지 게헨나 개념이 충분히 전개된 시점에서 보더라도 게헨나로 보내졌다가 **거기서 구원받는다**는 사상이 일관성이 없거나 상상할 수 없는 것이 아니었다는 사실이다.

43_ 예레미야서 이후에 등장한 히브리 성경, 경외서, 70인역 또는 사해 사본을 보더라도 게헨나를 사후 심판의 장소로 언급하는 경우는 전혀 없다. 이는 침묵의 논증이기는 하나 울림이 크다.

멸망한 사건(기원후 70년)을 가리키고 사후의 처벌과는 아무 관련이 없다고 주장한다.[44] 그것은 개연성이 있는 주장이다. 예루살렘의 멸망을 묘사하는 데 사용된 생생한 묘사는 단순히 그 심판의 대재앙적인 성격에 관한 예언적 표현일 수 있다. **만약** 그렇다면 이 본문은 보편구원론을 공격하는 데 사용될 수 없다. 그러나 우리는 논증을 이어가기 위해 예수님이 사후의 심판에 관해 **말씀하셨다**고 추정할 것이다.

셋째, 우리는 불과 벌레의 심상을 매우 조심스럽게 해석해야 한다. 불이 꺼지지 않고 벌레가 죽지 아니할 것이라는 묘사는 불과 벌레가 할 일이 끝나지 않는 한 **끊임없이 쉬지 않고 활동할** 것이라는 의미를 벗어나지 않는다.[45] 우리는 이 심상의 의미를 이해하기 위해 영원한 불과 벌레에서 지옥의 영원한 고통을 상상할 필요가 없다.

넷째, 앞서 인용한 최후의 선고(막 9:49)가 "왜냐하면"(그리스어 "가르")이라는 말로 시작한다는 사실에 주목해야 한다(NIV[개역개정 성경도 마찬가지다]에서는 이 말이 생략된다). 죄를 저지르는 손/발/눈을 찍어버리는 것과 게헨나에서 심판의 불을 받는 것이 대조된다. 그런데 그 선택의 이유는 "**왜냐하면** 사람마다 불로써 소금 치듯 함을 받을 것이기 때문이다"라는 문장으로 설명된다. 여기서 요점은 누구든지 불로써 소금 치듯 함을 받는 한 가지 상황 ─다르게 말하면 손/발/눈을 찍어내는 일이나 게헨나에 던져지는 일 중 하나─에 직면해야 한다는 사실이다. 전자는 그들이 선택해야 하는 불이다(참조. 막 9:50)! 그러나 예수님이 전자와 후자를 모두 "불로써 **소금 치듯**" 하는 것으로 묘사하신다는 사실에 주목해야 한다. 소금은 정화에 사용되었기 때문에 여기서 예수님은 게헨나의 불도 정화의 목적

44_ 그 가운데 가장 널리 알려진 인물은 N. T. Wright다.
45_ 다양한 절멸주의 해석자들이 이런 주장을 매우 설득력 있게 제시했다.

에 적합하다는 점을 암시하셨다고 볼 수 있다. 이는 지옥 너머에 희망을 줄 수 있는, 본문 밖의 관객들을 위한 도발적인 방백(傍白)이다.

내가 보기에 게헨나에 관한 예수님의 말씀이 영원한 지옥으로 귀결된다고 생각할 필요는 없다. 설령 불이나 벌레가 그들의 할 일을 모두 마칠 때 사람들이 게헨나로부터 구원받는다고 해도 그 끔찍한 그림은 무효가 되지 않을 것이다. 여기서의 "가정"은 매우 중요하지만 예수님이 그에 관해 논의하시는 것은 아니다. 그러나 우리가 다른 성경적 가르침으로부터 그런 가능성을 엿볼 충분한 근거를 확보했다면—나는 우리가 그렇게 했다고 확신한다—이 본문은 그런 가능성을 배제하지 않을 것이다(또한 나는 다른 게헨나 본문 가운데 어느 것도 그 가능성을 배제하지 않는다고 주장할 것이다).

마태복음 25:31-46

양과 염소의 비유에서 예수님은 두 집단의 운명에 관해 "그들[염소들]은 영벌[**영원한** 형벌]에, 의인들[양들]은 영생[**영원한** 생명]에 들어가리라"(마 25:46)고 말씀하신다. 앞서 왕은 염소들에게 "저주를 받은 자들아, 나를 떠나 마귀와 그 사자들을 위하여 예비 된 **영원한** 불에 들어가라"고 말했다(마 25:41).

많은 전통주의자가 이 본문으로 문제를 단번에 완전히 해결하려는 것도 이해가 된다. 그들은 종종 마태복음 25:46에서 예수님이 "영생"과 "영벌"을 평행 관계로 말씀하셨다고 지적한다. 이 지적에 따르면 처벌이 영원하지 않다고 말하는 사람은 새 생명도 똑같이 영원하지 않다고 말해야 한다. 다시 말해 영원한 지옥을 제거하기 위해 치러야 할 대가가 영생의 상실이라는 것이다!

여기서 쟁점은 "영원하다"로 번역되는 그리스어 "아이오니오스"를 중심으로 형성된다. "아이오니오스"는 시기, 시대를 뜻하는 명사의 형용사형이다. 신약성경의 여러 본문에서 이 말은 막연히 어느 한 시대를 가리키는 것이 아니라 오는 시대를 가리킨다. 우리는 예수님의 말씀이 오는 시대의 처벌과 오는 시대의 생명 간의 평행 관계를 가리키는 것으로 아주 그럴듯하게 해석할 수 있다.[46] 즉 생명과 처벌은 ① 오는 시대에 속해 있고, ② 오는 시대에 적합하다.[47] 이 생명과 처벌은 얼마나 오랫동안 이어질 것인가? 이에 대해 예수님은 대답하지 않으신다. 여기서 그 질문은 중요하지 않다. 영원할 수도 있고 영원하지 않을 수도 있다. 그 질문을 해결하려면 다른 곳을 살펴보아야 한다. 이는 염소들의 운명에 관한 묘사, 즉 "토 퓌르 토 아이오니온"(그 영원한 불; 마 25:41)이란 어구를 고찰해보면 더 분명해지는 결론이다. 유다서 1:7은 그와 유사한 어구(퓌로스 아이오니우[영원한 불])를 사용해 소돔과 고모라의 운명을 묘사한다. 그런데 지속 기간을 따지자면 소돔의 불은 **단지 하루 동안만 유지되었다.** 따라서 "아이오니오스"에 시간적 측면이 없는 것은 아니지만 여기서는 (양적 개념이 아니라) **질적 개념**으로 사용된다고 보아야 한다. 다른 많은 신약성경 본문들에서도

46_ "콜라시스"(처벌)라는 단어에 관한 논쟁이 다소 있다. Schneider는 이 말의 원래 의미를 "자르다"라는 뜻을 가진 "콜라조"와 연계시킨다(*TDNT* III, 814). 그런 의미에서 이 말은 가지치기의 의미로 사용될 수 있었다(Theophrastus, *De casius plantarum* 3.18.2). 대중적인 그리스어에서 이 단어는 **교정과 개선**을 위해 처벌받은 자에게 적용된 형벌을 가리키는 듯이 보인다(Aristotle, *Rhetoric* 1369b13; Plato, *Gorgias* 476A-477A; *Protagoras* 323e). 그러나 이런 구분이 후기 본문들 속에서도 계속해서 유지되었던 것은 아니다. 이 어휘는 교정 여부와 상관없이 단순히 형벌을 총칭하는 의미로 사용될 수 있었다. 70인역에서 "콜라시스"는 좀 더 총칭적 의미를 띠었다(마카베오 2서 4:38; 마카베오 3서 1:3; 7:10; 마카베오 4서 8:9; 지혜서 11:3; 16:2, 24; 19:4; 렘 18:20; 겔 14:3-4, 7; 18:30; 43:11; 44:12). 마태복음 25:46에서 "콜라시스"는 "교정"을 의미할 수 있으며 이런 해석은 나의 주장을 강화하는 데 도움이 될 것이다. 그래서 나는 예수님이 이 어휘를 총칭적 의미로 사용하고 계신다고 보려 한다(신약성경에서 이 어휘가 딱 한 번 더 사용된 요일 4:18을 참조하라).

47_ 이는 고대 그리스, 유대, 기독교 문헌에 나타난 "아이오니오스"를 연구하면서 Ramelli와 Konstan이 제시한 관점이다. Ilaria Ramelli, David Konstan, *Terms for Eternity: Aionios and Aidios in Classical and Christian Text*(Piscataway, NJ: Gorgias, 2013)를 보라.

마찬가지다.[48]

그렇다고 당황하면 안 된다. 오는 시대의 생명은 분명히 영속적이다. 그러나 우리가 그렇게 알고 있는 것은 예수님이 마태복음 25장에서 오는 시대의 생명을 "아이오니오스"로 표현하셨기 때문이 **아니다**. 그보다 우리는 영생 자체가 그리스도 자신의 썩지 아니하는 부활 생명(고전 15장) 및 그리스도와 아버지의 관계(요 17:3)에 참여하는 것임을 이미 알고 있다. 그러나 처벌은 다른 질서에 속해 있다. 종말론적 처벌은 영속을 위한, 그리스도 중심의 신학적 기초를 조금도 갖고 있지 않다. 따라서 종말론적 생명과 처벌은 오는 시대에 속해 있는 것이라는 점에서 평행 관계에 있으나 오는 시대 전체 동안 이어져야 한다는 점에서는 평행 관계가 **없다**. 종말론적 생명과 처벌이 영속적이어야 한다는 주장은 해당 비유가 말하는 범위를 벗어난다.

데살로니가후서 1:5-10

바울의 글에서 보편구원론에 가장 큰 걸림돌이 되는 본문은 데살로니가후서 1:5-10이다. 이 편지의 대상은 박해를 겪고 있던 데살로니가 교회다 (살후 1:5). 바울은 다음과 같이 말하며 그들을 안심시킨다.

> [6]너희로 환난을 받게 하는 자들에게는 환난으로 갚으시고 [7]환난을 받는 너희에게는 우리와 함께 안식으로 갚으시는 것이 하나님의 공의시니 주 예수께서 자기의 능력의 천사들과 함께 하늘로부터 불꽃 가운데에 나타나실 때에 [8]하나님을 모르는 자들과 우리 주 예수의 복음에 복종하지 않는 자들에게 형벌을 내리시리니 [9]이런 자들은 주의 얼굴과 그의 힘의 영광을 떠나 영원한 멸망

48_Papaioannou, *Geography of Hell*, 3장을 보라.

의 형벌을 받으리로다[어쩌면 더 나은 번역은 이렇다. "주의 임재와 그의 힘의 영광**으로부터 나오는** 영원한 멸망의 형벌을 받으리로다"](살후 1:6-9).[49]

얼핏 보면 이 본문은 영원한 멸망을 가르치는 것처럼 보인다. 그런가?

그런데 여기서 지적할 첫 번째 사실은 "올레트론 아이오니온"이 틀림없이 **영속적인** 또는 **영원한** 형벌/파멸을 의미한다고 추정할 수 없다는 것이다.[50] 앞서 살펴보았듯이 형용사 "아이오니오스"는 오는 시대를 가리키는 말로 사용될 수 있다. 이 문맥에서 이 어구를 "오는 시대의 형벌"로 보는 해석은 충분히 가능하다. 물론 이 형벌은 여전히 **영원할 수도 있고** 영원하지 않을 수도 있다. 우리는 **이** 단어로 그 문제를 해결할 수 없다.

결국 데살로니가전서 본문에서 바울은 오는 시대의 형벌/파멸을 경험하는 자가 그 이후에 구원을 얻을 수 있는지의 문제를 다루는 데는 관심이 전혀 없어 보인다. 또 바울은 그런 형벌/파멸이 궁극적으로 속죄의 기능을 할 수 있는지의 문제에도 관심을 두지 않는다. 바울의 초점은 순전히 그리고 단순히 하나님의 백성을 거스르는 원수들에게 주어질 하나님의 징벌, 곧 교회를 박해로부터 건져낼 형벌에 있다.[51] 이 해석이야말로 문맥에 완전히 적합한 해석이다.

여기서 다음과 같은 해석학적이고 신학적인 질문이 떠오른다. 데살로니가후서 1:5-10로부터 신적 공의와 종말론적 형벌에 관해 보편구원론

49_ 이 본문은 "주의 임재…로부터 '영원한'[오는 시대의] 멸망의 형벌을" 받을 것이라고 말한다. 여기서 문제는 이것이다. "주의 임재로부터"라는 말은 무엇을 수식하는가? (주의 임재로부터 멸망하는) **박해자들**인가, 아니면 (주의 임재로부터 나오는) **멸망**인가? 나는 후자라고 생각한다.

50_ "올레트론"은 형벌이나 파멸을 의미할 수 있다. 다만 그것이 여기서 가장 좋은 해석인지는 분명하지 않다.

51_ "갚는다"는 것은 교회에 가해진 고난에 비례하는 어느 정도의 형벌을 의미한다는 사실을 주목하라. 이는 **영속적** 형벌 개념과 대립한다.

을 반대하는 신학을 도출할 수 있는가? 바울이 이 본문을 기록하는 목적은 심판과 형벌에 관한 일반적 신학이나 지옥 교리를 제공하는 것이 아니다. 그는 단지 특수한 상황에 관해 하나님에게서 비롯한 특수한 말씀을 전하고 있다는 사실을 명심해야 한다. 따라서 우리는 그 배경을 고려해 바울의 특수한 말이 뿌리내린 신학적 토대를 깊이 있게 파악해야 한다. 또한 바울이 이런 문제들에 관해 밝힌 다른 진술들을 그 토대와 통합해나가야 한다. 그렇게 할 수 있다면 "바울 신학"은 그리스도인이 종말론적 심판에 관해 신학적으로 끊임없이 성찰하는 데 중요한 역할을 하게 될 것이다. 그러나 단순히 바울이 이 수사적 문맥에서 교회의 원수들에 대한 처벌 이후의 구원 문제를 다루고 있지 않다는 이유로, 그리고 그렇게 하는 것이 적절하지 않다는 이유로 처벌 이후의 구원 가능성이 바울의 포괄적 신학이나 이 본문의 의미와 양립할 수 없다고 추정해서는 **안 된다**. 우리는 지옥을 고찰하기 위해 데살로니가후서 1:5-10의 적절한 위치를 고려하면서 본문을 훨씬 더 포괄적인 문맥 속에서 살펴보아야 한다.

요한계시록 14:9-11과 20:10-15

성경에서 영원한 고통 개념을 가장 강력하게 증언하는 두 본문이 요한계시록에 있다. 첫째 본문을 보면, 짐승의 표를 받은 모든 자는 "하나님의 진노의 포도주를" 마시고 "거룩한 천사들 앞과 어린 양 앞에서 불과 유황으로 고난을" 받는다(계 14:10). 그 고난의 연기는 세세토록[52] 올라가고, "짐승과 그의 우상에게 경배하고 그의 이름 표를 받는 자는 누구든지 밤낮 쉼을 얻지" 못할 것이다(계 14:10-11). 둘째 본문은 마귀, 짐승, 거짓 선지자가 던져지는 "유황 못" 심상과 관련이 있다. 그들은 "세세토록 밤낮

52_ "⋯unto ages of ages."

괴로움을" 받을 것이다(계 20:10). 최후의 심판이 이뤄진 후에는 "사망과 음부"도 그들과 합류하고, "누구든지 생명책에 기록되지 못한 자는 불 못에" 던져지게 된다(계 20:14-15).

나는 다른 곳에서 이 두 본문을 상세히 다루었다.[53] 그래서 여기서는 몇 가지만 간단히 짚고자 한다. 첫째, 이 두 본문을 문학적 배경 속에 놓는 접근법은 매우 중요하다. 우리가 이 두 본문에서 확인하는 것은 격렬한 심판에 관한 본문에 이어 구원 이후의 상황이 펼쳐진다는 사실이다. 이때 그런 상황은 격렬한 심판과 연관된다. 따라서 이 본문들에 관한 우리의 해석은 그 본문들을 둘러싸고 있는 전체 틀을 고려한 것이어야 한다. 이 두 본문에서 구원 이후의 상황은 보편적 구원이 이루어진 상황으로서 지옥에 떨어진 자의 구원이 전제되어 있다. 그 결과 요한계시록 14:9-11(그리고 계 14:6-20 전체)의 심판에 이어 구원받은 성도들이 하나님을 찬송하는, 구원 이후의 상황이 묘사된다.

> [3]…만국의 왕이시여, 주의 길이 의롭고 참되시도다. [4]주여, 누가 주의 이름을 두려워하지 아니하며 영화롭게 하지 아니하오리이까? 오직 주만 거룩하시니이다. 주의 의로우신 일이 나타났으매 **만국이 와서 주께 경배하리이다**…(계 15:3-4, 강조는 덧붙임).

여기에 보편구원 개념이 함축되어 있음을 파악하려면 요한계시록에서 "만국"이 악한 집단이라는 사실을 염두에 둘 필요가 있다(계 11:18; 13:7b; 14:8; 16:19; 17:15; 18:3, 23). 만국은 회개하라는 마지막 요청까지 무시하고 성도들 및 어린양과 맞서는 최후의 전쟁에 참여함으로써(계 20:8)

53_*TEU*, 106-32.

하나님의 종말론적 진노의 대상이 된다(계 11:8; 12:5; 19:15). 요한계시록에서 성도들은 만국과 **절대** 동일시되지 않는다. 오히려 성도들은 "각 나라와 족속**에서 나와**" 구속받은 자다(계 7:9). 따라서 요한계시록 15:4의 만국이 누구인지는 의심의 여지가 없다. 곧 그들은 "불과 유황으로 고난을 받을" 자들이다(계 14:10). 그러나 **그 후에** 성도들은 멸망에 이른 그 모든 민족이 하나님께 나아와 하나님을 경배할 것이라고 선언한다. 그리고 우리는 여기서 "경배"를 가리키는 말(프로스퀴네수신)이 강요된 경배가 아니라 자발적인 경배를 의미한다는 사실에 주목해야 한다. 게다가 이런 해석은 이 본문의 밑받침으로 사용된 시편 86:9-10의 의미로 인해 더욱 강화된다.

마찬가지로 불 못에 관한 요한계시록 20:10-15에는 놀라운 환상(계 21:22-27)이 뒤따른다. 바로 새 예루살렘에 관한 환상이다.

> ²⁴만국이 그 빛 가운데로 다니고 땅의 왕들이 자기 영광을 가지고 그리로 들어가리라. ²⁵낮에 성문들을 도무지 닫지 아니하리니 거기에는 밤이 없음이라(계 21:24-25).

만국은 성 밖에서 안으로 들어간다. 이 환상이 전제하는 지리적 환경을 살펴보자. 성 밖에는 무엇이 있는가? 오직 불 못에 던져진, 지옥에 떨어진 자들만 있다(계 22:14-15). 이런 해석은 일리가 있다. 앞서 확인했듯이 요한계시록의 독자들은 이 지점에서 그 "만국"이 누구를 가리키는지 충분히 알고 있다. 만국은 하나님의 원수들로서 유황이 타오르는 못에 던져졌다. "땅의 왕들"도 마찬가지다. 땅의 왕들 역시 그리스도의 원수로서 마지막 전쟁에서 완전히 패배한 존재들이다(계 6:15; 17:2, 18; 18:3, 9; 19:19, 21). 그들 역시 불 못에 던져진다. 그런데 우리는 그들이 어린양의 피에 자기 두루마기를 빨고 이름이 생명책에 기록되어 활짝 열린 문을 통해 새 예루살렘에 들어가는 장면을 보게 된다(계 21:27; 22:14). 또한 그들은 생명 나무로 나아가는데, 생명 나무의 잎사귀에는 "만국을 치료"하는 효능이 있다(계 22:2).

나는 우리가 멸망 이후에 구원이 있다는 사실을 인정하는 관점에서 이 두 본문(계 14:9-11과 20:10-15)을 해석해야 한다고 본다. 처벌을 묘사하는 본문이 사용하는 언어들은 매우 강력하다. 하지만 그 언어들은 본문을 둘러싼 책 전체의 문맥에 따라, 그리고 그 본문이 의존하는 구약성경의 지시에 따라 조심스럽게 해석되어야 한다. 나는 예전에 쓴 『복음주의적인 보편구원론자』(*The Evangelical Universalist*)에서 이 격렬한 수사법이 그렇게 해석될 때 멸망 이후에 일어나는, 모든 사람을 위한 구원 개념과 얼마나 잘 어울리는지 증명하는 데 심혈을 기울였다.

자유의지는 어떤가?

많은 사람이 내가 말하는 내용의 상당 부분이 정확할지도 모르겠다고 말하면서 내가 결정적으로 중요한 한 가지 사실, 곧 인간의 자유를 망각하고 있다고 주장할 것이다. 하지만 그렇지 않다. 모든 사람을 구원하기 바라신다고 해도 하나님은 그들의 자유의지를 거스르면서 구원하기를 바라시는 것은 아니다. 그리고 자유의지는 본질상 하나님이 통제하실 수 있는 것이 아니다. 따라서 하나님은 모든 사람이 자유롭게 구원을 받아들이는 선택을 할 것이라고 확언하실 수 없다. 지옥에 떨어진 자가 지옥에 있는 것은 하나님이 그렇게 하고 싶어 하시기 때문이 아니라 그들의 자유로운 선택 때문이다.

여기서 나는 보편구원론은 하나님이 그들의 의지에 **반해** 어떤 사람을 구원하신다고 주장하는 견해가 아님을 분명히 하고 싶다. 하나님은 자유로운 반응을 끌어내기 위해 다양한 방법으로 역사하실 뿐이다. 그리고 보편구원론자는 하나님이 모든 사람이 자유롭게 복음을 받아들이도록 역사하실 수 있다고 믿는다.

그러나 많은 사람이 그런 일은 불가능하다고 주장한다. 이에 관해 예수님을 따르기로 결심한 사도 베드로를 예로 들어보자. 그리스도에게 복종하기로 한 베드로의 선택이 진실로 자유롭게 이루어졌다면, **그가 예수님을 따르지 않는 것도 틀림없이 가능한 선택지였을 것이다.** 그리고 베드로가 무릎을 꿇지 않는 것이 심리적으로 불가능했다면 베드로의 선택은 자유로운 것이 아니라고 말할 수 있다. 여기서 요점은 사람들이 **자유하다면** 하나님은 사람들이 복음을 받아들일 것이라고 **보장하실** 수 없다는 사실이다. 따라서 하나님은 우리의 자유를 침범하지 않는 한 모든 사람이 구원받는 것을 **확언하실** 수 없다. 나는 이런 논증을 자유지상주의자의 반박이라고 부른다. 이제부터 자유지상주의자의 반박의 문제점을 따져보겠다.

자유의 본질에 관해 잠시 생각해보자. 탈보트(Thomas Talbott)는 진정으로 자유로운 행동에는 기본적인 합리성이 있어야 한다고 주장했다.[54] 이를 이해하기 위해 극단적 상황을 가정해보자. 만약 어떤 사람이 ① 어떤 행동에 대한 동기가 없을 때나, ② 그렇게 행동하지 않을 강력한 동기가 있을 때 그 행동을 한다면 우리는 그의 행동이 완전히 비합리적이며 진정으로 자유로운 것은 아니라고 생각한다. 불 속에 손을 집어넣을 이유가 전혀 없거나 그렇게 하지 않을 매우 충분한 이유가 있음에도 불구하고

54_Talbott, *Inescapable*, 167-206을 보라. Talbott의 견해에 관한 탁월한 옹호는 Kronen, Reitan, *Victory*, 127-51에서 확인하라.

불 속에 손을 집어넣는 한 소년을 상상해보라. 우리는 그 소년의 자유를 칭송하기는커녕 정신과 의사를 부를 것이다. 이때 우리가 자유롭다고 평가할 수 있는 유일한 행동은 불 속에 손을 집어넣지 않는 것뿐이다. 이는 **심지어 강렬한 심리적 압박 때문에 다른 대안들이 실제로는 불가능한 상황이라고 해도 마찬가지다.**

물론 우리는 대부분 이런 상황을 맞닥뜨리지 않는다. 어떤 행동을 하고 다른 행동을 하지 않는 이유와 동기들은 대부분 명확히 구분되지 않는다. 따라서 우리는 서로 충돌하는 욕구에 직면한다. 어떤 행동도 심리적 압박에서 벗어나 있지 않다. 그리고 이런 상황 속에서는 자유가 다르게 작용한다. 곧 사람은 어느 쪽이든 선택할 수 있다. 자유지상주의자는 이런 상황을 자유의지의 패러다임으로 끌고 온다. 하지만 탈보트는 이런 상황이 **어떤 조건 아래** 있는 자유를 묘사한다고 본다.

사실 자유는 다양한 요소의 방해를 받을 수 있다. 외적 강제력(예. 머리에 총을 들이댄 사람), 현실에 관한 무지나 속임수(예. 누르면 폭탄이 폭발하는 전등 스위치), 욕망의 속박(예. 약물 중독) 등이 그런 요소들이다. 그러나 이런 외적 강제력, 무지나 속임수, 욕망의 속박 등이 없을 때 이루어지는 합리적 선택은 **비록 심리적으로 결정된다고 해도** 자유롭다고 할 수 있다.

탈보트는 하나님을 거부하는 자유로운 선택이 무슨 뜻인지 생각해보라고 요청한다. 우리가 만약 우리에게 주어진 상황의 진실을 **제대로 이해한다면**, 우리는 하나님이 우리의 "텔로스", 곧 우리가 가장 필요로 하고 우리 존재의 가장 깊은 곳에서 바라는 분임을 파악하게 될 것이다. 물론 하나님을 마주 보면서 자신이 처한 상황의 진실을 깨닫는 자는 거의 없다. 그 결과 하나님을 거부하는 일은 쉽게 벌어진다. 그러나 상황의 객관적 진실을 **충분히 파악한** 사람이 그리스도를 거부하고 지옥을 받아들이기로 선택한다고 상상할 수 있을까? 이는 소년이 불 속에 손을 집어넣는 것보다 훨씬 더 미친, 도저히 이해할 수 없는 짓이다! 이런 "선택"은 단지 외적 강제력, 무지, 속임수, 또는 욕망의 속박이 가져온 결과일 수 있다. 그런 모든 요소는 자유를 **방해한다**.

따라서 하나님이 아주 다양한 방법으로 역사하셔서 (심지어 지옥에서라도) 상황의 진실을 더 많이 깨닫게 해주셔야 한다. 성령의 능력으로 그 진실을 더 크게 깨달을수록 하나님을 선택하려는 욕구는 그만큼 더 커지고 하나님을 거부하려는 욕구는 그만큼 더 작아질 것이다. 물론 압도적인 계시가 없다면 우리가 하나님을 거부할 우려도 여전히 배제할 수 없다. 오직 **충분히** 알아야만 하나님을 거부할 수 없을 것이고, 많은 사람이 하나님을 선택하기 전에 그런 단계에 들어가야 할 것이다. 그러나 우리가 충분히 알게 된다고 해도 **우리는 여전히 자유를 누린다**.

사람이 충분히 진실을 파악했을 때조차 하나님을 거부할 자유를 고수하는 것은 가질 가치가 전혀 없는 것을 꼭 쥐고 있는 것과 같다. 이는 완전히 비합리적이고 무분별한 행동이다. 이런 "자유"는 "보배로운 선물"이 아니고 구원받아야 하는 고통이다.[55]

하나님은 우리가 진리에 압도되거나 하나님을 사랑하는 마음에 끌리지 않도록 우리를 무지 속에 놔두셔야 할 의무가 있다고 주장하는 사람들이 있다. 나에게 그런 주장은 "그저 희한한 말"로 들린다.[56] 만약 그것이 사실이라면 그리스도는 사도 바울에게 사과해야 하실 것이다(행 9장). 외적 강제력을 제거하고, 무지와 속임수를 일소하고, 비합리적인 욕망의 속

55_ 그러나 우리가 진정으로 이런 헛된 "자유"를 누리고 싶어 한다고 해도, 하나님은 **여전히** 충분한 시간을 두고 모든 사람이 구원받는 일을 행하실 수 있다. 그 이유에 대해서는 Kronen, Reitan, *Victory*, 152-77을 보라.

56_ 이는 진실에 관한 우리의 이해가 매우 한정된 상황에서는 하나님이 우리를 움직이기 시작할 이유가 없다는 말이 아니다. 그렇다면 우리의 자유는 더욱 자유의지론처럼 비치게 된다. 이에 관해서는 Talbott, *Inescapable*, 167-206을 보라.

박을 깨뜨리는 것은 자유에 대한 범죄가 아니다. 우리가 "자유"의 의미를 바울이 말한 "죄의 종"이 되는 것으로 생각하지 않는 한 말이다.[57]

마침내, 하나님은…

이 기고문에서 나는 창조세계의 미래가 그리스도 안에서 하나님이 이루신 사역에 달려 있다고 주장했다. 부활 속에 계시된 것 외에 다른 결말은 있을 수 없다. 곧 사망은 죽어 사라질 것이고 하나님만이 만유의 주로서 만유 가운데 계실 것이다(고전 15:28). "전통적 입장은…당신이 지으신 많은 피조물이 멸망이나 파멸 속에 **있더라도** 하나님은 만유의 주로서 만유 가운데 계실 것이라고 말한다.…그러나 보편구원론자는 이렇게 주장한다. '내가 믿는 하나님, 곧 내가 그리스도 안에서 보는 하나님은 **그런 상태에 서는** 만유의 주로 만유 가운데 **계실 수 없다**. 이런 승리는 사랑이신 하나님의 승리가 **될 수 없다**.'"[58]

마지막 말은 포사이스(P. T. Forsyth)에게 빚을 지고자 한다. 그는 우리가 고찰해온 몇 가지 신학적 주제를 다음과 같이 유용하게 함께 묶어 설명해주었다.

거룩하신 하나님이 창조하신 세상의 목적은 반드시 거룩함, 곧 하나님 자신

57_ 그러나 내가 틀렸다면 어떻게 될까? 어떤 사람들이 영원히 멸망하지 않게 하는 **유일한** 방법이 자유를 제한하는 것이라면 어떻게 될까? 그런 상황이라면 나는 하나님이 그렇게 하시는 것이 옳다고 본다. 많은 경우, 사람들이 자유롭게 선택했더라도 그들이 끔찍한 일을 저지르지 못하도록 강제로 멈추게 하는 것은 선하고 옳은 일이다. 그렇지 않았을 때 발생하게 될 **끔찍한** 결과는 그런 강제적인 행동을 정당화해준다.

58_ Robinson, *In the End, God...*, 97.

의 거룩하심의 반영과 공유여야 한다. 하나님은 그 목적을 이루실 수 있을까?…이는 삶의 궁극적 질문이다.…그리고 그리스도와 그분의 십자가가 그 질문에 대한 답변이다. 그렇지 않으면 그리스도와 그분의 십자가는 아무런 의미도 없다. 그리스도와 그분의 십자가는 이미 이룬 승리 안에서 거룩함의 전능성을 계시하신다. 거룩함의 전능성은 모든 자연적 능력과 세력, 모든 자연적 전능성을 하나님 나라의 도덕적 신성함에 굴복시킨다. 그리고 만약 그리스도와 그분의 십자가가 그것을 계시하지 않았다면 우리는 세상의 거룩한 결말에 관한 어떤 확실한 근거도 갖지 못하게 된다.…그것은 정말 무서운 주장이다. 그리고 그럴 개연성이 없다는 주장은 경건한 체하는 어리석음이든지 손에 생긴 구멍에서 이미 그것을 이루신 하나님에 관한 시답잖은 풍자다.[59]

59_P. T. Forsyth, *The Person and Place of Jesus Christ* (London: Hodder & Stoughton, 1910), 228-29.

영원한 의식적 고통 지지자의 답변

데니 버크

패리는 "기독교적 보편구원론"을 "하나님이 결국엔 그리스도를 통해 모든 사람을 자기 자신과 화목하게 하실 것이라고 보는 견해"라고 정의한다. 패리는 이런 형태의 보편구원론이 "기독교적"인 것은 그리스도가 사람들이 구원받는 유일한 길이기 때문이라고 말한다. 즉 결국에는 모든 사람이 그리스도께 나아와 구원을 받게 된다는 것이다. 거기에는 심지어 자신의 죄를 회개하거나 그리스도를 믿지 않고 죽은 자들도 포함된다. 그러나 이런 견해는 여러 가지 이유로 설득력이 없다.

1. 패리에게는 건전한 해석학이 부족하다

패리에 따르면 지옥 논쟁은 종종 "증거 본문의 수렁에 빠져 헤어나지" 못한다. 그리고 그는 **모든 진영**이 "자신의 견해를 지지하는 **것처럼 보이는** 구절들을 **사방**에서 뽑아내 제시할 수 있다"는 이유를 들며 특정 구절만 다루는 것으로는 문제를 해결할 수 없다고 말한다. 결국 패리는 특정 본문에 관심을 집중하면 오로지 모순된 결론에 이르게 되므로 "신앙의 규범"—삼위일체적인 복음 내러티브—을 기준으로 삼아 서로 긴장 관계 속에 있는 것처럼 보이는 개별 본문들을 해석해야 한다고 주장한다. 실제로 패리는 기고문의 꽤 많은 분량을 자신이 삼위일체적인 복음의 내러티브라고 생각하는 내용을 개괄하는 데 할애한다.

그러나 패리의 접근법이 보여주는 문제점은 그가 제시한 "그리스도 중심의 성경 내러티브"도 결국엔 보편구원론을 지지하는 일련의 증거 본문을 제시하는 것에 그치고 만다는 사실이다. 패리는 이 증거 본문들을 인용하면서 "모든"이나 "온 세상"과 같은 단어들을 강조한다. 마치 이 단어들에 관한 고찰이 어쨌든 성경적 메타내러티브를 확립해주는 듯이 말이다(예. 골 1:16; 19-20; 롬 5:14-21; 요일 2:2; 고후 5:14). 그러나 사실 패리는 자신의 요점을 결코 확립하지 못한다. 성경적 메타내러티브는 부활 및 심판에 관한 성경 본문들이 없이는 구축될 수 없기 때문이다. 부활과 심판은 논란이 많은 주제인데 패리의 "성경적 메타내러티브"는 편리하게도 이를 다루지 않는다.

여기서 핵심은 패리의 잘못된 해석학이 성경에 관한 잘못된 이해를 낳는다는 점이다. 그는 끝을 잘라버린 성경으로 보편구원론의 신학적 전제를 확립한다. 여기서 증명이 필요한 전제들이 당연한 것으로 가정된다. 그리고 그런 근거 없는 가정이 그의 전제와 대립하는 본문 해석을 통제한다.

예를 들어 골로새서 1:16, 19-20을 살펴보자. 이 본문들은 성경적 메타내러티브에 관한 패리의 설명에서 매우 중요한 자리를 차지한다. "만물[모든 것]이 다 그로[아들로] 말미암고…아버지께서는…만물…이 그로 말미암아 자기와 화목하게 되기를 기뻐하심이라." 패리는 여기서 "화목하게 되다"라는 표현이 신약성경의 다른 본문들에서 구원을 가리키는 의미로 사용된다고 올바르게 지적한다. 하지만 그는 여기서 "모든" 사람이 화목하게 된다는 결론을 도출한다. "모든"이라는 말에 관한 보편구원론의 이런 해석은 근접한 문맥을 설명해주지 못한다. 왜냐하면 골로새서 1:20 에서 "모든" 것[만물]의 화목에 관해 말한 바울은 계속해서 골로새 교회 성도들의 삶 속에 나타난 화목에 관해 특별히 말하기 때문이다. 바울은 그들의 화목이 견인하는 믿음에 따른 **조건적** 화목이라고 경고한다. "만일 믿음에 거하고 터 위에 굳게 서서⋯들은 바 복음의 소망에서 흔들리지 아니하면"(골 1:23) 화목을 이룬다는 것이다.

바울은 분명하게 불신앙은 사람들을 화목으로 이끄는 것이 아니라 사람들이 하나님을 멀리 떠나 원수가 되게 한다고 말한다(골 1:21). 또한 패리가 골로새서 1:20의 "만물"을 보편구원론에 따라 설명하는 내용은 비신자들을 화목하게 된 자의 범주에서 배제하는 골로새서 1:23의 조건적 성격과 어울리지 않는다. 따라서 골로새서 1:20을 증거 본문으로 본 패리의 선택은 근접 문맥 ─ 이는 패리가 성경적 메타내러티브의 핵심에 놓는 보편구원론을 지지하지 않는다 ─ 조차 고려하지 않은 결과다.

우리는 모두 성경의 해석학적 나선 구조가 어떤 본문의 해석과도 관련될 수 있다는 사실에 동의한다. 부분이 전체를 해석하고 전체가 부분을 해석한다. 이 과정은 불가피하다. 그러나 패리의 나선 구조는 역삼각형의 불안정한 모습이다. 패리의 가정은 성경의 반증을 무시하는 방향으로 나아간다. 신실한 해석학은 기존의 전제를 개조하고 다듬기 위해 대항적인 증거들을 받아들인다. 하지만 골로새서 1:20에 관한 패리의 해석에서는 대항적인 증거들이 기존의 전제를 완전히 무너뜨린다.

2. 패리는 죄의 실존을 증거 없이 가정한다

패리는 하나님의 목적이 죄인들의 지속적 존재를 허용하지 않음으로써 "만물"을 회복하는 것이라고 주장한다. 여기서 하나님이 죄인들을 영원히 지옥에 머물게 하신다면 하나님의 목적은 좌절되고 만다. 패리는 다음과 같이 말한다. "하나님은 죄가 우주를 아름답게 하는 당신의 목적을 좌절시키는 것을 허용하실까?…**절대 허용하지 않으신다!**" 이에 따르면 지옥에 있는 죄인들은 이 세상에서 죄의 비극적 결과를 뒤집으시려는 하나님의 역사를 좌절시킨다. 그래서 패리는 다음과 같은 유도 질문을 던진다. "그리스도는 죄의 결과인 **모든** 파멸을 되돌려놓으시는가, 아니면 그중 **일부**만 되돌려놓으시는가?" 이에 대해 패리는 하나님이 그리스도를 통해 모든 사람을 은혜로 구원하심으로써 당신의 선한 우주에서 모든 얼룩을 제거하신다고 주장한다.

패리는 이런 논증의 과정에서 성경적 보증이 없는 악의 실존을 가정한다. 하나님이 당신의 우주에서 공의를 회복시키려면 죄인들을 **제거하셔야** 한다고 가르치는 내용은 성경 어디에도 없다. 오히려 그와 반대로 하나님은 만물을 새롭게 하기 위해 죄인들을 **심판하셔야** 한다고 가르친다. 예를 들면 요한계시록에서 악인에 대한 하나님의 심판은 하나님의 공의를 더럽히는 오점이 아니라 하나님의 공의가 드러나는 사건이다.

> 하늘과 성도들과 사도들과 선지자들아, 그로 말미암아 즐거워하라. 하나님이 너희를 위하여 그에게 심판을 행하셨음이라(계 18:20).

> [1]…"할렐루야! 구원과 영광과 능력이 우리 하나님께 있도다. [2]**그의 심판은 참되고 의로운지라.** 음행으로 땅을 더럽게 한 큰 음녀를 심판하사 자기 종들의

피를 그 음녀의 손에 갚으셨도다" 하고(계 19:1-2).

다시 말해 죄인들이 지옥에 거하는 것은 우주를 "아름답게 하시려는" 하나님의 목적을 "좌절시키는" 것이 아니다. 오히려 반대로 악인에 대한 하나님의 심판은 만물을 새롭게 하심으로써 사물을 바로잡으시는 하나님의 역사를 이루는 한 부분이다(계 21:5, 8). 여기에다 인간은 하나님의 우주 속에서 유일한 죄인이 아니라는 지적을 덧붙일 수 있다. 똑같이 불 못에 던져질 운명에 있는 다른 존재들—마귀와 그의 졸개들—도 있다(계 20:10). 사탄의 구원에 찬성하고 싶지 않다면 패리는 하나님의 심판 아래 있는 사탄의 악한 실존이 하나님의 목적을 좌절시키지 못한다는 사실을 인정해야 할 것이다.

3. 패리는 하나님이 진노를 쏟으실 여지를 남겨놓지 않는다

패리는 "모든 지옥 교리에는 하나님에 관한 교리가 녹아 있고, 하나님에 관한 모든 교리는 지옥 신학의 바탕이 된다"고 주장한다. 또한 "신적 사랑과 공의를 서로 **대립시키지 않도록**" 조심해야 한다고 올바르게 경고한다. 그러나 패리는 자신의 해석 안에서만 그렇다고 볼 수 있다. 패리는 신격 안에서 선함, 사랑, 공의가 어떻게 하나로 결합하는지, 그리고 선함, 사랑, 공의가 오는 시대에 어떻게 드러나는지 올바로 이해하지 못한다. 패리에게는 하나님의 사랑이야말로 하나님의 성품을 지배하는 특성이다. 그는 하나님의 사랑을 너무 크게 부각하는 나머지 하나님의 진노를 위한 공간을 거의 남기지 않는다. 그는 하나님은 항상 모든 사람을 사랑하신다고 주장한다. 그리고 하나님의 사랑을 하나님이 사람들과 맺으시는 관계의 결정적 요소로 간주한다. "사랑이신 하나님은 당연히 당신의 모든 피조물을 사랑하신다. 그리고 어떤 이를 사랑하는 것은 그가 가장 잘되기를 바라는 것이다."

그 결과 패리의 하나님은 회개하지 않는 죄인을 영원한 지옥에 던져 넣고 처벌하실 수 없는 분이 되었다. 패리는 하나님이 지옥에 있는 자도 계속 사랑하고 여전히 그들의 구원을 바라신다고 주장한다. 따라서 지옥에서조차 하나님의 진노는 하나님의 사랑보다 뒤에 자리한다. 더 나아가 패리는 하나님의 진노와 공의가 단지 하나님의 사랑을 드러내는 "방법"에 불과하다고 주장하기까지 한다.

다시 말하지만 하나님의 사랑을 이런 식으로 설명하면 하나님의 진노는 설 자리가 거의 없게 된다. 패리의 주장에 따르면 하나님의 진노와 공의는 하나님의 사랑에 완전히 흡수되고 만다. 패리는 하나님의 진노를 "가혹한 긍휼"—하나님의 "사랑이 그 사랑을 부인하는 자 앞에서도 사랑으로 자신을 드러내야 하는"(John A. T. Robinson) 하나의 방법—로 환원시킨다. 이는 하나님의 진노에 관한 성경적 설명이 아니다. 성경에서 하나님의 진노는 거룩하신 하나님이 죄에 대해 보여주시는 필수적인 반응이다. 하나님의 진노는 죄와 죄인들에 대한 하나님의 인격적 반대와 분노를 가리킨다. 하나님의 진노는 그리스도를 믿지 않는 죄인들 위에 바로 지금 "머물러 있다"(요 3:36). 회개하기를 거부하는 한, 그들은 스스로 오는 시대에 나타날 진노를 "쌓고 있는" 것이다(롬 2:5). 하나님의 진노는 사랑과 마찬가지가 아니다. 죄인들은 하나님의 진노에서 구원받아야 한다(롬 5:9).

하나님의 진노를 마치 아버지의 일시적인 낙심 정도에 불과한 것으로 보는 관점은 성경이 말하는 진리를 놓친 결과다. 하나님의 진노는 본질상 회복을 위한 심판이 아니라 처벌을 위해 불태워버리는 심판들에서 드러난다. 하나님의 진노는 원수들을 응징하는 수단이지 회복시키는 수단이 아니다(롬 12:19). 하나님은 지옥에 던져지는 자를 사랑하지 않으신다. 오히려 반대로 하나님의 진노는 하나님이 그들에게 영원히 분노하신다는 것을 의미한다(롬 2:8). 그러나 하나님의 진노에 관한 이런 성경적 관점을 하나님에 관한 패리의 설명에서는 찾아볼 수가 없다.

4. 사후 구원에 관한 패리의 주장은 추측에 근거한다

패리는 성경에서 "지옥"이라고 부르는 곳이 있다는 사실을 부인하지 않는다. 대신 패리는 지옥의 형벌은 처벌이 아니라 회복을 위한 것이라고 주장한다. 패리는 이렇게 말한다. "우리가 성경이 모든 사람이 구원받을 것이라는 사실과 어떤 사람은 지옥에 갈 것이라는 사실을 **동시에** 가르친다—그렇게 가르치는 것처럼 보인다—고 믿는다면, 지옥에 간 자는 지옥에서 건짐을 받게 된다고 보는 추론이 적법한지 논할 가치가 있다." 여기서 패리는 성경이 실제로 사후 구원에 관해 어떤 것도 명시적으로 밝히지 않는다는 사실을 인정한다. 기껏해야 성경에서 도출된 포괄적인 신학 사상에 기초한 추론이 가능할 뿐이다. 따라서 패리의 말대로 사후 구원은 단지 "부차적인" 성경 교리 정도가 될 수 있다.

그러나 엄밀히 말하면 패리의 보편구원론은 성경적 진리에 의해 산산조각이 난다. 패리는 보편구원론을 위해 하나님의 심판을 종말에 있을 최종적이고 영원한 하나님의 행위로 간주하는 성경 본문들을 무시하지 않을 수 없다. 그런 본문 가운데 가장 유명한 본문이 히브리서 9:27—"한 번 죽는 것은 사람에게 정해진 것이요 그 후에는 심판이 있으리니"—이다. 이 말씀은 악인에 대한 하나님의 심판이 최종적이고 돌이킬 수 없는 심판임을 가르쳐준다. 그러나 패리는 이 심판이 "돌이킬 수 없는 처벌"을 가리킨다는 사실을 부인한다. 그런데 이런 패리의 주장은 죽음과 심판의 최종성이 그리스도가 감당하신 속죄의 죽음 및 재림의 유일성(히 9:28)과 평행을 이룬다는 사실을 강조하는 이 특수한 본문의 논리를 파괴하는 것이다. 따라서 히브리서 9:27이 말하는 심판의 고정성을 부인하는 것은, 히브리서 9:28에 그리스도가 완수하신 것으로 기록된 그의 사역을 부인하는 것과 같다. 만약 전자가 돌이킬 수 없는 것이라면 후자도 마찬가지다. 그러나 이는 이 논쟁에 참여한 다른 진영에서 받아들이지 못할 추정을 가진 사람에게는 고통스러운 내용이다.

최후 심판의 취소 불가능성에 관해 말하는 다른 성경 본문들도 있다. 예수님이 말씀하신 부자와 나사로의 비유는 오는 시대에 있을 의인과 악인의 돌이킬 수 없는 완전한 분리에 관해 묘사한다. 나사로는 사람들이 고통에서 복 가운데로 건널 수 없게 하는 "큰 구렁텅이"를 사이에 두고 부자와 분리되어 있다(눅 16:26). 고통에서 복 가운데로 넘어갈 수 없다는 사실은 죽기 전에 회개해야 한다는 절박성을 강조한다(눅 16:30). 마셜(I. Howard Marshall)은 이 본문을 주석하면서 "따라서 그 심판은 돌이킬 수 없다"고 말한다.[1]

이런 관점을 확립하는 데 도움을 줄 수 있는 다른 본문도 수없이 많다. 여기서 핵심적인 사실은 성경 어디에도 사후 구원 개념에 관한 명시적인 증거가 없다는 것이다. 사후 구원이 성경에 함축되어 있다는 패리의 주장은 하나님이 내리실 심판의 고정성을 가르치는 다른 많은 본문을 무시하게 한다. 결국 사후 구원 개념은 성경 본문에 실제 근거를 두고 있지 않은 선입관적 추측에 불과하다. 만약 성경에 사후 구원이 나타나지 않는다면

1_ I. Howard Marshall, *The Gospel of Luke: A Commentary on the Greek Text*, The New International Greek Testament Commentary (Grand Rapids: Eerdmans, 1978), 638.

패리의 보편구원론 주장은 완전히 허물어진다.

　지면의 제약으로 인해 마가복음 9:42-50, 마태복음 25:31-46, 데살로니가후서 1:5-10, 요한계시록 14:9-11, 20:10-15과 같은 본문들에 관한 패리의 독창적 해설은 따로 다룰 수 없었다. 독자 여러분은 이 본문들에 관한 다른 해석을 내 기고문에서 확인하기 바란다.

종결적 형벌 지지자의 답변

존 G. 스택하우스 2세

내가 느끼기에 보편구원론은 항상 주석보다는 희망에 치우친 태도를 비친다. 또한 탁월한 전제들(그중 대부분은 확실히 어떤 그리스도인이든 견지하는 전제들)에서 도출한 신학적 결론보다는, 거듭 발견되는 성경의 확고한 반증에 비추어볼 때 결코 성립할 수 없는 결론을 강조한다.

우리는 하나님이 우리의 우주를 "심히 좋게" 창조하셨기 때문에 우주 전체를 구속하실 것이라는 주장에 기초한 보편구원론이 기분 좋은 균형감과 매력적인 논리를 갖고 있다는 점을 인정해야 한다. 또한 패리가 적절하게 지적한 것처럼 바울이 때때로 "모든"이라는 언어와 "모든"에 해당하는 범주를 즐겨 사용한다는 사실도 인정해야 한다(예. 롬 5장; 고전 15장; 골 1장).

그러나 이 문제와 실제로 연관된 많은 성경 본문을 검토해보면 희망에 찬 보편구원론은 상당히 빛이 바랜다. (물론 이런 검토는 패리가 말한 "증거 본문의 수렁에 빠져 헤어나지 못하는 것이" 아니라 주석적 과제를 수행하는 것이다.) 구약성경은 일률적으로 하나님께 거역한 모든 원수의 파멸과 소멸에 관한 암담한 그림을 보여준다. 예를 든다면 호세아 13:3은 네 겹으로 된 비유를 사용해 다음과 같이 말한다.

이러므로 그들은 아침 구름 같으며 쉬 사라지는 이슬 같으며 타작마당에서 광풍에 날리는 쭉정이 같으며 굴뚝에서 나가는 연기 같으리라(호 13:3).

구약성경에는 보편구원론의 소망을 보여주는 증거 같은 것은 없다. 게다가 구약성경을 하나님의 말씀으로 인정하고 사랑했던 예수님과 바울의 가르침 중 그와 같은 결론과 반대로 해석해야 할 것은 하나도 없다. 더나아가 종말론적 개념의 "모든"이라는 말은 죄인의 심판, 고난, 멸망에 관한 예수님과 바울의 예언에 따라 해석되어야 한다. 말하자면 "최후 심판에서 다른 편에 남게 되는…모든 자"와 같은 범주가 고려되어야 한다. 패리도 이 점에 관해 다음과 같이 인정한다.

그렇다면 현재 모든 사람이 의롭다 하심을 받았는가? "그렇다"와 "아니다"라는 대답이 모두 가능하다. 그리스도는 우리의 의롭다 하심을 위해 부활하셨다(롬 4:25). 이 점에서 우리는 이미 그리스도의 부활 안에서 의롭다 함을 받았다. 그러나 이 의롭다 함에 주체적으로 참여하는 것은 오직 성령을 통해 복음에 순종하는 믿음으로 반응하고 그리스도와 연합할 때에만 가능하다.

따라서 우리는 성경에서 "모든"이라는 말의 용법을 해석할 때 만물의 화목에서 제외된 자를 비롯해 이를테면 암이나 바이러스도 포함된다고 해석하지 않도록 조심해야 한다.

보편구원론자 중 일부는 신약성경에 나타나는 지옥이 끔찍하기는 하지만 결국에는 구속의 소망으로 귀결되는 구약 이스라엘의 심판과 같을 것이라고 주장할 수도 있다. 그러나 엄밀하게 말해 성경은 북 왕국과 남 왕국에 각각 임한 추방의 심판으로부터 살아남은 자는 오직 이스라엘의 남은 자뿐이었다고 가르친다. 따라서 보편구원론은 이스라엘의 역사에서 정확히 드러나는 사상이 아니다. 너그러운 보편구원론에는 슬픈 일이지만 성경에는 지옥이 구속을 위한 한시적 장소로서 거기에 들어간 모든 사람이 행복한 조화 속에서 하나님과 영원히 함께 살도록 초대받을 것이라는 가르침이 하나도 없다. 그 대신 일률적으로 나타나는 것은 지옥이 끔찍하고 최종적인 곳이라는 메시지다. 그래서 지옥이 "둘째 사망"으로 불리는 것이다.

월스가 그의 기고문에서 올바르게 밝힌 것처럼 실제 연옥 교리는 다음과 같은 논리로 구성된다. ① 그리스도가 우리를 위해 속죄를 이루셨다. ② 우리는 그리스도가 이루신 구원의 토대를 받아들였다. ③ 우리는 연옥에서 그 구원의 열매를 누리기 위해 준비한다. 여기서 우리가 이해하기로는 연옥은 오직 그리스도인들, 곧 그리스도의 속죄 사역을 통해 하나님이 은혜로 제공하신 대책을 받아들이고 이미 천국을 향해 가고 있는 자들만을 위한 곳이다. 이때 연옥이 불로 암시된다면(고전 3:10-15에서?), 연옥은 그리스도인이 거룩하신 하나님의 임재에 들어가는 데 필수적인 성화를 남김없이 이루기 위한 심판과 정화의 불을 포함할 것이다.

패리는 롭 벨을 포함한 여러 학자의 견해를 따라 소돔의 구속에 관해 말하는 에스겔서의 흥미로운 본문을 보편구원론의 증거로 제시한다(겔 16장). 그러나 이는 하나밖에 남지 않은 부실한 가지에 너무 무거운 교리를 달아놓은 모습에 불과하다. 소돔에 관한 성경의 언급은 그 본문을 제외하면 모두가 일률적으로 부정적, 그것도 극히 부정적이다. 에스겔의 계시 전후의 모든 말씀에서 소돔은 늘 하나님이 최종적으로 분명하게 심판하신 악 그 자체다. 그래서 예수님은 제자들이 전하는 복음을 거부한 성읍들에 경고하실 때나 예수님 자신을 거부한 가버나움을 꾸짖으실 때 거기에 임할 심판이 소돔보다 훨씬 더 심할 것이라고 말씀하신다. 물론 유대인들은 그 무엇도 소돔의 운명보다 더 나쁠 수 없음을 알고 있었기에 그 말씀은 과장법이었다(마 10:15; 11:24).

따라서 성경을 성경에 따라 해석하는 대다수 주석가들은 이 에스겔서 본문에서 두 가지 사실만 확인한다. 먼저 유다를 위한 희미한 소망을 확인한다(왜냐하면 여기서 "회복"이란 오직 북측의 사마리아/이스라엘과 남측의 소돔이 범죄 "이전"으로 돌아가는 것이기 때문이다). 아니면 전혀 소망이 없다는 사실을 확인한다(이는 수 세기 후에 주어진 예수님의 경고와 일치하는 관점이며 이스라엘/사마리아 곧 북 왕국은 소돔이 사라진 것처럼 실제로 역사 속에서 사라졌다). 따라서 성령 하나님이 소돔의 사례를 통해 보편구원론을 가르치고자 하신 것이라면 너무 빈약한 사례를 사용하셨다고 말할 수 있다.

(또한 보편구원론자 중 일부는 무자비한 종의 비유[마 18:34; 참조. 마 5:26]에서 그 종이 정말 "그 빚을 다 갚아" 옥에서 "풀려날" 것을 소망할 수 있다고 보는 듯하다. 하지만 대다수 주석가가 보기에 이 비유의 요점은 분명히 자신이 진 엄청난 빚을 모두 갚아야 할 그 종의 절망에 있다. 우리는 성경의 과장법을 염두에 두어야 한다. 그렇지 않으면 우리는 성경이 성경에 완전히 모순되는 상황에 맞닥뜨릴 것이다.)

결과적으로 보편구원론은 주석에 입각한 강력한 주장이 아니라 연역적 주장만 제시하게 된다. 패리는 보편구원론이 가진 자원을 다 보여주었다. 그것은 추상적 개념들과 포괄적 신학 체계를 제시하고 거기서 "하나님은 사랑이시라"와 "하나님은 아무도 멸망하지 않기를 원하시느니라" 같은 단편적 성구들을 뽑아내는 것이다. 대체로 단언보다 수사적 질문을 사용하는 것도 마찬가지다. 명백히 그런 질문으로 가득 찬 패리의 기고문은 성경에서 나온 실제 증거나 충분히 완성된 논증이 아니라 독자의 추정에 기초한 직관에 호소한다.

예를 들어 패리는 기고문의 앞부분에서 "그리스도는 죄의 결과인 모든 파멸을 되돌려놓으시는가, 아니면 그중 일부만 되돌려놓으시는가? 죄가 더한 곳에 은혜가 더욱 넘치는가(롬 5:20), 아니면 그저 많이 넘치는가?" 하고 질문한다. 모든 그리스도인은 그리스도가 결국에는 죄로 말미암은 온갖 손상을 회복시키실 것이라고 단언한다. 정통파 그리스도인들은 지옥이 바로 그 계획의 일환이라고 고백해왔다. 물론 은혜의 충만함에 관해 말하자면 은혜는 충만하다. 하지만 이는 은혜가 인간의(또는 천사의) 자유나 책임 같은 모든 것까지 덮어버린다는 뜻은 아니다.

또한 패리는 이렇게 묻는다. "모든 사람이 구원받기를 바라시는 하나님의 소원은 성취될 것인가, 아니면 영원히 좌절될 것인가? 십자가는 그리스도가 죽음으로써 위하고자 하신 모든 사람을 구원할 것인가, 아니면 그 죽음이 무익할 사람도 있겠는가?" 여기서도 답변이 반드시 보편구원론과 일치하는 것은 아니다. 패리가 말했듯이 어떤 그리스도인들은 하나님이 주권적으로 구원받을 사람을 선택하시는 것처럼 어떤 사람은 지옥에 가게 하신다고 말한다. 하지만 인간의 운명이 하나님의 은혜로 제공되는 구원에 대한 선택에 따라 결정된다고 보는 다른 사람들은 하나님의 사랑을 거부하는 자들이 지옥에 들어간다고 생각한다. 우리에게 사랑할 자유를 주신 하나님이 우리의 거부에 취약한 상태가 되신다는 것이다. 어느 쪽이든 정통파 그리스도인은 성경에서 보편구원론자와는 현격히 다른 답변을 발견한다. 여기서 수사적 질문들은 실제 논증의 역할을 대신하기에는 충분치 못하다.

또한 우리는 우리가 사용하는 "공의"와 "사랑"을 패리가 표현한 "사랑의 공의"나 "공의의 사랑"처럼 섞지 않도록 조심해야 한다. 내 기고문에서 밝혔지만 나도 패리처럼 하나님은 항상 철저히 하나님다운 분이시고 결코 불의하거나 무자비하지 않으시다고 생각한다. 그러나 최악으로 치달은 하나님의 진노는 패리가 소망을 담아 말하는 "가혹한 긍휼"이 될 수 없다. 때때로 하나님의 진노는 긍휼이 전혀 없는 순수한 공의다. 사랑은 분명히 사랑이 할 수 있는 모든 일을 하지만 공의가 최종적으로 해야 할 일을 하도록 그냥 두어야 할 때가 있다. 하나님은 바로의 마음을 완악하게 하시거나 가나안 문명 전체를 멸하기로 작정하신다. 예수님은 바리새인들을 포기하고 곧바로 말하기를 멈추셨다. 사탄의 머리는 박살 나게 되어 있다.

그런데 하나님의 선하심은 결국 가장 완강한 저항까지 꺾어버리지 않으실까? 사탄 자신도 결국에는 하나님의 아름다움과 사랑에 굴복하지 않을까? 일부 마음이 부드러운 신자들에게는 그렇게 보일 수 있다. 자신들의 추정이 타당한 결론이라고 믿고 싶은 신학자들에게도 마찬가지다. 그러나 우리는 직관이나 추측의 미끼를 물어 다음과 같은 모양이 되지 않도록 조심해야 한다. "우리가 A, B, C가 사실이기를 바라거나 사실이라고 믿는다고 할 때, D가 그 뒤를 따르는 것처럼 보인다. 그러므로 우리는 D가 그 뒤를 따른다고 믿는다." 논증에 필요한 다른 근거가 우리에게 없다면 그 상황에서 우리는 우리가 할 수 있는 최선을 다해야 한다. 그러나 성경의 계시가 A, B, C와 D의 연결을 보여준다면 그리스도인들은 반드시 성경에 고개를 숙여야 한다. 요한계시록 20장을 비롯한 성경의 여러 본문을 보면, 최후 심판이 임할 때까지도 하나님을 거역하는 사탄과 다른 모든 피조물이 겪을 운명은 매우 냉혹하게 표현된다. 그 운명은 불 못 곧 둘째 사망이다.

사실 사람들이 불 못에서 하나님께 굴복하게 되는 모습은 우리의 직관(직관은 무시해도 되는 것이 아니며 단지 성경의 권위에 종속되어야 한다)과 어긋난다. 사람들이 아주 오랜 시간을 그곳에서 보낸다고 해도 말이다. 오히려 그와 반대되는 수많은 경험—캐나다 북부 호수에서 수상 스키를 타다 넘어지거나 카누가 뒤집혔을 때 느껴지는 살을 에는 차가움—을 돌아볼 때 나는 그런 상황에서 누군가가 하나님에 대한 분노를 억누르고 부드럽고 사랑하는 마음을 갖게 되리라고는 생각할 수 없다. 연옥이 있다면 그곳에

간 그리스도인들은 이미 하나님과 화목을 이룬 상태에서 어떤 대가를 치르더라도 성화를 이루기 위해 고통을 겪는다. 하지만 지옥의 고통을 경험하며 하나님을 사랑하기로 마음먹는 것은 그와는 완전히 다른 문제다. 그곳에서 하나님은 이전에 하나님이 허락하신 은혜를 거부한 것을 문제 삼으며 내가 받아야 할 응분의 대가를 따지실 것이기 때문이다.

정직하게 말해 나는 보편구원론의 이런 심리학적 결함을 이해하지 못하겠다. 패리는 우리에게 "불 속에 손을 집어넣을 이유가 전혀 없거나 그렇게 하지 않을 매우 충분한 이유가 있음에도 불구하고 불 속에 손을 집어넣는 한 소년을 상상해보라"고 요구한다. 그러나 실제로는 자신이 생각하는 것이 바로 그렇게 할 만한 매우 강력한 이유가 아닌 소년만이 불 속에 손을 집어넣지 않는다. 죄는 우리가 하나님과 하나님의 진리를 무시하거나 거역함으로써 우리 자신의 참된 이익이 성취된다고 진실로 믿게 할 정도로 혼란을 불러일으킨다(그리스도인들은 이를 일상의 분투를 통해 알고 있다). 성경의 전체 기록—구원받았지만 약속의 땅에 들어가기를 거부한 배은망덕한 이스라엘 백성들로부터 예수님의 제자였으면서도 결국 파멸로 치달은 유다의 반항, 그리고 타락한 천사들의 파멸적이고 완고한 저항에 이르기까지—은 죄인들이 논리적이지 못하다는 사실을 우리에게 알려준다.

물론 하나님의 뜻에 저항하는 것은 파멸을 자초하는 어리석은 일이다. 하지만 우리는 누구나 날마다 그런 일을 한다. 따라서 하나님의 선행적인 은혜로 말미암아 우리의 사고가 근본적으로 바뀌지 않는 한 우리는 하나님, 그리스도, 구원 등에 관한 올바른 결론에 이르지 못할 것이다. 이는 사탄이 그 오랜 세월 동안 올바른 결론에 이르지 못한 것과 마찬가지다.

그렇다면 정말 아이러니하게도 확실한 보편구원론자가 될 수 있는 사람들은 오직 단동설 지지자(monergist), 곧 내가 "강성 예정론자"라고 부르는 부류뿐이다. 그들은 오직 하나님만이 우리가 죄에 물든 욕심에서 떠나 의에 주리고 목마르도록 우리의 마음에 역사하셔서 우리의 마음을 바꾸실 수 있으며 실제로 그렇게 하신다고 믿는다. (그리스도 안에서의 보편적 선택을 말한 바르트의 사상은 사실 강성 예정론의 한 형태다.) 그러나 정통 예정론자들—아우구스티누스로부터 루터와 칼뱅으로 이어진다—은 하나님이 (칼뱅이 말한 대로) 당신의 두려운 작정(*decretum horribile*)에 따라 어떤 이들을 지옥에 가도록 예정하신다는 의견에 한결같이 동의하는 것으로 보인다. 그렇다면 그 이유는 무엇일까? 대다수 그리스도인과 마찬가지로 그들은 성경이 지옥의 실재를 명명백백하게, 두렵게 묘사한다고 보기 때문이다. 그 지옥에서는 아무도 벗어날 수 없으며 그 어떤 것의 회복도 전제되지 않는 처벌이 이루어진다. 이때 오직 한 가지 예외로 우주의 최종적이고 순수한 선이 회복될 것인데, 이는 내가 주장해왔듯이 종결적 형벌(악의 최종적 근절)에만 부합하는 관점이다. 영원한 고통(하나님의 선한 창조세계 속에 예외로 남은 지속적인 두려움의 전시)도 이런 관점과 어울리지 않는다.

그런데 슬프게도 보편구원론은 성경의 창조, 타락, 구속 이야기의 일부 놀라운 내용과만 조화를 이룬다. 우리의 이야기는 그늘과 공포가 포함된 하나님의 전체 경륜에 참되어야 한다. 경건하지 아니한 자의 죽음이라는 주제는 에덴동산에서 첫 조상에게 주어진 최초의 경고에서부터 시작해 요한계시록의 거의 마지막 장까지 계속 이어진다. "바라는 바가 곧 현실은 아니다." 그 대신 우리는 "영혼을 능히 구원할 바 마음에 심어진 말씀을 온유함으로" 받아야 한다(약 1:21). 그중 어떤 것은 현실이라면 우리를 주눅 들게 할 말씀들이다.

논평
지옥과 연옥 지지자의 답변

제리 L. 월스

나는 패리의 견해가 잘못되었다고 생각하기는 해도 그가 옳기를 바란다고 말하는 것으로 논평을 시작하고자 한다. 이런 나의 바람은 한평생 지옥을 영원한 의식적 고통의 장소로 보는 교리를 옹호하면서 현대의 여느 기독교 사상가만큼이나 많은 책과 논문을 쓴 학자로서의 바람이다.[2]

나는 주석적 수준에서도, 광범위한 철학적 문제와 관련해서도 패리에게 동의할 수 없다. 그런데도 우리 두 사람에게는 신학적 일치점이 꽤 많다. 나는 하나님의 사랑에 관한 패리의 견해와 사후 회개를 옹호한 그의 논증에 전적으로 동의한다. 그리고 패리가 말한 대로 나는 십자가에 관해서는 확실히 보편주의자다. 또한 하나님이 모든 사람을 사랑하신다는 것, 하나님이 그리스도를 보내 모든 사람 대신 죽게 하셨다는 것, 그리고 하나님이 신실하게 모든 사람에게 구원을 제안하시고 모든 사람이 그 제안을 받아들이기를 원하신다는 것도 진심으로 믿는다.

이런 모든 사항을 고려하면 원론적으로 모든 사람이 구원받지 못할

2_ 나는 *Hell: The Logic of Damnation* (Notre Dame: University of Notre Dame Press, 1992)과 *Heaven, Hell and Purgatory: Rethinking the Things that Matter Most* (Grand Rapids: Brazons, 2015)라는 책 외에도 전통적 지옥 교리를 옹호하는 논문을 20편 정도 썼다.

이유는 없다. 일부 칼뱅주의자들은 하나님이 당신 자신을 충만하게 영화롭게 하시기 위해 진노를 영원히 드러냄으로써 어떤 사람들을 파멸시키셔야 한다고 말하지만 하나님은 그렇게 하실 필요가 전혀 없으시다.[3] 영원한 지옥은 신학적·철학적·도덕적·형이상학적 필연성과는 관련이 없다. 내가 보기에는 하나님이 베푸신 구원의 은혜를 받아들이고 회개할 온갖 기회가 모든 사람에게 주어진다. 따라서 그 누구도 영원히 지옥에 가야만 하는 것은 아니다.

내가 지옥이 영원한 의식적 고통의 장소라고 믿는 기본적인 이유는 성경이 그렇게 가르친다고 믿기 때문이다. 실제로 어떤 사람들은 그들 자신의 선택에 따라 하나님과 영원히 분리된 상태에 있게 될 것이다. 스택하우스의 기고문을 논평할 때 밝혔듯이 나는 이런 사상이 성경에 매우 명확하게 제시되지는 않는다고 생각한다. 그러나 그 논평에서 강조했듯이 전통적 견해는 의심의 상황에서 우선권을 누려야 할 충분한 이유가 있고, 전통적 견해를 대체하려고 애쓰는 다른 견해의 지지자들에게 입증의 책임이 있다. 그리고 내가 보기에는 다른 견해의 지지자 가운데 그 누구도 자신들의 견해를 충분히 증명해내지는 못한 것 같다.

물론 스택하우스의 기고문을 논평할 때 말했듯이 나는 보편구원론과 종결적 형벌 견해의 지지자들이 얼핏 보기에 분명히 자신들의 견해를 지지하는 듯한 여러 본문을 인용할 수 있다는 사실을 인정한다. 그러나 나는 지옥 논쟁이 "종종 증거 본문의 수렁에 빠져 헤어나지 못했다"는 패리의 말이 맞다고 생각한다. 그리고 이기기 위한 목적에서 이런 현상은 앞으로 더 심화할 것이다.

최근에 나는 패리의 『복음주의적 보편구원론』을 읽으며 그의 포괄적

3_John Piper, *Does God Desire All to Saved?*(Wheaton: Crossway, 2013)를 보라.

인 신학적 논증에 정말 깊이 감사한 마음이 들었다. 거기서 그는 지옥 교리를 "성경의 메타내러티브, 곧 창세기에서 시작해 요한계시록까지 펼쳐지는 웅대한 이야기에" 집어넣고 보편구원론을 살펴보고자 했다(159쪽). 이는 패리가 전통주의자들이 자신들의 견해를 증명하기 위해 인용한 증거 본문을 무시하거나 옆으로 제쳐놓았다는 말은 아니다. 오히려 그는 우리가 큰 그림에 초점을 맞출 때 그런 본문들이 통상적으로 이해되어온 것과는 다르게 이해될 개연성이 있다는 사실을 보여주었다.

또한 나는 패리의 견해가 성경 이야기의 가장 바람직한 결말을 대변한다는 데 동조한다. 스택하우스의 기고문을 논평할 때 주장했듯이 보편구원론은 그 이야기의 완전한 결말에 관한 약속을 이루어준다. 그 약속은 종결적 형벌 견해가 책임지겠다고 했지만 실제로는 책임지지 못하는 약속이다. 패리는 전통적 지옥 교리가 신약성경의 영광스러운 환상의 결론으로는 "어울리지 않는다"고 주장한다. 신약성경은 마지막 때에 만물이 그리스도께 복종하고 그리스도는 아버지께 복종하심으로써 하나님이 "만유의 주로서 만유 안에 계시는"(고전 15:28) 것을 바라보기 때문이다. 이처럼 이 논쟁에서 심미적 고찰에 집중하는 한, 보편구원론이 제시하는 그림의 매력을 부인할 수 없다.

그러나 그런 매력에도 불구하고 나는 그 그림이 사건의 진짜 결말이라고 생각하지는 않는다. 아이러니하게도 패리와 내가 가장 크게 다른 지점 하나는 깊은 일치점과 관련된다. 나는 "만약 지옥에 떨어진 자에 대한 하나님의 사랑과 양립할 수 없다면 우리의 지옥 신학은 잘못된 것이다"라는 패리의 말에 전적으로 동의한다.

사실 내가 볼 때 영원한 지옥이 가능한 이유는 엄밀히 말해 하나님이 사랑이시기 때문이다. 성경 드라마의 출발점은 하나님이 영원 전부터 사랑이시라는 사실이다. 세상이나 천사나 인간이 하나님의 사랑을 받은 일이 없었을 때조차 삼위 하나님의 세 인격 간에는 사랑이 있었다(요 17:24). 게다가 영원 전에 삼위일체 하나님 간에 존재했던 참된 사랑은 그리스도가 성육신, 죽음, 부활을 통해 부어주신 사랑과 같은 것이다(요 15:9).

더 나아가 그리스도가 우리에게 서로 사랑하라고 명령하신 그 사랑도 그리스도가 우리에게 보여주신 것과 같은 사랑이다(요 15:12).

그러나 거기에 보편구원론의 문제가 있다. 사랑은 하나님의 참된 본성이지만, 우리는 사랑하기로 선택해야 하고 그러기 위해서는 예수님의 가르침과 본에 따라 순종해야 한다. 사랑에 이끌릴 수는 있으나 사랑을 강요하거나 프로그램화하거나 결정해놓을 수는 없다. 성경의 드라마가 분명히 증명하는—그리고 인간의 역사가 비극적으로 확증하는—슬픈 진실은 우리가 하나님이나 서로를 사랑하지 않기로 선택할 수 있다는 것이다. 예수님의 다음과 같은 말씀은 그런 측면에서 우리에게 부여된 자유를 드러내 준다.

> [23]사람이 나를 사랑하면 내 말을 지키리니 내 아버지께서 그를 사랑하실 것이요, 우리가 그에게 가서 거처를 그와 함께하리라. [24]나를 사랑하지 아니하는 자는 내 말을 지키지 아니하나니(요 14:23-24).

그런데 패리는 탈보트의 견해에 따라 인간의 자유는 모든 사람을 구원하시는 하나님의 사역에 걸림돌이 되지 않는다고 주장한다. 물론 패리에 따르면 보편구원론은 하나님이 어떤 사람을 그의 의지에 반해 구원하신다고 주장하는 견해가 아니다. 오히려 하나님은 다양한 방법으로 역사하심으로써 모든 사람에게서 자유롭고 적극적인 반응을 끌어내실 수 있다. 패리의 말처럼 "보편구원론자는 하나님이 모든 사람이 자유롭게 복음을 받아들이도록 역사하실 수 있다"고 믿는다.

따라서 여기서 신학적 결정론과 보편구원론 사이에 놀라운 유사점이 있다는 사실을 강조할 필요가 있다. 신학적 결정론자 역시 하나님은 사람들을 그들의 의지에 반해 구원하시는 것이 아니라고 본다. 게다가 하나님은 당신이 원하는 자를 누구든 구원하기로 선택하실 수 있고, 그렇게 택함 받은 자의 의지를 거스르며 강제하시는 것이 아니라 그들의 의지를 결정하심으로써 구원하신다. 따라서 신학적 결정론자는 하나님이 "모든 사람이 자유롭게 복음을 받아들이도록 역사하실 수 있다"는 패리의 말에 진심으로 동의할 것이다. 차이가 있다면 신학적 결정론에서 하나님은 오직 택함 받은 자에게만 그런 일을 하실 수 있는 반면, 패리에게 하나님은 모든 사람에게 그런 일을 하실 수 있고 실제로 그렇게 하실 분이라는 사실이다. 따라서 여기서 제기되는 질문은 분명히 신학적 결정론을 부인하는 패리가 그런 일을 일으키시는 하나님을 어떻게 설명할 수 있느냐는 것이다.

탈보트가 영원한 지옥 교리는 일관적이지 못하다고 생각하는 근본적인 이유는 합리적인 사람이 지옥을 선택하는 행위에는 이해할 만한 동기가 전혀 없기 때문이다. 그런 선택은 자신의 손을 불 속에 집어넣는 것과 같은 종류의 선택이다. 그렇게 해야 할 합리적인 이유는 전혀 없고 그렇게 하지 말아야 할 이유만 존재한다. 패리도 이와 비슷하게 누군가가 하나님이 우리의 참된 목적이며 우리의 행복과 충만함을 위해 무엇보다 절실하게 필요한 분이시라는 근본적 사실에 관해 알게 된다면, 하나님을 계속해서 거역하는 선택은 하지 않을 것이라고 주장한다. 패리는 이 문제를 이렇게 정리한다. "그러나 상황의 객관적 진실을 충분히 파악한 사람이 그리스도를 거부하고 지옥을 받아들이기로 선택한다고 상상할 수 있을까? 이는 소년이 불 속에 손을 집어넣는 것보다 훨씬 더 미친, 도저히 이해할 수 없는 짓이다!"

패리는 좋은 질문을 던졌고 나는 분명히 "상황의 객관적 진실을 충분히 파악한" 사람은 그리스도를 선택하지 않을 수 없다는 말에 십분 동의한다. 그러나 이 선택을 제정신이 아닌 사람이 불 속에 손을 집어넣는 것과 비교할 수 있다는 생각은 정말 그릇된 발상이다. 불에 닿았을 때 손을 움츠리는 자동 반사는 어쨌든 도덕적으로나 영적으로 중요한 반응이 아니다. 그것은 순전히 동물적 반응으로서 하등 동물도 본능에 따라 우리와 똑같이 행동한다. 그러나 하나님에 관한 "객관적 진실을 충분히 파악하는 것"은 이와는 완전히 별개의 문제다. 그것은 정말로 순전히 합리적이고 도덕적이고 영적인 자각에 속하는 일이다. 따라서 여기서 답변이 이루어져야 할 중대한 질문은 우리가 어떻게 그런 자각을 얻고 진실을 충분히 파악할 수 있겠는가다.

사실 나는 탈보트의 견해에 반대하며 우리의 도덕적 자유의 본질적 측면이 바로 여기에 자리하고 있다고 주장해왔다. 다시 말해 우리는 오로지 그 진실을 "충분히 파악함으로써" 점차 하나님의 자기 계시에 신뢰와 사랑으로 반응하게 되고, 하나님이 우리에게 계시하신 것을 내면화하게 된다. 이는 정보나 지성적 내용을 처리하는 것보다 훨씬 차원이 높은 이야기다. 그런 일은 오직 우리의 마음을 다하고 목숨을 다하고 뜻을 다하고 힘을 다해 하나님을 사랑하고, 하나님이 우리 안에 당신의 거룩하심을 반영하는 성품을 이루시도록 허용할 때 발생한다. 이런 식으로 변화가 일어날 때 우리는 하나님에 관한 객관적 진리에 초점을 제대로 맞출 수 있다. 오직 그럴 때만 우리는 생생하고 명확하게 하나님이 모든 행복과 기쁨의 원천이시고 죄는 불행의 원인인 것을 깨닫게 된다. 그리고 그런 상태에서 우리는 자유롭게 기꺼이 그리스도를 받아들이고 그리스도의 뜻을 즐겁게 행한다. 그리고 우리가 그 진리를 충분히 내면화하고 그 진리가 우리의 성품을 형성하도록 허용할 때 죄는 더 이상 우리의 선택을 받지 못할 것이다. 이것이야말로 하늘에서 선하다고 확증된 자가 누리는 지복의 상태다.

그러나 다시 강조하지만 우리는 자유 안에서 하나님의 은혜와 협력하고, 하나님이 우리에게 계시하시는 진리를 소유해야만 한다. 하나님이 처음에 당신 자신과 당신의 진리를 우리에게 계시하기 시작하시는 단계에서는 우리와 거룩한 성품과의 거리가 너무 멀다. 그리고 그런 상태에서는 우리가 하나님에 관한 진리와 우리 자신에 관한 진리를 충분히 파악했을 때 비로소 갖게 되는 관점을 선명하게 견지할 수 없다. 이런 사실을 강조하는 일은 매우 중요하다. 그런 상태에서 우리는 여전히 그리스도와 그분이 베푸시는 구원을 거부하기 마련이다. 그리고 우리가 계속해서 그리스도와 그분이 제공하는 구원을 거부하고, 하나님에 관한 진리를 충분히 파악함으로써 우리의 자유를 온전하게 하는 일을 멈춘다면 우리는 우리의 자유를 사용해 진리를 부인하며 진리가 우리의 마음을 통찰할 기회를 차단하게 될 것이다.[4]

물론 우리가 자발적으로 영원한 지옥을 선택하는 것은 완전히 자기를 속이는 짓이다. 이런 선택이 작동하는 방식이 라오디게아 교회의 정신 상태에 묘사되어 있다.

> 네가 말하기를 "나는 부자라. 부요하여 부족한 것이 없다" 하나 네 곤고한 것과 가련한 것과 가난한 것과 눈먼 것과 벌거벗은 것을 알지 못하는도다(계 3:17).

4_여기서는 내가 다른 곳에서 상세히 다루었던 논증을 간략히 제시하는 것으로 만족한다. *Hell: The Logic of Damnation*, 113-38과 "A hell of a choice reply to Talbott," *Religious Studies* 40(2004), 203-16을 보라. 그리고 같은 논문집에서 Thomas Talbott, "Misery and freedom: reply to Walls," 217-24과 내가 쓴 "A hell of a dilemma: rejoinder to Talbott," 225-27도 확인하라. 또한 *Heaven, Hell and Purgatory*, 67-90도 보라.

그리스도는 우리가 그분과 식탁에 함께 앉아 식사할 기회와 온갖 부요함을 제공하기 위해 헤아릴 수 없이 문을 두드리신다. 그러나 앞서 요한복음 말씀(요 14:23-24)에서 살펴본 것처럼 우리는 망상적인 자기만족에 빠져 그리스도에게서 돌아서고, 우리를 자유롭게 할 진리를 거부할 수 있다.

그렇게 되는 이유는, C. S. 루이스가 적절하게 지적한 것처럼, 지옥문은 안에서 잠겨 있어 영원히 그런 상태로 있기 때문이다.[5]

5_ C. S. Lewis, *The Problem of Pain* (Harper: SanFrancisco, 2001), 130(『고통의 문제』, 홍성사 역간).

4

지옥과 연옥

_제리 L. 윌스

약 100년 전에 스코틀랜드의 저명한 신학자 포사이스(P. T. Forsyth, 1848-1921)는 개신교인이 연옥(煉獄, purgatory) 교리를 거부할 때 지나치게 과민반응을 보인다고 주장했다.

우리는 연옥을 문밖으로 깨끗이 던져버릴 때 너무 많은 것을 던져버렸습니다. 우리는 더러운 물이 담긴 목욕통과 함께 아기까지 밖으로 버렸습니다.[1]

개신교인이 연옥 교리를 거부했을 때 던져버린 것이 무엇인지를 그 후세대가 재고하기 시작했다고 믿을 만한 이유가 적어도 몇 가지 있다. 예를 들어 1992년에 출간된 『지옥에 관한 네 가지 견해』(*Four Views on Hell*)에는 로마 가톨릭 신학자 헤이스(Zachary Hayes)가 쓴 "연옥 견해"에 관한 기고문이 포함되어 있었다. 이는 최소한 20세기 후반에는 복음주의자들 사이에 연옥 교리에 문을 열어두는 관점이 존재했다는 사실을 보여준다.[2] 그 책의 다른 기고가 가운데 월부드(John Walvoord)와 크로케트(William Crockett) 두 사람은 분명하게 연옥 교리를 부정했다. 하지만 나머지 저자인 피노크(Clark Pinnock)는 연옥 교리에 공감을 표현했다.

개신교 철학자인 내가 연옥 교리에 관해 쓴 기고문이 이 책에 실리게

1_P. T. Forsyth, *This Life and the Next* (Boston: The Pilgrim Press, 1948), 37.

2_*Four Views on Hell*, ed. William Crockett (Grand Rapids: Zondervan, 1992).

되었다는 사실 자체도 그사이에 상황이 얼마나 크게 변했는가를 어느 정도 보여주는 듯하다. 물론 나는 상황을 너무 과장해서 이해하고 싶지는 않다. 다시 말해 복음주의자나 다른 개신교인들 사이에 연옥 교리를 지지하는 거센 흐름이 생겼다고 주장하지는 않겠다. 다만 개신교 사상가 중에 연옥 교리를 시험 삼아서라도 기꺼이 다시 생각해보려는 사람들이 점차 증가하고 있다는 평가는 온당하다고 할 수 있다.[3]

오늘날 많은 개신교인이 연옥 교리를 거부하는 현상은 애초에 연옥 교리를 거부하게 된 역사적 요소들에 비추어보면 여러 가지 면에서 충분히 이해할 만하다. 연옥 교리 문제는 종교개혁을 촉발한 논쟁점 가운데서도 중심을 차지했다. 실제로 루터의 "95개조 반박문" 중에는 연옥과 관련된 죄악을 다루는 조항이 여럿 있었다. 그런데 여기서 연옥 교리 자체와 연옥 교리를 둘러싸고 벌어진 죄악을 구분하는 것이 중요하다. 처음에 루터가 거부한 것은 오로지 연옥 교리가 불러온 죄악들이었다. "95개조 반박문"을 발표하던 당시만 해도 루터는 여전히 연옥 교리를 인정하고 있었다. 물론 루터는 나중에 칼뱅처럼 연옥 교리를 철저히 배척했다. 이런 역사적 배경에 따라 지금까지도 많은 개신교인이 연옥 교리에 즉각적인 거부 반응을 일으키며 그것을 객관적으로 평가하는 일에 어려움을 겪는다.

그러나 개신교인의 의심과는 상관없이 더 근본적으로 제기되어야 할 질문은 『지옥에 관한 네 가지 견해』라는 제목의 책에서 연옥 교리를 다룬 것이 적절했는가 하는 것이다. 구체적으로 말해, 연옥 교리는 **지옥에 관한** 내용을 다루는가? 그렇다면 그 내용은 무엇인가? 이런 질문에 이어 연옥 교리의 역사 속에서 제기되어왔던 매우 복잡하고 애매한 질문이 뒤따른

3_ 예를 들어 Jerry L. Walls, *Purgatory: The Logic of Total Transformation* (New York: Oxford University Press, 2012)을 보라. 특히 2, 3, 6장을 보라.

다. 곧 연옥을 주로 천국과 관련해서 이해해야 하는가, 아니면 지옥과 관련해서 이해해야 하는가의 문제다. 때때로 연옥은 천국보다 지옥에 더 가까운 것으로 이해되었다. 이때 연옥은 마귀들이 즐겁게 뛰노는 극심한 고통의 장소로 여겨지기도 했다. 다만 연옥이 지옥과 구별되는 점은 연옥에는 끝이 있어서 이 최종 관문을 통과한 사람들은 천국으로 가게 된다는 것이다. 그러나 연옥은 주로 천국과 관련해 이해되어왔다. 여기서 단테의 작품은 고전적인 예시로 제시될 수 있다. 이때 연옥은 지옥의 다른 모습이 아니라 천국의 대기실로 이해된다.

그런데 어떻게 보든 전통적인 관점에서 연옥은 천국으로 가는 도중에 잠시 머무르는 거처 또는 중간 단계다. 연옥은 오직 은혜의 상태에서 죽어 결국에는 천국에 가게 될 자들을 위한 공간이다.

불가피한 질문에 대한 답변과 희망의 확대

연옥 교리는 온전한 기독교 신학이라면 응당 다루어야 하는 질문에 좋은 답변을 제시한다. 이 사실은 매우 중요하다. 그 질문이란 은혜의 상태에서 죽었으나 충분히 성화하지 못한 신자가 어떻게 천국에 들어가는 데 적합하게 되는가 하는 것이다. 성경은 "무엇이든지 속된 것"은 천국에 들어가지 못한다는 점을 분명히 한다(계 21:27). 더 나아가 "거룩함이 없이는 아무도 주를 보지 못한다"고 말함으로써 우리에게 거룩함을 추구하라고 명령한다(히 12:14). 이 말씀은 그리스도인들에게 주어진 것으로서 그들이 주님을 보기 위해서는 앞으로 이루어야 할 일종의 거룩함—또는 아직 이루어지지 않은 거룩함—이 있다는 사실을 가정한다.

연옥 교리는 이 거룩함이 어떻게 이루어지는지 설명할 수 있다. 하지만 개신교인은 연옥을 "문밖으로 깨끗이" 던져버림으로써 반드시 해결되어야 할 문제의 답변으로 주어진 그 해결책을 폐기해버렸다. 물론 개신교인에게는 "정화"(purgatory)에 관한 나름의 이해가 있다. 그중 가장 전형적인 견해는 "정화"가 죽는 순간에 곧바로 이루어진다는 주장이다. 저명한 프린스턴 신학자 하지(Charles Hodge)의 말을 빌리자면 "개신교의 교리는 신자들이 죽을 때 그 영혼이 완전한 거룩함 속에 들어간다"는 것이다.[4]

논의를 진전시키기 전에 전통적 연옥 개념의 본질을 좀 더 충분히 설명하는 것이 유용할 듯하다. 이는 우리가 앞으로 논의에 집중할 수 있게 도움을 줄 것이기 때문이다. 여기서 제시하는 설명은 C. S. 루이스의 친구였던 세이어즈(Dorothy L. Sayers)에게서 비롯했다. 그녀의 여러 가지 업적 중에서 제일 유명한 것은 단테의 저작을 번역한 것이다. 단테의 『신곡』제2부 "연옥"의 서론에서 세이어즈는 연옥 교리의 본질을 6개의 짧은 단락으로 나누어 제시한다. 그중 4개가 우리의 관심사와 관련된다. 혹시 모를 우려를 잠재우기 위해 세이어즈가 로마 가톨릭 신자가 아니라 루이스처럼 영국 성공회 교도였음을 밝히는 것이 좋을 듯하다. 네 가지 요점은 다음과 같다.

① 연옥은 영혼이 머물다가 천국이나 지옥으로 가는 보호 관찰소가 아니다. 연옥에 들어간 모든 영혼은 조만간에 천국으로 가게 된다. 그들은 영원히 죄에서 벗어나 있다.

② 연옥은 완고하게 회개하지 않고 죽은 자에게 주어지는 "두 번째 기회"의 장소가 **아니다**. 죽을 때 하나님이나 자기 자신을 선택한 결과는 최종적이다. (이 최종적 선택의 순간은 "특별한 판단"으로 알려져 있다.)

4_Charles Hodge, *Systematic Theology* (Grand Rapids: Eerdmans, 1966), 3:725.

③ 죽는 순간에(*in articulo mortis*) 하는 회개는 **항상** 받아들여진다. 아무리 미미할지라도 영혼의 움직임이 자아에서 멀어져 하나님을 향한다면 영혼의 회개 행위는 온전하다. 이때 공식적인 고해성사 여부는 문제가 되지 않으며 그 영혼은 연옥에 들어간다.

④ 죽는 순간에 하는 회개를 하나님이 받아주셨다고 해서 죄인이 처벌을 면하고 "무죄가 되는 것"은 **아니다**. 그 영혼은 이제 몸의 도움 없이 긴 수고와 고통을 통한 보속(補贖, satisfaction)과 정화(淨化, purification)의 과정을 연옥에서 거쳐야 한다. 그런 과정 대부분은 땅에서 이미 해결되었어야 할 것들이다.[5]

연옥은 "두 번째 기회"의 장소가 아니다. 하지만 연옥은 마지막 날에 최종적으로 구원받기를 바라는 자를 좀 더 넓은 시야로 이해하는 관점이다. 이는 지옥 교리와 관련해 매우 중요한 사항이다.

여기서 연옥 교리가 역사적으로 어떻게 전개되어왔는지 잠시 살펴보자. 최근 역사가인 모레이라(Isabel Moreira)는 8세기 초에 가경자 비드(Bede the Venerable)가 연옥을 정통 교리로 인정했다고 주장했다. 모레이라는 720년대나 730년대 초에 기록된 비드의 『설교집』(*Homilies*)에서 연옥을 사실로 제시하는 본문을 인용했다. 그리고 더 나아가 그곳에는 후기 중세 신학자들이 인정했을 본질적 요소들이 담겨 있다고 특징지었다. 실제로 모레이라는 비드가 연옥을 이단에 맞서 정통 교리로 제시한 최초의 인물이었다고 주장한다.

그때 비드가 논박하고자 한 이단 사상은 오리게네스의 보편구원론이

5_Dorothy L. Sayers, "Introduction" to Dante, *The Divine Comedy II: Purgatory,* trans. Dorothy L. Sayers(London: Penguin, 1955), 59-60.

었다. 비드의 연옥 교리가 드러낸 천재성은 오리게네스의 이론을 매우 매력적으로 만든 그 사상을 도용했다는 것이었다. 비드의 신학은 자신들의 죄를 고백하고 성례에 참여하며 고행을 감내하고자 하는 모든 심각한 죄인들에게 희망을 보여주었다(이에 관한 좀 더 상세한 내용은 이후에 살펴보자). 심지어 임종의 순간까지 회개를 미룬 죄인이라고 할지라도 다르지 않았다. 모레이라는 그것을 다음과 같이 요약한다.

> 연옥 교리는 본질상 보편구원의 호소에 대한 매우 제한적이고 한정적인 반응이었다. 곧 연옥 교리는 보편구원론을 정통적으로 구현해낸 교리였다.[6]

여기서 지옥과 연옥의 관계를 살펴보자. 특별하게도 연옥 교리의 발전은 지옥의 영역을 침범하며 이루어졌다. 이에 관해 헤이스는 다음과 같이 말한다.

> 천국 아니면 지옥만 있는 상태에서는 지옥이 비중 있게 다루어지는 현상이 놀랍지 않았다. 그러나 사후에 정화가 이루어질 수 있다는 견해가 무대에 등장했다. 그리고 그와 함께 하나님의 임재 속에 들어가기 위해 더 충분히 준비될 때까지 많은 사람을 천국의 바깥뜰 같은 곳에 둠으로써 지옥의 인구를 감소시키는 관점도 등장했다.[7]

『신곡』의 "지옥" 편에 기록된 철저하게 절망적인 어구를 상기해보라. 지옥문에 적힌 그 유명한 글귀는 "여기로 들어가는 자, 모든 희망을 포기

6_Isabel Moreira, *Heaven's Purge: Purgatory in Late Antiquity*(New York: Oxford University Press, 2010), 165; cf. 154.

7_Zachary Hayes, "The Purgatorial View" in *Four Views on Hell*, 97.

하라"고 말한다.[8] 이와 정반대로 역사가 르고프(Jacques LeGoff)는 연옥의 본질적 역할을 아주 짧게 요약하며 "연옥은 곧 희망이다"라고 말했다.[9] 다시 말해 연옥 교리는 아우구스티누스와 그 뒤를 따르는 계승자들이 믿는 것보다 더 많은 사람이 최종적 구원을 얻을 수 있다는 희망을 허락하는 신학적 원리를 제공함으로써 지옥 교리를 수정한다. 깊이 보면 연옥 교리는 희망의 교리다.

그러나 이 희망은 정확히 무엇인가? 이것을 이해하려면 우리는 연옥의 목적을 더 자세히 살펴보고, 연옥이 어떻게 불완전한 사람들을 천국에 합당한 존재로 준비시킬 수 있는지 확인해야 한다.

연옥의 두 가지 근거: 보속과 성화

앞서 세이어즈가 정리한 ④번 항목을 다시 살펴보자. 죽을 때 회개하는 죄인은 "보속과 정화의 과정을 연옥에서 거쳐야 한다"는 진술이 눈에 띈다. 여기서 두 단어 "보속"과 "정화"는 전통적으로 연옥의 두 가지 근거로 이해된다. "연옥"(purgatory)이라는 단어 자체가 "정화하다"(purge)라는 말에서 나왔다. 그래서 연옥은 불완전함과 불순함을 제거하거나 순화시키거나 깨끗하게 하는 개념과 연관된다. 더 나아가 연옥은 사람의 몸에서 질병이나 해로운 물질을 일소한다는 개념을 암시할 수도 있다. 따라서 연옥은 건강하지 못하고 병든 것을 치료하는 관점에서 이해할 수도 있다.

8_ Dante, *The Divine Comedy,* trans. Allen Mandelbaum(New York: Alfred A. Knopf, 1995), 68.

9_ Jacques LeGoff, *The Birth of Purgatory,* trans. Arthur Goldhammer(Chicago: University of Chicago Press, 1984), 306. LeGoff가 연옥에 관해 말한 것은 13세기의 일이지만 그의 요점은 분명히 일반적으로 적용된다.

여기서 정화나 치료의 심상은 모두 연옥이 불완전한 것을 완전하게 하는 미래지향적인 과정임을 이야기해준다. 이렇게 보면 연옥의 본질적 목적은 성화 사역을 끝마치는 데 있다. 이는 우리의 마음을 온전히 정화해 거룩함을 충만하게 이루는 것과 연관된다. 그 거룩함이 없이는 아무도 주를 보지 못한다.

연옥 교리가 등장해서 형태를 갖추기 시작했을 무렵부터 주된 강조점은 성화에 있었다. 그러나 곧 다른 요소가 나타났고 로마 가톨릭의 연옥 교리는 이 요소를 항상 성화와 함께 다루었다. 그것은 바로 연옥이 보속을 이루는 곳이라는 사상이다. 그래서 우리는 연옥이 하나님의 공의를 만족시키기 위해 형벌을 감당하는 곳이라고 이해할 수 있다.[10]

여기서 강조할 사항이 눈에 띈다. 곧 연옥 교리는 ① 성화나 ② 보속, 또는 ③ 성화와 보속의 결합에 따라 이해될 수 있다는 것이다. 종교개혁이 일어나자 보속에 집중하는 경향이 성화에 집중하는 경향을 거의 완전히 압도하게 되었다. 그리고 그 후로 많은 세월이 흐르면서 로마 가톨릭의 신학은 하나님의 공의를 만족시키는 것에 거의 배타적인 강조점을 두게 되었다. 이런 흐름을 이해하는 것은 매우 중요하다. 이를 위해 연옥의 보속 교리를 좀 더 자세히 살펴보자. 이는 대다수 개신교인이 연옥 교리를 대할 때 떠올리는 관점이기도 하다.

보속 개념은 전반적으로 세 부분으로 이루어지는 로마 가톨릭의 고해성사 교리와 연결된다. 로마 가톨릭의 견해에 따르면 죄를 범한 사람이 충분히 의로운 상태가 되려면 세 가지가 요구된다. 첫째는 통회다. 죄를 범한 자는 참으로 죄를 슬퍼하고 진실하게 자기가 저지른 죄를 참회해야

10_로마 가톨릭의 연옥 교리에 관한 성경의 지지를 증명하려는 최근의 시도는 Gary A. Anderson, "Is Purgatory Biblical?," First Things(November 2011), 39-44에서 확인하라.

한다. 둘째는 고백이다. 죄를 범한 자는 자신이 지은 죄를 사제에게 자백해야 한다.

우리의 목적상 가장 중요시되어야 할 것은 고해성사의 세 번째 요소다. 죄를 범한 자는 참으로 슬퍼하며 죄를 자백하는 것에 더해 사제가 부과한 형벌을 어떤 것이든 받아들임으로써 보속을 이루어야 한다. 그것은 하나님의 공의를 만족시키기 위해 필수적이다. 따라서 제대로 보속을 이루지 못한 사람이 있다면 하나님의 공의가 만족될 때까지 연옥에서 적합한 형벌을 받아야 한다.

차이를 명확히 하기

이처럼 연옥의 본질과 목적을 인식하는 두 가지 방법에는 확실히 큰 차이가 존재한다.[11] 성화 모델은 도덕적·영적 변화에 초점이 있다. 하지만 보속 모델은 공의의 빚을 갚게 하려고 형벌을 부과하는 것에 초점이 있다. 성화 모델은 영적 완전함과 거룩함을 이루고자 하는 목표를 가지고 앞을 내다본다. 반면 보속 모델은 "과거의 청산"을 목표로 뒤를 돌아본다.

그러나 두 모델 간의 차이는 연옥이 어느 정도의 시간을 요구하는 이유를 말하는 데서 가장 분명하게 드러날 듯하다. 성화 모델에서는 거룩함의 목표를 충분히 이루기 위한 시간이 필요하다. 반면 보속 모델은 공의의 요구를 만족시키기 위한 연옥의 형벌이 정확한 기간과 세기와 필요성을 갖추어야 한다고 본다. 세이어즈는 이런 대조를 다음과 같이 묘사한다.

11_ 연옥에 관한 두 가지 다른 관점을 상세히 설명한 내용은 나의 책 *Purgatory: The Logic of Total Transformation*, 3장을 보라.

연옥은 신적 부기(簿記) 체계―죄를 지은 기간과 똑같은 기간의 형벌을 요구하는―가 아니다. 완성이 될 때에야 정확히 완료되는 영적 진보의 과정이다.[12]

세이어즈는 연옥을 설명할 때 주로 성화에 초점을 맞추지만 앞서 지적한 대로 보속 요소도 함께 고려한다. 결국 세이어즈는 성화와 보속의 결합을 표방하면서 단지 더 큰 강조점을 성화에 둔다고 볼 수 있다.

다시 말하지만 종교개혁 시대를 풍미했던 연옥 개념은 성화에 관해서 거의, 아니 전혀 관심이 없는 연옥의 보속 모델이었다. 그런 상태는 그 후로도 여러 세기 동안 그대로 유지되었고 종교개혁자들이 그토록 결사적으로 연옥을 거부한 것도 그 중심이 보속에 있었기 때문이었다. 예를 들어 칼뱅의 말을 살펴보자.

그러므로 우리는 목소리만이 아니라 목과 폐에서 나오는 소리로 연옥은 사탄의 치명적인 허구로서 그리스도의 십자가를 무력화시키고, 도저히 참을 수 없을 정도로 하나님의 긍휼을 모욕하며, 우리의 믿음을 전복시키고 파멸시킨다고 부르짖어야 한다. 그들의 이런 연옥 교리는 사람이 죽은 후에 그 영혼이 죄에 대한 속죄를 이룰 수 있다는 것 말고 무슨 의미이겠는가?[13]

여기서 마지막 문장에 주목해보자. 종교개혁자들이 보기에 연옥에는 그리스도의 죽음이 우리의 죄책과 우리가 마땅히 받아야 하는 형벌로부터 우리를 구원하는 데 충분하다는 사실을 부인하는 것 외에 다른 의미는 없었다. 연옥은 우리가 하나님의 공의를 만족시키기 위해서 고난을 겪

12_ Sayers, "Introduction" to Dante, 58.

13_ John Calvin, *Institutes of the Christian Religion*, ed. John T. McNeill, trans. Ford Lewis Battles(Philadelphia: Westminster, 1960), 3.5.6.

어야만 한다는 의미다. 당시 엄청나게 성행한 면죄부 사업의 근간이 되어 루터가 그토록 강렬하게 저항했던 부패를 일으킨 것은 바로 이런 연옥 교리였다.

그러나 바로 여기에 지금 당장 강조하고 싶은 요점이 있다. 곧 연옥의 보속 모델에 대한 거부가 반드시 성화 모델의 거부를 의미하지는 않는다. 연옥의 성화 모델은 우리에게 왜 연옥이 필요한지에 대해 근본적으로 다른 설명을 제공한다. 실제로 연옥의 성화 모델은 개신교 신학과 온전히 양립할 수 있고, 더 나아가 개신교 신학의 어떤 형태와는 자연스러운 조화를 이룬다.[14]

그러나 연옥 교리가 성경에 있는가?

개신교 신학과 양립할 수 있는 연옥의 모델을 세부적으로 고찰하기 전에, 복음주의자와 다른 개신교인들이 관심을 가질 만한 질문을 다뤄보자. 연옥 교리를 지지하는 성경 본문은 무엇일까? 이 질문에 관한 솔직한 답변은 연옥 교리를 지지하는 명시적인 성경 본문이 거의 없다는 것이다. 이는 로마 가톨릭도 때때로 인정하는 바다. 그러나 포괄적으로 보면 연옥 교리는 성경이 분명히 가르치는 자연스러운 함축적 개념으로서 성경적이라고 할 수 있다.

복음주의자 중 일부는 여기서 논의를 멈출 것이다. 연옥 교리가 건전한 주석의 직접적 지지를 받지 않는다면 진지하게 고찰할 가치가 없다고

14_ 이 두 모델과 이 두 모델 사이의 차이에 관한 상세한 설명은 내가 쓴 *Purgatory: The Logic of Total Transformation*, 3장을 보라.

생각해버리는 것이다. 그러나 이런 반응은 성숙한 태도가 아니다. 왜냐하면 성경은 이 문제를 특정 방법으로 직접 해결하지 않기 때문이다. 이는 종말론과 관련한 여러 주제에 관해서도 마찬가지다. 따라서 우리는 이런 문제들을 다룰 때 단순히 불가지론적인 견해를 취할 것이 아니라면 어느 정도는 합리적 추론을 동원해야만 한다.

더구나 신학적 추론에 기초한 연옥의 지위는 폭넓은 합의로 결정되는 다른 교리들과 비슷하다는 점을 인정해야 한다. 대표적인 예를 들면 삼위일체 교리는 성경이 직접 가르치는 것이 아니라 그 내용에서 추론해낸 교리다.

그러나 삼위일체 교리는 모든 정통파 그리스도인의 인정을 받는 중요한 교리다. 따라서 연옥 교리의 지위와 더 비슷한 예를 들자면 복음주의자들 사이에 폭넓게 퍼진, 사탄이 타락한 천사라는 교리 정도가 될 것이다.

실제로 수많은 전통적 해석가들이 사탄을 타락한 천사로 보는 관점을 지지하는 성경의 증거를 제시했다. 이에 대해 현대의 주석가 대다수는 그렇게 제시되는 성경 본문들(특히 사 14장; 겔 28장)이 사탄의 타락을 가리키는 것이 아니라고 판단한다. 그러나 우리는 그 교리가 여전히 성경에서 분명히 가르치는 내용을 통해 합리적으로 추론된 교리라고 옹호할 수 있다. 하나님 자신 외에 존재하는 다른 모든 것은 하나님이 창조하셨다는 성경적 가르침이 근거가 되기 때문이다. 여기에는 하나님이 창조하신 모든 것은 하나님의 손에서 나왔으므로 본래 선했다는 추론, 따라서 사탄도 본래 선한 존재였으나 타락했다는 추론이 작용한다.

하지만 나는 어떤 과장 없이도 연옥을 좀 더 직접적으로 암시하는 핵심 본문들이 존재한다고 생각한다. 그 가운데 하나가 고린도전서 3:11-15이다. 이는 연옥 교리가 형성되고 공식적으로 채택되었을 때 가장 자주 언급된 본문이었다.

> ¹¹이 닦아둔 것 외에 능히 다른 터를 닦아 둘 자가 없으니 이 터는 곧 예수 그리스도라. ¹²만일 누구든지 금이나 은이나 보석이나 나무나 풀이나 짚으로 이 터 위에 세우면 ¹³각 사람의 공적이 나타날 터인데 그날이 공적을 밝히리니 이는 불로 나타내고 그 불이 각 사람의 공적이 어떠한 것을 시험할 것임이라. ¹⁴만일 누구든지 그 위에 세운 공적이 그대로 있으면 상을 받고 ¹⁵누구든지 그 공적이 불타면 해를 받으리니, 그러나 자신은 구원을 받되 불 가운데서 받은 것 같으리라(고전 3:11-15).

이 본문의 주제는 성화, 혹은 성화가 우리의 구원에서 맡는 역할이 아니라 선행에 대한 보상과 관련된다. 바울은 우리의 공적이 영원한 가치를 가진다고 말한다. 그중 어떤 것은 참된 가치를 드러내는 심판의 불을 견뎌낼 것이다. 그런데 여기서 우리의 흥미를 끄는 표현은 공적이 불타고도 구원을 받는 사람이다. 그는 구원을 받되 "불 가운데서 받은 것" 같을 것이다(고전 3:15).

여기서 질문은 이런 식으로 받는 구원의 의미가 무엇인가 하는 것이다. 나는 불 가운데를 통과하는 이런 경험이 그것을 경험하는 모든 사람을 위한 성화의 경험이 될 것이라고 본다. 예수님은 기도하실 때 "그들을 진리로 거룩하게 하옵소서. 아버지의 말씀은 진리니이다"(요 17:17)라고 말씀하셨다. 내가 하고 싶은 말이 여기 있다. 우리가 쌓은 공적의 참된 특성을 드러내는 하나님의 심판 행위는 의심할 것 없이 진리, 곧 고통스러울 수도 있는 진리를 대면하는 강력한 경험이 될 것이다. 우리를 꿰뚫어 보는 듯한 그런 경험을 통해 우리는 우리의 선택과 가치, 관심사, 심지어 시간과 돈의 사용처 등이 참으로 어떤 몰골인지를 깨닫게 된다. 우리가 풀과 짚으로 세웠다면 우리의 삶이 얼마나 실수가 잦고 근시안적이었는지를 보게 될 것이다. 또한 우리의 선택이 사랑이나 영원한 목표에 따라 이루어진 것이 아니라 얼마나 피상적인 목표에 따라 휘둘렸는지를 깨닫게 될 것이다. 불에 타는 것을 보면서 우리는 진리를 뼈저리게 깨닫는다. 그리고 우리가 그것을 수용하고 받아들인다면 우리의 성화는 앞으로 나아가게 된다.

이런 관점에 따라 심판은 빛 앞에 나아와 거기서 우리의 행위가 드러나는 사건이라는 예수님의 가르침을 숙고해보라(요 3:19-21). 폴킹혼(John Polkinghorne)은 이 심판의 의미를 다음과 같이 설명한다.

실재("빛") 앞에서 우리는 우리의 행위로 우리가 진정 누구인가를 드러낸다. 만약 우리가 우리의 드러난 모습을 받아들인다면 우리 자신을 알고 우리의 필요를 인정할 수 있다. 이 심상의 긍정적 측면은 요한1서에 나타난다. "그가 나타나시면 우리가 그와 같을 줄을 아는 것은 그의 참모습 그대로 볼 것이기 때문이니"(요일 3:2). 다시 한번 구원의 과정에 관한 단서가 드러난다. 왜냐하면 우리는 그리스도를 단번에 취할 것으로 생각하기가 어렵기 때문이다.[15]

우리는 여기서 우리가 우리 자신에 관한 진실을, 그리고 하나님의 궁극적 진리의 말씀이신 그리스도에 관한 진실을 알게 하는 하나님의 심판에 성화적 특성이 있다는 사실에 다시 한번 주목해야 한다.[16] 특히 그리스

15_John Polkinghorne, *The God of Hope and the End of the World*(New Haven, CT: Yale University Press, 2003), 130-31.

16_ 나의 동료 Tim Brookins는 고린도후서에도 비슷한 요점이 제시되어 있다고 알려주었다. "이는 우리가 다 반드시 그리스도의 심판대 앞에 **나타나게 되어**[파네로테나이]"(고후 5:10). 우리는 여기서도 비슷한 은유를 확인하게 되는데 최후 심판을 언급한다는 점에서 이 은유는 더 분명하다고도 할 수 있다.

도의 빛으로 나아가는 것은 단번에 이루어지는 일이 아니라 점진적 과정으로서 언젠가 이루어질 일이라는 폴킹혼의 관점은 인상적이다.

연옥과 순전한 기독교

더 깊이 들어가기 위해서는 연옥 교리를 받아들인 아주 유명한 개신교 저술가 한 사람을 탐구해야 한다. 그는 현대의 어떤 저술가 못지않게 복음주의 진영의 아이콘으로 자리 잡은 C. S. 루이스다.

루이스가 특히 흥미로운 사례인 이유는 그가 동방 정교회, 로마 가톨릭, 개신교를 포함한 모든 기독교 전통에 속한 그리스도인들에게 공통적인 핵심 교리를 제시하고 상세히 설명한 것으로 유명하기 때문이다. 그리고 무엇보다 두드러지는 점은 그가 자신이 "순전한 기독교"로 부르는 공통 교리를 설명할 때, 같은 이름으로 출간한 책에서 그리스도인들을 분열시키는 논쟁 문제들은 제외했다고 공언했음에도 불구하고 연옥을 필수 요소로 보았다는 사실이다. 따라서 여기서 루이스를 언급하는 이유는 그를 일종의 권위자로 내세우고자 하는 것이 아니라 개신교에 우호적인 연옥 교리를 제시한 본보기로서 매우 흥미로운 사례이기 때문이다.

루이스는 그의 가장 유명한 기독교 변증서에서 연옥을 명시적으로 옹호하지는 않았다. 하지만 다른 여러 기회를 통해 그렇게 했기에 그가 연옥 교리를 믿었다는 것에는 의심의 여지가 없다. 그러나 우리는 연옥 교리가 『순전한 기독교』(*Mere Christianity*)에서 그가 주장하는 견해, 특히 구원에 관한 설명에서 자연스럽게 흘러나온다는 사실을 확인할 수 있다. 여기서 나는 세 가지 핵심 문제를 제시하고 이 문제들에 관한 루이스의 태도가 연옥 교리와 관련해 어떤 결과를 낳는지 설명하고자 한다. 그러나 먼저 루이스가 구원을 어떻게 이해했는지 간략하게 살펴보아야 한다. 이는 연옥 교리가 왜 루이스가 자연스레 확언하는 교리인지 파악하는 데 꼭 필요한 일이다.

루이스가 구원관을 핵심적으로 설명하면서 기독교의 참된 본질을 요약한 내용을 살펴보자.

> 기독교가 내놓는 전체 제안은 다음과 같다. 만약 우리가 하나님이 당신의 길로 행하시도록 허용한다면 우리는 그리스도의 생명에 참여하러 나올 수 있다.…그리스도의 생명에 참여한다면 우리도 하나님의 자녀가 된다. 우리는 그를 본받아 아버지를 사랑하고 성령은 우리 안에서 역사하실 것이다.…모든 그리스도인은 작은 그리스도가 되어야 한다. 그리스도인이 되는 것의 온전한 목적은 오로지 작은 그리스도가 되는 것 말고는 없다.[17]

우리가 이 본문을 통해 곧바로 확인할 수 있는 사실은 구원에 관해 루이스가 제시한 설명의 뼈대가 관계적이고 변혁적이라는 점이다. 기독교는 그리스도의 생명에 참여하는 것이고 이는 예수님처럼 아버지를 사랑하게 된다는 의미다. 그리스도인이 되는 것의 온전한 목적은 "작은 그리스도가 되는 것"이다. 여기서 강조점은 **그리스도로 말미암아 용서받는** 것이 아니라 오히려 **그리스도와 같이 되는** 것에 있다. 확실히 현대 기독교에서 크게 강조하는 중심 요소가 루이스의 구원관에서는 나타나지 않는다. 예를 들어 『순전한 기독교』에는 주류 신학에서 크게 관심을 두는 것이 반영되기는커녕 "칭의"라는 말조차 등장하지 않는다. 물론 루이스는 『순

17_C. S. Lewis, *Mere Christianity* (San Francisco: HarperSanFrancisco, 2001), 177(『순전한 기독교』, 홍성사 역간).

전한 기독교』에서 전문 신학 용어의 사용을 의도적으로 자제했다. 그래서 칭의라는 말이 나오지 않는 것이 그리 중요한 일은 아니다. 그리고 나는 여기서 루이스가 칭의를 인정하지 않았다거나 우리가 믿음을 통해 오직 은혜로 구원받는다는 교리를 부인했다고 주장하는 것이 아니다.

그러나 여기서 요점은 루이스가 이런 개념들을 동시대의 기독교 사상에서 말하는 것과는 다르게 이해했다는 것이다. 루이스의 사상 속에는 "전가된 의"와 같은 개념이 없다. 또 그는 우리가 의롭다 함을 받을 때 우리의 모든 죄, 곧 과거와 현재와 미래의 모든 죄가 "예수님의 피 아래" 있다고 믿지도 않았다.

더 나아가 루이스는 이신칭의도 오늘날 사람들이 이해하는 것과 같은 의미로 강조하지 않았다. 그 대신 그는 회개가 구원에 필수적인 요소라고 강조했다. 이는 루이스가 우리가 처한 곤경을 매우 심각한 문제로 인식했다는 말이다. 우리가 처한 곤경은 우리가 죄를 지어 죄인이 되었고 용서받아야 한다는 사실보다 훨씬 더 심각하다. 무엇보다 죄를 짓게 하는 우리의 악한 본성이 심각한 문제다. 우리가 마땅히 사랑해야 하는 하나님과 이웃을 사랑하지 못하게 하는 것이 바로 우리의 악한 경향, 습관, 기질이다. 이런 것들이 고침을 받아야 우리는 하나님과의 관계, 다른 사람과의 관계를 온전히 회복할 수 있다.

실제로 루이스는 이런 언어들을 사용해 성육신과 속죄의 신학적 의미를 묘사했다. 즉 루이스는 그리스도가 십자가에서 절정에 달한 완전한 순종을 하나님께 한평생 바치신 "완전한 참회자"라고 묘사한다. 그 완전한 참회자는 우리가 회개하여 하나님께 돌아갈 수 있게 하고, 또 그럴 힘을 우리에게 주신다.[18] 따라서 루이스에게 속죄에 관한 신앙은 단순히 과거

18_Lewis, *Mere Christianity*, 4장.

에 지은 죄의 용서를 요청하는 문제가 아니라, 오히려 우리를 그리스도처럼 변화시키고 새롭게 하여 진실한 마음으로 아버지를 사랑하고 따르도록 계속해서 그리스도를 믿는 것이었다.

이런 개괄적인 설명을 염두에 둔 상태에서, 세 가지 주제로 돌아와 이에 대한 루이스의 태도가 얼마나 자연스럽게 연옥 교리로 나아가는지 확인해보자.[19]

우리의 자유로운 협력은 성화 과정 전체에 필요한가?

앞서 인용한 루이스의 글에서 우리가 그리스도의 생명에 참여하는 것이 아주 중요한 조건에 따라 결정된다는 사실에 주목하라. "만약 우리가 하나님이 당신의 길로 행하시도록 허용한다면"이라는 조건은 루이스의 신학이 철저히 아르미니우스주의적이라는 사실을 드러내 준다. 또한 이 조건은 우리의 구원을 위해 우리가 자유롭게 협력하는 일이 중요함을 강조한다. 여기서 은혜가 불가항력적이라거나 또는 은혜가 주권적으로 어떤 사람들에게 주어져 그들의 견인과 구원이 결정된다는 등의 주장은 전혀 찾아볼 수 없다. 루이스가 볼 때 구원의 목적이 우리의 삶 속에서 이루어져야 한다면 "우리가 하나님이 당신의 길로 행하시도록 허용하는" 것이 매우 중요하다. 『순전한 기독교』에서 루이스는 성경 본문을 거의 인용하지 않지만 신약성경에는 성화 과정에서 우리의 협력이 차지하는 중요성을 증명하는 말씀들이 많다.[20]

19_ 이 문제에 관한 Lewis의 견해를 상세히 설명한 내용은 내가 쓴 *Purgatory: The Logic of Total Transformation*, 6장을 보라.

20_ 이런 본문들(롬 6:11-14, 19; 8:12-14; 12:1-2; 엡 4:22-25; 골 3:1-14; 살전 4:3-8; 히 12:1-3,

여기서 가장 먼저 불거지는 근본적인 질문은 하나님이 자유를 가진 존재로 인간을 창조하신 이유에 관한 것이다. 루이스의 견해에서 자유가 본질적인 이유는 자유가 선한 일들을 가능하게 하기 때문이다. 그가 볼 때 유한한 인간들에게 허락된 참된 자유는 분명히 그 자유를 가진 사람이 옳은 일이든 그른 일이든 할 수 있다는 점을 의미한다. 이런 자유의 대가는 자유가 악을 가능하게 한다는 것이다. 그렇다면 하나님은 왜 기꺼이 그 대가를 치르기로 하셨을까? "자유의지는 그 자유로써 악을 가능하게 하지만 그와 동시에 가질 만한 가치가 있는 사랑이나 선이나 기쁨을 가능하게 하는 유일한 것이기 때문이다." 하나님이 우리에게 바라시는 행복 때문에 우리는 "사랑과 즐거움의 황홀함 속에서" 하나님과, 그리고 우리 서로 간에 자유롭게 연합할 것을 요청받는다. "그리고 그것을 위해 우리는 자유롭지 않으면 안 된다."[21]

이처럼 루이스가 자유에 큰 비중을 두는 것은 자유 자체에 큰 가치가 있기 때문이 아니라 자유가 선한 일들을 가능하게 하기 때문이다. 이때 루이스가 말하는 선한 일들이란 "가질 만한 가치가 있는 사랑이나 선이나 기쁨" 외에 다른 것이 아니다. 그리고 이 선한 일들은 자유에서 비롯하는 악이라는 대가를 치르게 한다. 이런 사실들은 매우 중요하다.

여기서 또 다른 중요한 요점이 드러난다. 곧 자유를 가능하게 하는 선한 일들이 악이라는 대가를 치러야 할 만큼 가치가 있다면 하나님은 그 자유를 매우 진지하게 다루신다. 그리고 만약 하나님이 우리의 자유가 가능하게 하는 선한 일들 때문에 현세에서 우리의 자유를 진지하게 다루신다고 생각할 만한 이유가 있다면, 하나님이 다음 세상에서도 자유가 가능

14; 벧후 1:5-11; 요일 1:6-7; 3:3, 7-10) 가운데 여러 본문이 우리가 살펴볼 두 번째 주제, 곧 도덕적·영적 변화는 본질상 시간적이고 점진적인 과정이라는 사실과도 관련된다.

21_Lewis, *Mere Christianity*, 48.

하게 하는 선한 일들이 온전히 성취될 때까지 계속 그렇게 하실 것으로 생각할 만한 이유도 있다. 조금 다른 관점에서 다시 설명해보겠다. 만약 하나님이 우리가 죽는 순간에 우리의 자유로운 **협력**이 없이도 우리에게 사랑, 선, 기쁨과 같은 선한 것들을 일방적으로 주실 수 있다면 현세에서 이런 선한 것들을 이루기 위해 굳이 자유가 필요할 이유가 무엇인지 알기 어렵다. 특별히 자유를 악용함으로써 발생하는 온갖 악을 고려하면 더욱 그렇다.

루이스가 이런 관점을 어떻게 발전시키는지 자세하게 살펴보자. 첫째, 그는 우리를 구원하는 것이 인생 전체에 걸쳐 이루어지는 우리의 선택들임을 강조한다. 문제를 단번에 해결하는 한 번의 선택이 우리를 구원하는 것이 아니다. 실제로 루이스는 이 연속적 선택들이란 "여러분의 중심, 곧 선택하는 그 부분을 이전과는 약간 다른 어떤 것으로 조금씩" 바꿔가는 것이라고 말한다. 루이스는 계속해서 우리의 성품을 조금씩 더 낫게 변화시키는 이 긴 연속적 선택들이 어떻게 최종적으로 우리를 천국이나 지옥으로 인도하는지 자세히 설명한다.

무수한 선택이 이루어지는 여러분의 삶 전체를 놓고 보면 여러분은 한평생 이 중심을 서서히, 천국의 피조물로든 지옥의 피조물로든 바꿔가고 있다. 다시 말해 하나님이나 다른 피조물들, 혹은 그 중심 자체와 조화를 이루는 모습으로 바꿔가든지, 아니면 하나님이나 동료 피조물들, 혹은 그 중심 자체와 다투고 미워하는 상태로 바꿔가든지 할 수 있다.…우리 각자는 매 순간 이 두 상태 가운데 어느 하나로 나아가고 있다.[22]

22_Ibid, 92.

우리의 삶 "전체"가 우리의 "무수한 선택"을 통해 천국(또는 지옥)에 합당한 피조물로 "서서히" 우리를 변화시킨다는 사실은 우리의 성화와 도덕적 변화가 액면 그대로 하나의 과정이라는 점을 드러내 준다. 루이스는 우리의 자유가 이런 성화 과정 전체를 통해 발휘된다는 사실을 매우 강조했다. 하지만 우리의 협력이 있다고 해도 우리를 거룩하게 만드는 사역을 실제로 행하는 분은 그리스도 자신이시라는 점을 분명히 하는 것이 그에게는 아주 중요하다.

> 너희에게는 자유의지가 있으니 원한다면 나를 밀어낼 수도 있다. 그러나 나를 밀어내지 않는다면 내가 이 일을 끝까지 해낼 것이라는 점을 깨달아야 한다. 너희가 세상에서 어떤 고통을 대가로 치러야 하든지, 사후에 어떤 알 수 없는 성화 과정을 대가로 거쳐야 하든지, 또는 그것 때문에 내가 어떤 값을 지불해야 하든지 간에, 너희가 글자 그대로 온전해질 때까지 — 내 아버지께서 나를 기뻐하신다고 말씀하신 것처럼 너희에게도 지체없이 너희를 정말 기뻐한다고 말씀하실 때까지 — 절대 쉬지 않을 것이며 너희도 쉬게 해주지 않을 것이다. 나는 이렇게 할 수 있고 또 이렇게 할 것이다. 그러나 그 이하의 일은 결코 행하지 않을 것이다.[23]

이 글에 주목해야 하는 이유는 성화 과정이 우리의 삶 전체에 걸쳐 계속된다는 사실을 강조할 뿐만 아니라 사후에 "알 수 없는 성화 과정"이 있을 가능성을 말하기 때문이다. 다시 말해 만약 이 성화 과정에 평생에 걸친 우리의 협력이 요구된다면, 또 "하나님을 밀어낼" 자유가 우리에게 항상 있다면, 우리의 자유로운 협력이 우리가 사후에 맞이할지도 모르는

23_Ibid, 202.

어떤 "알 수 없는 성화 과정"에 필수적일 수 있다는 말이 비로소 설득력을 얻는다.

도덕적이고 영적인 성장과 변화는 본질적으로 시간을 필요로 하는 점진적인 과정인가?

이 질문은 첫 번째 질문과 긴밀하게 관련될 뿐 아니라 첫 번째 질문 안에 함축되어 있다. 이 질문은 시간성과 관련되는 점진적 성장 및 진보의 문제를 다룬다. 루이스는 도덕적이고 영적인 변화는 여행과 같다고 지적했다. 이는 성화의 점진적 성격을 강조한 표현이다. 그리고 우리는 그런 여행 내내 다양한 단계를 거치지 않으면 목적지에 도착할 수 없다는 사실을 깨달아야 한다. "그러나 그리스도인으로서 걸어야 할 길을 어느 정도 걷고 난 후에야 이해할 수 있는 문제들이 아주 많다."[24]

이런 관점은 루이스가 『순전한 기독교』에서 "믿음"이라는 제목을 가진 2개의 장 가운데 두 번째 장을 시작할 때 제시한 것이다. 그 첫 번째 장에서 루이스는 믿음의 일차적 의미를 제시했다. 그에 따르면 믿음이란 기독교의 교리들이 본질적으로 참되다고 믿고 기분이나 상황이 바뀔지라도 신념을 고수하는 것의 문제다. 그러나 그는 두 번째 장에서 최종적 구원을 얻는 데 필요한 높은 수준의 믿음에 관해 이야기한다. 이런 높은 수준의 믿음을 발휘하려면 믿음의 여행에 관한 몇 가지 사항을 발견해야 한다.

첫째, 루이스는 우리가 죄의 실제 깊이를 발견해야 한다고 말한다. 우리가 지은 죄의 깊이는 처음에 회심할 때 어느 정도 드러나기 마련이다.

24_Ibid, 144.

하지만 우리의 결핍이 실제로 얼마나 깊은지는 충분히 드러나지 않는다. 그리고 아이러니하게도 우리는 긴 시간 동안 선을 행하려고 진실로 애쓸 때만 이 결핍을 제대로 이해할 수 있다. "선을 행하려고 매우 열심히 애쓰지 않으면 자신이 얼마나 악한지 아무도 모른다.…시험에 저항해본 사람만이 시험이 얼마나 강한지 아는 법이다."[25]

의미상 이런 발견은 현실적으로 시간과 관련된다. 왜냐하면 루이스는 선을 행하려고 오랫동안 애쓰고 반복해서 실패해보지 않으면 우리가 얼마나 나쁜지 제대로 이해할 수 없다고 주장하기 때문이다. 우리가 얼마나 깊고 철저하게 변화되고 고침 받을 필요가 있는지 파악하는 일은 시간이 걸리는 일로서 믿음의 길을 따라 걷는 경험 속에서만 이루어진다. 여기서 아이러니는 믿음의 길을 따라 걸을 때 진보했는지를 알 수 있는 척도의 한 가지가, 우리의 문제가 깨달은 것보다 훨씬 더 심각하다는 것을 아는가에 있다는 사실이다. "사람은 더 나아질 때 자기 안에 남아 있는 악을 더욱더 분명하게 이해한다."[26]

둘째, 루이스는 우리가 또 다른 사실을 발견해야 한다고 말한다. "여러분이 가진 모든 기능, 곧 생각하는 능력이나 순간순간 팔다리를 움직이는 능력 등은 모두 하나님이 여러분에게 주신 것이다."[27] 우리는 본능적으로 우리가 철저히 하나님의 선하심과 능력에 의존하는 존재라는 사실을 느끼거나 믿지 못한다. 도리어 우리는 자율에 대한 그릇된 인식 속에서 우리 자신이 능력이 있으며 우리가 통제하지 못하는 것을 통제하고 있다고 상상한다. 심지어 우리는 우리 자신의 길로 행하면서 하나님을 욕되게

25_Ibid, 142.

26_Ibid, 93.

27_Ibid, 143.

할 때도 하나님이 제공해주신 능력과 기능을 갖고 그렇게 한다. 이는 진실로 내면화하기가 어려운 진실이다.

루이스는 다른 곳에서 하나님의 은혜가 우리가 얼마나 곤궁한 상태에 있는지를 어떻게 기꺼이 인정하게 하는지, 그리고 그가 하나님을 향한 "필요의 사랑"(need love)이라고 부르는 실재를 받아들이도록 하는지 설명하면서 이와 비슷한 논증을 전개했다. 우리는 전적으로 하나님께 의존하지만 우리를 향하신 하나님의 사랑은 우리를 향한 필요에 따라 움직이지 않는다. 이런 통찰력을 얻기란 쉽지 않은 일이다.

따라서 우리 자신의, 바로 우리 자신의 매력에 관한 어떤 고질적인 관념이 깊음 아래 더 깊이, 미묘함 안에 더 미묘하게 남아 있다. 만약 우리가 빛나는 거울이라면 우리는 그 빛이 순전히 우리를 비추는 태양에서 나왔다는 사실을 쉽게 인정한다. 하지만 오랫동안 그런 사실을 인지하기란 거의 불가능하다. 실로 우리 자신이 약간—아주 약간이라도—의 광채를 갖고 있어야만 할까? 실로 우리는 **순전히** 피조물일 수는 없는가?[28]

이 글에서 특히 흥미로운 것은 "깊음 아래 더 깊이, 미묘함 안에 더 미묘하게"라는 루이스의 말이다. 이 말이 담고 있는 것은 우리의 죄와 자기기만의 복잡하고 복합적인 성격이다. 그 맨 밑바닥까지 내려가는 일은 단순한 문제가 아니다. 우리에게 있는 악의 한 층을 뚫고 내려온 진리는 거기서 또다시 우리가 거기 있다고 생각지도 못한 다른 층이나 다른 미묘함에 초점을 맞출 것이다. 오직 이런 층들을 통과하는 작업을 성공적으로

28_ C. S. Lewis, *The Four Loves* (New York: Harcourt Brace Jovanovich, 1960), 130-31(『네 가지 사랑』, 홍성사 역간).

이루어내고, 그 진리가 다양하고 복잡한 매듭들을 조명하고 풀어내게 함으로써 우리는 충분한 변화를 일으키는 은혜를 받아안을 수 있다.

이런 일은 믿음의 여행에 나서서 상당히 오랫동안 그 길을 갈 때만 이해할 수 있다. 루이스는 그런 종류의 이해는 올바른 개념을 인식하거나 올바른 말이 전하는 내용을 깨닫는 문제가 아니라는 점을 강조한다. "내가 '발견한다'고 말할 때 그것은 진짜 새로 '발견한다'는 뜻이지 단순히 습관적으로 말하는 것이 아니다."[29]

다시 말해 이런 일을 경험을 통해 발견하고 내면화하는 것은 책에서 읽고 정신적으로 동의하는 것보다 훨씬 더 힘들다. 시간이 많이 들고 인격적 참여가 이루어져야 하기 때문이다. 오직 이런 발견을 통해서만 우리는 그리스도가 우리를 자신의 완전한 순종에 참여시키고 "우리를, 자기 자신처럼, 하나님의 자녀들로 만드실" 것을 신뢰하는 더 높은 차원의 믿음을 발휘할 수 있다.[30] 우리가 이렇게 더 높은 차원의 믿음을 발휘할 때 그리스도는 우리 각자를 "작은 그리스도"로 만들기 위한 궁극적 계획을 온전히 이루실 수 있다.

고통은 도덕적·영적 변화에 필수적인가?

앞서 세이어즈가 연옥 교리를 요약한 내용 중 ④번 항목을 상기해보라 (231쪽). 세이어즈는 비록 긍휼의 하나님이 죽는 순간에 죄인이 하는 회개를 받아주실지라도 회개를 질질 끈 사람이 "처벌을 면하고 '무죄가 되는

29_Lewis, *Mere Christianity*, 145.

30_Ibid, 128.

것'"은 아니라고 말한다. 오히려 "그 영혼은…긴 수고와 고통을 통한 보속과 정화의 과정을…거쳐야 한다."

앞서 지적했듯이 연옥의 "보속" 모델은 종교개혁 당시에 크게 기승을 부렸고, 종교개혁자들은 연옥 개념을 아주 격렬하게 거부했다. 개신교 신학은 그리스도의 죽음이 속죄를 이루는 데 충분하지 못하다거나 하나님의 공의를 만족하게 하려고 우리가 고난을 겪어야 한다는 주장에 반대한다. 이와 관련해 나는 연옥 교리의 초점을 성화와 정화에 맞춘 설명은 개신교 신학과 충분히 양립할 수 있다고 주장했다. 그러나 연옥 교리의 한 부분인 고난과 고통의 문제는 어떤가? 고통과 고난 개념은 연옥 교리에서 본질적인가? 그렇다면 이는 개신교 신학과 불일치하는 보속 요소를 도입하는 것이 아닌가?[31]

따라서 문제는 바로 이것이다. 우리가 연옥을 철저히 성화와 정화의 관점에 따라 이해한다고 해도 고통을 연옥의 필수 요소로 간주할 수 있을까? 나는 이 질문에 대한 대답이 "그렇다"라고 생각한다. 다시 루이스의 안내를 따라가 보자.[32]

앞서 인용한 루이스의 글을 다시 한번 언급하겠다. 그리스도는 우리가 세상에서 어떤 고통을 대가로 치러야 하든지, 사후에 어떤 "알 수 없는 성화 과정"을 대가로 거쳐야 하든지, 또는 그것 때문에 당신이 어떤 값을 지불하셔야 하든지 간에 우리가 온전해질 때까지 절대 쉬지 않으실 것이며 우리도 쉬게 하지 않으실 것이라고 말씀하신다. 그것에 이어 루이스는

31_ 보속 요소를 어느 정도 포함하는 연옥의 고통에 관한 Sayers의 설명은 Sayers, "Introduction" to Dante, 57에서 확인하라.

32_ 내가 앞서 다룬 본문들, 즉 고린도전서 3장과 요한1서 3장의 본문 외에도 성화와 변화의 길에 고통이 포함된다고 주장하는 여러 본문이 있다(고전 5:4-5; 고후 2:5-8; 7:8-12; 골 3:5; 히 12:4-11 등).

같은 장 뒷부분에서 이렇게 언급한다. "이 일은 현세에서 완성되지 않을 것이다. 그러나 하나님은 우리가 죽기 전에 가능한 한 어떻게든 우리를 그곳까지 데려가고자 하신다." 여기서 반복되는 사후 성화에 대한 암시에 주목하라. 그런데 그다음 문장은 이렇게 말한다. "우리가 힘든 시기를 겪더라도 놀라서는 안 되는 이유가 바로 그것이다."[33]

우리가 힘든 시기를 겪는 이유는 우리를 변화시키려는 하나님의 계획이 우리가 가진 어떤 생각보다 훨씬 더 급진적이기 때문이다. 하나님은 우리가 생각할 수 없는 방법으로 우리를 변화시키시고 우리로 하여금 현재의 안전지대에서 벗어나게 하신다. 루이스는 그것이 우리에게 고통을 경험하는 일이 될 것이라고 말한다.

루이스는 조지 맥도널드(George MacDonald)가 제시한 비유를 상기시킴으로써 설명을 이어간다. 그 비유에서 우리는 일종의 살아 있는 집인데, 하나님이 그 집을 고치기 위해 들어오신다. 처음에 우리는 하나님이 지붕을 뜯어내고 배관 공사를 하는 등 당신의 계획에 맞추어 수행하시는 일들을 이해할 수 있다. "그러나 곧 하나님은 볼썽사납고 이치에 맞지 않는 듯이 보이는 방식으로 그 집을 부수기 시작하신다." 우리는 그 집이 전체적으로 어떻게 고쳐져야 하는지 전혀 이해하지 못하는데, 그것은 우리가 하나님이 세우신 계획의 규모를 제대로 파악하지 못하기 때문이다. "당신은 자신이 보기에 좋은 아담한 오두막집에 들어갈 것이라고 생각했다. 그러나 하나님은 궁전을 짓고 계신다. 그리고 하나님이 친히 그 궁전에 들어와 사실 것이다."[34]

여기서 내가 강조하고 싶은 것은 우리가 기대해야 한다고 루이스가

33_Lewis, *Mere Christianity*, 204.

34_Ibid, 205.

말한 그 고통이 어쨌든 하나님의 공의를 만족하게 하거나 어떤 종류의 보속을 이루는 데 필수적인 요소로 드러나지 않는다는 사실이다. 오히려 고통은 본질적으로 하나님이 우리의 삶의 모든 부분에 영속적으로 거하시기 위해서, 완전히 거룩하신 하나님을 진실로 맞이할 수 있는 수준까지 우리를 완전히 변화시키기 위해서 주어진다.

이것이 연옥과 어떻게 관련되는지가 『천국과 지옥의 이혼』(The Great Divorce)에서 매우 생생하게 그려진다. 이 소설에서 루이스는 천국으로 가는 버스를 타고 그들이 원하는 만큼 천국에 머물 수 있도록 초대를 받은 "회색 도시"의 사람들을 묘사한다. 이 소설에서 가장 매혹적인 장면 가운데 하나에서, 화자는 천국에서 만난 조지 맥도널드에게 회색 도시에서 온 방문자들이 진짜 천국에 머물 수 있는지, 그리고 지옥에서 나와 천국에 들어오는 방법이 있는지 묻는다. 맥도널드의 답변은 회색 도시의 정체성에 관해 흥미로운 관점을 제시한다.

그것은 그들이 그 어휘들을 어떻게 사용하는지에 달린 문제입니다. 만약 그들이 회색 도시를 뒤에 두고 떠난다면 그곳은 지옥이었던 곳이 되지 않을 것입니다. 누구든 회색 도시를 떠나는 자에게 그곳은 연옥입니다.[35]

회색 도시는 흐릿한 환영(幻影)의 공간이며 회색 도시 사람들은 실체가 없는 인물들로서 단지 유령들일 뿐이다. 루이스는 이 소설에서 천국의 변두리에 도착한 이 유령들이 자신들에게 천국이 불쾌할 뿐만 아니라 큰 고통을 주는 곳임을 어떻게 알게 되는지를 솜씨 좋게 묘사한다. 우리

35_C. S. Lewis, *The Great Divorce* (San Francisco: HarperSanFrancisco, 2001), 68(『천국과 지옥의 이혼』, 홍성사 역간).

가 종종 내세우는 피상적인 가정은 지옥에 있는 사람은 누구든지 지옥에서 벗어나 천국으로 갈 기회를 얻으려고 열심히 뛰어오르고 있다는 것이다. 하지만 루이스는 천국이 그곳에 적합하지 않은 자에게는 그리 매력적인 곳이 아니라는 사실을 보여준다.

이 소설에서 밑줄을 그을 만한 장면 가운데 하나는 천국과 지옥이 단순히 마음의 상태라는 주장에 대해 간명하게 천국을 정의하는 부분이다. 맥도널드는 "단호하게" 지옥은 마음의 상태일 수 있으나 천국이 마음의 상태라고 말하는 것은 불경죄라고 답한다. "천국은 그 자체로 실재다. 충만하게 실제적인 모든 것은 천국에 속한다."[36]

이런 내용은 회색 도시에서 온 흐릿한 인물들 가운데 하나를 묘사하는 내용에 비추어 숙고해보아야 한다. 안내자는 그 흐릿한 인물에게 그곳에 있는 것이 불편하더라도 천국에 머물고 산으로 올라가라고 간청한다. 안내자는 다음과 같이 초청한다. "처음에는 당신의 발이 단단해질 때까지 상처를 입을 것입니다. 그림자들의 발에 현실은 가혹합니다. 그래도 가겠습니까?"[37] 천국은 실재이고, 실재는 그림자들이 익숙해지기 전까지는 고통을 일으킨다. 그러나 그들에게 주어지는 약속은 만약 그들이 고통을 견딘다면 그들의 발은 단단해질 것이며 그들은 천국에서 사랑의 존재가 되리라는 것이다.

맥도널드가 "천국은 그 자체로 실재"라고 주장한 단락으로 돌아가 보자. 거기서 얼마 지나지 않아 이 소설 전체에서 가장 많이 인용되는 단락 중 하나가 나온다. 여기서 조지 맥도널드는 천국에 머무는 것을 거부하고 회색 도시로 돌아가면 어떻게 되는지 묻는 화자의 질문에 답한다.

36_Ibid, 70.
37_Ibid, 39.

나의 스승이 말씀하셨다. "밀턴이 옳았습니다. 버림받은 모든 영혼의 선택은 '천국에서 종이 되기보다는 지옥에서 다스리는 자가 되는 것이 더 낫다'라는 말로 표현될 수 있습니다. 그들이 불행의 대가를 치르더라도 지키겠다고 고집하는 것은 늘 있습니다. 그들이 기쁨보다 더 좋아하는 것은 늘 있습니다. 그것이 실재에 관한 그들의 태도입니다."[38]

여기에 반영된 등식 관계에 주목하라. 천국은 실재이고 실재는 기쁨이다. 그리고 이 글은 우리에게 지옥과 연옥에 관해 중요한 사실을 말해준다. 지옥에 있기로 선택하는 자들은 기쁨보다 다른 어떤 것을 더 좋아하면서 실재를 받아들이기를 거부하는 자들이다. 반면에 연옥을 거쳐가겠다고 선택하는 자들은 기쁨을 얻기 위해 실재를 기꺼이 받아들이는 자들이다.

그러나 이것을 좀 더 충분히 이해하려면 천국이 왜 실재이고 실재가 왜 기쁨인지 그 이유를 파악할 필요가 있다. 가장 근본적인 이유를 알기 위해 앞서 인용한 루이스의 글을 상기해보자. 루이스는 다음과 같이 말했다. "만약 우리가 하나님이 당신의 길로 행하시도록 허용한다면 우리는 그리스도의 생명에 참여하러 나아올 수 있다.…모든 그리스도인은 작은 그리스도가 되어야 한다." 이번 장 앞부분에서 루이스는 하나님이 삼위일체라는 사실이 참된 본성상 하나님이 사랑이시라는 점을 어떻게 설명해주는지 밝혔다. 삼위일체의 세 위격은 영원 전부터, 곧 하나님이 사랑하는 대상인 어떤 피조물이 있기 전부터 서로 사랑하고 기뻐하셨다는 것이다. 이에 관해 루이스는 계속해서 기독교적 신관의 특징을 설명한다.

38_Ibid, 71.

하나님은 정적인 사물이 아니고—어떤 인격도 아니다—역동적으로 약동하는 활동, 생명, 거의 일종의 드라마다. 또한 여러분이 나를 불경한 사람으로 생각할지 모르겠지만 하나님은 거의 일종의 춤이다.[39]

이것은 하나님이 우리 각자를 "작은 그리스도"로 만드는 목적을 이해할 수 있는 배경이다. 또한 이것은 우리에게 고통을 겪도록 요구할 수 있는 이유를 이해하는 배경이다. 다시 말해 만약 고통이 하나님의 공의를 만족하게 하는 것과 상관이 없고 오히려 단순히 기쁨에 순응하는 데서 오는 필요불가결한 요소라면, 연옥의 고통을 비롯해 도덕적·영적 변화를 위한 고통은 전혀 다른 양상을 띠게 된다.

우리의 자기중심적인 태도는 실재에 관한 우리의 관점을 크게 왜곡시켜 우리가 실재에 참여하지 못하는 존재가 되게 한다. 우리의 병든 사랑은 우리가 사랑 자체이신 분에게 마음의 문을 닫게 한다. 우리의 악한 기질은 우리가 삼위일체 하나님이 즐기시는 기쁨의 춤에 보조를 맞추지 못하게 한다. 이런 상태에 남아 있는 한 우리는 참된 사랑이나 기쁨을 알 수 없다. 실재에 순응하기를 거부하는 한 우리는 삼위일체 하나님의 춤에 참여할 자격을 얻지 못할 것이다.

우리가 겪어야 하는 고통은 하나님이 근본적인 회개를 통해 아버지께 돌아가는 길로 우리를 이끄실 때 일어나는 "온전한 통회"에 뒤따르는 고통이다. 그리고 만약 우리가 "하나님을 밀어내지" 않는다면 하나님은 우리를 어떻게든 그곳으로 데려가실 것이다. 그곳에 도착하면 우리는 그분과 같게 될 것이며 우리의 기쁨은 온전해질 것이다.

39_Lewis, *Mere Christianity*, 175.

그러나 이는 여전히 행위구원론이 아닌가?

우리가 지금까지 다루어온 세 가지 질문은 연옥 교리의 중심에 놓여 있다. 루이스가 그랬듯이 이 세 가지 질문에 대한 긍정적인 대답으로 마음이 기우는 사람은 누구든지 연옥 교리의 수용에도 마음이 갈 것이다. 나는 이 세 가지 질문에 대한 긍정적인 답변이 확고하지는 않다는 사실을 잘 알고 있다. 그러나 나는 루이스의 주장에서 살펴보았듯이 이 세 가지 질문에 긍정적인 답변을 할 만한 충분한 이유가 있다고 생각한다. 더 나아가 연옥 교리에 함축된 의미는 개신교 신학과 충분히 양립할 수 있다고 생각한다. 개신교 신학은 세이어즈가 요약한 연옥 이해, 그리고 고통이 도덕적·영적 변화에 필수적인 이유를 제시하는 새로운 연옥 이해와 본질적으로 조화를 이룬다.

세이어즈에 따르면 연옥 교리는 구원받을 자에 관한 폭넓은 희망을 제시하지만 죄인들이 "처벌을 면하고 '무죄가 되는'" 것을 허용하지 않으며, 단순하게 성화와 보속의 전체 과정을 건너뛰게 하지도 않는다. 물론 나는 보속의 요소는 배제하고 정화와 성화의 관점에서만 연옥 교리를 옹호했다. 그러나 죄인들이 "처벌을 면제받지 않는다"는 기본 요점은 변함이 없다.

이제 내가 말하고자 하는 바를 밝히겠다. 연옥 교리는 성화가 우리의 최종적 구원에서 본질적이라는 점과 성화의 과정에서 우리의 협력도 똑같이 본질적이라는 점을 분명하게 강조한다. 따라서 이 요점은 죽기 직전에 회개하는 자들에게만이 아니라 우리 모두에게 그대로 적용된다. 우리는 우리가 천국에 들어가는 일이 칭의를 얻는 것으로, 또는 그리스도의 의가 우리에게 전가되는 것으로 충분히 보장된다는 환상을 갖지 말아야 한다. 성화는 굉장히 영적인 사람들에게만 허락되는 선택 조건이 아니다.

성화는 오히려 거룩하신 하나님의 임재 앞에서 기쁨을 경험하기 바라는 우리 모두의 필수 조건이다.

더 나아가 우리의 성화는 우리의 협력을 요청한다. 또한 우리의 성화는 우리가 진지하게 거룩함을 추구하지 않으면 향상되지 않는다. 그 거룩함이 없이는 아무도 주를 보지 못한다(히 12:14).

이 점에 관해서는 개혁파 전통이 대체로 동조한다는 사실이 의미심장하다. 「크레도」(Credo)라는 잡지는 연옥을 다루면서 연옥 교리를 가차 없이 거부했다. 이때 기고가 중 하나였던 카스탈도(Chris Castaldo)는 연옥을 거부하는 것이 성화나 우리의 필수적인 협력의 중요성을 거부하는 것은 아니라는 점을 분명히 했다.

> 성화는 하나님이 궁극적으로 책임을 지시는 선물이지만 그렇다고 인간의 협력을 배제하는 것은 아니다. 우리가 두렵고 떨림으로 우리의 구원을 이루어 가는 것은 엄밀히 말해 하나님이 우리 안에서 당신의 기쁘신 뜻을 위하여 우리에게 소원을 두고 역사하시기 때문이다(빌 2:12-13).[40]

『순전한 기독교』에서 루이스가 인용하는 몇 안 되는 성경 본문 가운데 하나가 바로 이 빌립보서 말씀이다(빌 2:12-13). 그는 내가 앞서 언급한, "믿음"이라는 제목을 가진 2개의 장 가운데 두 번째 장에서 이 본문을 인용한다. 그 문맥은 그리스도인들이 그들을 천국으로 인도하는 것이 선행인지 아니면 그리스도를 믿는 믿음인지 여부를 놓고 종종 논쟁을 벌여 왔다고 지적하는 내용이다. 루이스는 이런 논쟁이 가위의 양날 가운데 어느 날이 더 필요한지 묻는 것과 같다고 말한다. 그에 따르면 우리가 하나

40_ Chris Castaldo, "Purgatory's Logic, History and Meaning," *Credo* 3(January 2013), 41; cf. 49.

님의 은혜와 협력하여 참된 믿음을 발휘할 때는 확실히 선행이 관건이 될 것이다.

그러나 연옥이 시야에 들어오면 연옥 교리를 비판하는 개신교 학자들은 연옥 교리가 행위의 의를 조장한다는 비판을 쏟아붓는다. 여기서 생기는 의문은 우리의 성화를 위해 우리의 협력이 요구된다는 사실이 진정으로 인정된다면 어떻게 그런 비판이 가능한가 하는 것이다.

이 의문에 대한 답변은 두 가지 요소로 구성될 것 같다. 첫째, 개신교인들은 연옥을 성화의 관점에 따라 옹호할 때도 본능적으로 연옥을 성화의 관점이 아닌 보속의 관점에서 바라본다. 종종 일어나는 이런 현상은 이해할 만하다. 둘째, 많은 개신교인이 오로지는 아니지만 주로 은혜를 칭의의 관점에서 생각한다. 어쩌면 이것이 더 근본적인 이유일 수 있다.

최근에 「크리스채너티 투데이」(*Christianity Today*)의 편집자 갈리(Mark Galli)가 "은혜에 무슨 일이 일어났는가?"라는 제목으로 쓴 글을 살펴보자. 갈리는 은혜의 메시지가 행위에 관한 메시지로 왜곡되었다고 느낀 경험 세 가지를 이야기한다. 그러면서 갈리는 "왜 우리가 은혜의 메시지를 행위에 관한 메시지로 바꾸는 유혹에 빠지는지 이해가 된다. 로마서와 갈라디아서에 제시된 근본적인 은혜는 참된 것으로 볼 수 없을 정도로 너무 좋아 보이기 때문이다"라고 말한다. 갈리가 쓴 이 논설은 많은 면에서 건전한 경고를 담아내면서 복음의 핵심에 진실한 자가 되라고 촉구하지만 은혜에 관한 단면적인 관점을 제공하는 것에서 멈춰버렸다. 그 논설의 결론을 보자. 갈리는 너무 많은 교회가 은혜의 메시지를 상실했다고 평가한다.

예전에는 에덴으로 되돌아갈 하나의 길이 만들어진 불가능한 가능성에 관한 기적적인 이야기가 있었다. 그 길로 들어가는 문에 서 있는 천사는 그 길에 들어서는 사람에게 지성적 또는 감정적 또는 도덕적 비자를 요구하지 않왔다. 제출해야 하는 유일한 허가증은 우리의 모든 죄가 적힌 목록에 은혜의 붉은 잉크로 줄이 하나씩 그어져 진실로 죄의 목록이 다 지워진 증명서뿐이었다.[41]

천국에 들어가는 데 요구되는 것은 은혜의 붉은 잉크로 줄이 그어진 죄 목록이 전부라고 말하는 점에 주목하라. 그렇다면 루이스가 그토록 강력히 강조한 바, 곧 천국은 천국을 누리기 위해 적절히 변화되지 않은 사람에게는 단순히 천국이 아니라는 주장이 아무런 의미도 없다. 거룩하신 하나님 앞에서 진실로 즐거움을 누리려면 우리는 하나님을 온 마음과 목숨과 뜻과 힘을 다해 사랑하고 우리의 이웃을 우리 자신과 같이 사랑하는 자가 되어야 한다. 그리고 그것은 우리의 지성이 진리의 지시를 받고, 우리의 감정이 실재에 올바르게 반응하며, 우리의 도덕적 기질이 올바르게 규제될 것을 요구하는데, 갈리는 바로 이런 요소들이 최종적 구원에 필요하지 않은 율법주의적 "비자"에 불과하다고 주장한 것이다.

더 나아가 갈리는 철저한 변화가 천국에 들어가고 천국을 누리는 데 필수적이지 않다고 주장할 뿐만 아니라 앞서 지적했듯이 은혜의 단면적 관점만을 함축한 설명을 내놓는다. 갈리의 설명에는 성화가 칭의만큼 중요한 은혜의 역사라는 암시가 전혀 없다. 또한 성화가 우리의 죄책과 악한 행동보다 더 깊은 곳에 있는 문제를 처리하는 참된 은혜라는 암시도 없다. 다시 말해 은혜는 본질상 칭의와 용서에 한정되는 듯하고, 성화는 모종의 율법주의적 "비자"로 무시되는 듯하다.

1992년에 출간된 『지옥에 관한 네 가지 견해』에서 크로케트가 연옥을 비판한 글에서도 이런 관점을 확인할 수 있다. 특히 크로케트는 연옥

41_ Mark Galli, "Whatever Happened to Grace?," *ChristianityToday.com* (October 2013), 24.

이 필요한 이유는 많은 신자가 완전함과는 거리가 먼 상태에서 죽어 하나님을 만날 준비가 되어 있지 않기 때문이라는 재커리 헤이스의 주장에 답변하면서 다음과 같이 말한다.

> 여기서 요점은 그리스도와 연합될 때 신자들은 **이미** 죄 사함을 받았다는 것이다(롬 8:31-39; 골 1:14). 이는 바울이 말한 것과 같다. "내가 하나님의 은혜를 폐하지 아니하노니 만일 의롭게 되는 것이 율법으로 말미암으면[우리의 선행으로 말미암으면] 그리스도께서 헛되이 죽으셨느니라"(갈 2:21). 헤이스처럼 대다수 신자가 천국에 들어갈 준비가 되어 있지 않다고 주장하는 것은 바울이 그토록 강하게 반대한 일종의 행위 신학을 연상시킨다.[42]

여기서 분명하게 드러나는 사실은 성화를 강조하는 연옥 교리를 옹호한 헤이스에게 크로케트가 용서와 칭의의 관점(즉 **보속** 모델)으로 답변했다는 것이다. 즉 여기서 크로케트가 용서받은 우리의 죄가 예수님의 피아래에 있다는 사실, 그리고 그리스도 안에 있는 자에게는 정죄함이 없다는 사실에 호소하는 것은 단순히 요점을 놓친 반응이다. 우리의 죄가 용서받은 것, 심지어 우리가 그리스도와 연합하게 된 것이 우리의 성품을 자동으로 변화시키고 우리가 "작은 그리스도"가 되도록 우리를 충분히 온전한 자로 만들어주는 것은 아니지 않은가? 그것은 칭의가 아닌 다른 종류의 역사를 필요로 한다.

논의를 요약해보자. 우리가 성화를 진지하게 이해하고 우리의 협력이 성화를 이루는 데 본질적인 역할을 한다는 사실을 믿는다면 연옥 교리는 개연성을 가질 수 있다. 개신교인들이 성화도 칭의와 똑같이 은혜의 역사

42_William V. Crockett, "Response to Zachary J. Hayes" in *Four Views on Hell*, 125.

라는 사실을 믿음으로 강조하는 포괄적인 구원관을 갖고 있다면 연옥 교리는 그들에게도 신학적으로 유효한 대안이 될 것이다. 반면에 성화가 무시되거나 성화를 이룰 때 우리의 협력이 필요하다는 주장이 "행위 신학"으로 해석되는 한, 연옥 교리는 성경적 믿음과 일치되지 않는 의심스러운 견해로 남게 될 것이다.

연옥은 희망을 훨씬 더 넓혀주는가?

결론을 맺기 전에 전통적 연옥 교리의 또 다른 형태 한 가지를 간략히 제시하고 싶다. 나는 이 교리가 연옥 교리를 유효하게 하는 근거와 충분히 일치한다고 생각한다. 이 기고문의 서두에서 인용한 포사이스의 말을 떠올려보라. 포사이스는 개신교인이 연옥 교리를 거부했을 때 너무 많은 것을 던져버렸다고 주장했다. 그는 끔찍했던 제1차 세계대전의 여파로 전쟁에서 사랑하는 가족들을 잃은 사람들을 다루면서 그렇게 말했다. 그 당시 많은 사람이 확고하지 않은 경건과 믿음 속에서 자신들의 가족이 영원히 버림받은 자가 될 것이라는 두려움과 사투를 벌였다. 포사이스는 목회자의 입장에서 연옥 교리에 의지해 슬픔 속에 남겨진 가족들에게 희망을 선사했다. 앞서 인용했던 말의 포괄적인 문맥은 다음과 같다.

> 그것[영웅적인 죽음]으로는 구원받지 못합니다. 그러나 그것은 그의 회심의 순간일 수 있습니다. 그것이 그의 도덕적 눈을 열어놓을 수 있습니다. 그것이 그의 경건한 슬픔을 낳을 수 있습니다. 그것이 새로운 삶의 첫 단계, 곧 여기서보다 거기서 더 빠르게 진행되는 새로운 삶 속에서의 회개가 시작되는 지점이 될 수 있습니다. 우리는 연옥을 문밖으로 깨끗이 던져버릴 때 너무 많은

것을 던져버렸습니다. 우리는 더러운 물이 담긴 목욕통과 함께 아기까지 밖으로 버렸습니다. 내가 말한 것처럼 죽음의 위기가 눈을 열어놓는다면 이쪽보다 그쪽에서 더 많은 회심이 있습니다.…탕자가 받았던 예복을 바로 받지 못한 사람이라고 해도 최소한 아버지의 땅에 들어갈 입장권은 가지고 있습니다.[43]

전쟁에서 죽은 그 영웅적인 병사들에게 언제 회심이 일어났는지의 문제는 애매하다. 한편으로 포사이스는 죽는 순간이 회심의 순간일 수 있다고 말한다. 하지만 다른 한편으로 죽는 순간은 회심의 시작점이며, 회심 자체는 이쪽이 아니라 "그쪽"에서 일어날 수 있다고 넌지시 이야기한다.

여기서 특별히 흥미롭게 느껴지는 점은 회심 자체가 이쪽이 아니라 "그쪽"에서 일어날 수 있다는 주장이다. 전통적인 연옥 교리에 따르면 연옥은 회개할 두 번째 기회가 아니다. 전통적인 연옥 교리에 따르면 현세에서, 곧 아무리 늦더라도 죽는 순간에는 회개해야 영원히 버림받는 자가 되지 않는다.

그러나 여기서 전통적 견해에 관해 제기하고 싶은 질문이 있다. 마지막 죽는 순간에 행해진 회개는 항상 받아들여지는데, 왜 사후에 이루어지는 회개는 너무 늦는가? 실제로 현세에서는 많은 사람이 회개할 기회를 무수하게 얻는다고 본다면 사후에 "두 번째 회개할 기회"가 주어진다는 생각을 반박할 수 있는 근거는 무엇인가? 반면 어떤 사람들은 복음을 듣고 복음에 반응할 기회를 거의 누리지 못한다. 그렇다면 진실로 모든 사람을 사랑하고 그들의 구원을 바라시는 하나님이, 모든 사람이 당신의 은혜를 받아 누릴 충분한 기회를 얻도록 확실하게 보장하지 못하실 이유는

43_Forsyth, *This Life and the Next*, 37.

무엇인가? 이런 문제의 해결이 비록 사후에 복음을 받아들일 기회를 수반한다고 해도 생각해볼 일이다.

이와 관련해 아주 흥미로운 일은 최근에 연옥 교리에 공감을 표현한 일부 개신교 신학자들이 포사이스의 주장과 동일한 맥락 속에 있다는 사실이다. 말하자면 그들은 연옥 개념에 의지해 사후 회개의 가능성을 신학적으로 받아들였다. 그중 블로쉬(Donald Bloesch)의 사례가 두드러진다. 블로쉬는 성경이 사후 회개가 가능하다고 믿을 이유를 제시해준다고 주장한다.

> 누가복음 16:26은 음부와 낙원 사이에 건널 수 없는 구렁텅이가 있다고 말한다. 이때 이 구렁텅이는 단순히 회개하지 않는 죄가 구원을 가로막는 장벽을 구성한다는 의미를 띤다. 거룩한 성의 성문은 주야로 열려 있다고 묘사되는데(사 60:11; 계 21:25), 이는 은혜의 보좌에 나아가는 일이 언제든 가능하다는 의미다.…심지어 우리도 우리 자신이 우리가 만들어낸 내적 어둠에 갇힌 죄수라는 사실을 깨달을 때가 있다. 이런 때도 예수님은 이 지옥의 열쇠를 갖고 계시고 우리에게 은혜를 베풀어주실 수 있다(계 1:18). 지옥에 있을 때조차도 사람은 용서받을 수 있다.[44]

다시 말하지만 이는 전통적 연옥 교리를 크게 수정한 견해다. 그러나 나는 이 수정된 견해가 전통적 연옥 교리의 전반적인 취지와 충분히 양립할 수 있다고 믿는다. 전통적 연옥 교리는 최종적 구원이 철저한 변화를 요구한다고 주장하면서도 최종적으로 구원받을 수 있는 자에 대한 우리

44_Donald Bloesch, *The Last Things*(Grand Rapids: Eerdmans, 1992), 190-91. Bloesch는 사후 회심 개념을 지지한다고 여겨지는 여러 본문을 인용한다(예. 시 49:15; 사 26:19; 마 12:31-32; 27:51-54; 요 5:29; 고전 15:29; 벧전 3:19-20; 4:6).

의 희망을 크게 넓혀주었다.

사실 죽는 순간에 행해지는 회개에 대한 반론이 사후 회개에 대한 반론으로 제기될 수 있다. 즉 현세에서 우리가 행했던 선택들을 사소한 것으로 만들고 죄인들을 너무 쉽게 곤경에서 벗어나게 해주는 문제가 있다는 것이다. 그러나 은혜가 죽는 순간에 회개하는 자들에게도 미칠 수 있다면, 똑같은 맥락에서 은혜가 사후에 회개하는 자들에게는 미치지 않는다고 말할 그럴듯한 이유를 찾아내기는 어렵다.

여기서 근본적인 질문은 치열한 신학 논쟁에서 으레 제기되는 것처럼 우리가 하나님을 어떻게 이해하느냐 하는 것이다. 우리는 하나님이 진실로 모든 사람을 깊이 사랑하고 그들의 구원을 바라신다고 믿는가? 만약 그렇게 믿는다면 이런 믿음이 이 문제에서 의미하는 바는 무엇일까?

나는 다른 곳에서 영원한 지옥 교리를 옹호하면서 사람이 멸망하는 것은 그가 결정적으로 악을 선택했기 때문이라고 분명히 밝혔다. 이 결정적인 선택은 내가 "최적의 은혜"(optimal grace)라고 부르는 것과 관련된다. 즉 이 선택은 최적의 은혜를 거부하고 엄연히 영원한 파멸로 이끄는 악을 결정적으로 붙잡는 것이다. 여기서 우리는 최적의 은혜가 무엇인지 잠시 살펴보아야 한다.

개괄적으로 말하면 최적의 은혜 개념은 하나님과 하나님이 제공하신 사랑 및 구원에 대한 긍정적이고 자유로운 반응을 끌어내는 데 알맞은 은혜를 판단하는 기준이다. 이 은혜는 긍정적인 반응을 인과적으로 결정하거나 "불가항력적"으로 끌어내는 것과는 거리가 멀고, 오히려 복음의 아름다움과 선함에 합당하게 복음을 온전히 설명해주는 방식으로 은혜를 제시하는 것이다. 그러나 이 은혜는 어떤 면에서 사람마다 차이를 보이는데 그 이유는 우리가 다 각기 다른 개인이기 때문이다. 즉 홍길동 씨로부터 가장 긍정적인 반응을 끌어낼 수 있는 은혜가 아무개 씨에게도 그대로 적용되는 것은 아니라는 말이다. 그러나 여기서 요점은 최적의 은혜가 하나님이 우리의 자유를 억압하지 않으면서 우리에게 복음을 전달하고 우리 각자에게서 긍정적 반응을 끌어낼 수 있는 모든 일을 하실 것을 의미한다는 사실이다.

따라서 최적의 은혜는 우리가 "최소의 은혜"(minimal grace)라고 부를 수 있는 것과는 완전히 다르다. 최소의 은혜란 하나님이 구원받을 기회를 접하지 못하는 사람이 없게 신경을 쓰시기 때문에 구원받지 못하는 모든 자에 대한 정죄가 정당할 것이라는 개념이다. 반면 최적의 은혜는 단순히 버림받은 자를 정죄함으로써 하나님의 공의를 유지하려는 동기와는 상관이 없다. 오히려 이는 하나님이 패역한 당신의 모든 자녀에게 진실한 사랑의 마음을 갖고 계시고, 그래서 그들 모두에게 기꺼이 구원을 베풀어주고자 하신다는 원리를 반영하는 개념이다. 버림받은 자가 버림받은 자인 것은 다만 그들 자신의 자유로운 선택으로 자기들 위에 임하는 하나님의 넉넉한 은혜를 완고하게 거부했기 때문이다.[45]

따라서 최적의 은혜 개념과 사후 회개 개념 사이에는 모종의 연관성이 형성된다. 현세에서 모든 사람이 구원받을 기회를 최대한 누리고 있다는 말은 개연성이 없다. 따라서 하나님이 최적의 은혜를 제공하고자 하신다면 구원받을 기회가 다음 세상에서도 사람들에게 주어져야 할 것이다. 만약 우리가 하나님이 진실로 모든 사람을 깊이 사랑하신다고 믿는다면 전통적인 연옥 교리를 수정해 사후 회개 개념을 포용해야 할 충분한 이유가 있다.[46]

45_ 최적의 은혜에 관한 더 심도 있는 설명은 Jerry L. Walls, *Hell: The Logic of Damnation*(Notre Dame: The University of Notre Dame Press, 1992), 88-91, 93-104, 131을 보라.

46_ 이 주장에 관한 더 심도 있는 옹호는 Jerry L. Walls, *Heaven: The Logic of Eternal Joy*(New York: Oxford University Press, 2002), 63-91과 *Purgatory: The Logic of Total Transformation*, 123-52, 그

결론: 은혜로서의 연옥

『천국과 지옥의 이혼』에서 가장 통렬하고 기억에 남는 명장면 가운데 하나를 보면 이 기고문에서 이야기한 요점의 상당 부분이 생생하게 펼쳐진다. 그 장면은 천국에 아내를 두고 있는 남편이 회색 도시를 떠나 천국에서 아내를 만나는 장면이다. 아내는 남편을 만나 인사를 하고 어떻게든 설득해서 천국에 남게 하려고 애를 쓴다. 그 남편은 자기 마음대로 하려고 아이처럼 삐죽거리고 실쭉거리는 사람으로서 매우 다루기 힘들었다. 그는 결혼 생활 중에도 그런 모습을 자주 보였다. 남편은 종종 "사랑"을 아내를 조종하는 데 써먹었다. 아내는 완벽하지는 않았으나 사랑이 깊은 사람으로서 한평생 많은 이에게 자비를 베풀었고, 지금은 천국에서 온전한 사람이 되어 아름다운 영광으로 빛나고 있었다.

남편은 아내를 만나자 옛날 습성을 그대로 내비치며 자신이 지옥에 있는 한 아내가 행복할 수 없다는 것을 빌미로 아내의 연민을 이용하려 한다. 이에 그 아내는 자신이 지금은 온전한 사랑을 소유했으나 그런 간계에 더는 조종당할 수 없고 지옥의 심술로 자신에게 상처를 입힐 수도 없다고 설명한다. 이어서 아내는 남편에게 지옥에 계속 머무르려고 하는 태도를 버리고 참된 사랑과 그 사랑이 가져오는 온갖 기쁨을 받아들이라고 촉구한다.

화자는 묘사를 이어가며 밝게 빛나는 아내의 아름다움과 진실한 사랑이 남편의 마음을 적어도 어느 정도는 움직였다고 이야기한다.

리고 *Heaven, Hell, and Purgatory: Rethinking the Things That Matter Most* (Grand Rapids: Brazos, 2015), 187-211에서 확인하라.

진정으로 나는 한동안 그 도깨비[그녀의 남편]가 이제는 순종할 것 같다고 생각했다. 그것은 부분적으로는 남편의 안색이 조금 밝아졌기 때문이고, 또 부분적으로는 온갖 기쁨으로 그를 초청하는 그녀의 목소리가 4월의 어느 날 저녁에 울리는 새의 노래처럼 자신의 전 존재에서 우러나와서 어떤 피조물도 그것을 거부할 수 없을 듯이 보였기 때문이다.[47]

그러나 남편은 지옥으로 되돌아가 아내에게 감정적인 고통을 안겨주어야겠다는 망상에 빠져 아내의 초청을 거부한다. 이에 관해 화자는 이렇게 설명한다. "그 도깨비가 기쁨을 거부하려고 발버둥 치는 것보다 더 두려운 일을 본 적이 있는지 잘 모르겠다."[48]

이 유령에게 최적의 은혜가 주어졌다는 사실에 주목하라. 남편은 사랑과 행복으로의 아름답고 은혜로운 초대, 곧 그 매력을 느끼도록 그의 마음을 움직이는 은혜를 받았다. 그러나 그 은혜를 받아 누리려면 실재를 받아들이는 법을 배워야 했다. 그 남편은 그렇게 하는 것이 고통스럽더라도 참된 기쁨에 마음의 문을 열기 위해 자신에 관한 진실을 인정해야 했다. 그는 힘이 들더라도 더 튼튼해져서 적극적으로 즐거움을 맛볼 수 있도록 기꺼이 풀 위로 걸어가야 했다.

연옥을 충분히 평가하고 판단하기 위해서 우리는 연옥이 우리를 하늘의 영광을 누리기에 합당한 자로 만들기 위해 성화를 마무리 짓는 은혜의 역사라고 이해해야 한다. 루이스가 즐겨 사용하는 삼위일체 심상을 한 번 더 사용하자면, 연옥은 우리의 서투른 발걸음을 음악의 리듬에 맞추도록 우리의 근육을 훈련시키는 것과 같다. 연옥은 삼위일체적인 춤을 출 때

47_Lewis, *The Great Divorce*, 123-24.

48_Ibid, 129.

기쁨에 찬 자유분방함이 우리를 압도할 수 있도록 그 춤의 몸동작을 완전히 내면화하는 것과 같다.

대중적인 은혜관의 문제점은 그것이 참되다고 볼 수 없을 정도로 너무 좋다는 데 있지 않다. 그 관점은 실재와 실재를 받아들이는 데 요구되는 것에 참되지 않다는 것이 문제다. 그리고 그런 이유로 그 관점은 천국에 대해서도 참되지 않다.

영원한 의식적 고통 지지자의 답변

데니 버크

월스는 복음주의자들이 연옥 교리를 거부하는 태도를 재고할 수 있다는 희망을 말하는 것으로 기고문을 시작한다. 피노크는 1992년에 출간된 『지옥에 관한 네 가지 견해』에서 실제로 연옥 교리에 다소 동조하는 태도를 보였다. 하지만 그는 복음주의 신앙의 흐름을 보여주는 믿을 만한 선도자로 공인되지 않았다. 실제로 복음주의자들이 연옥 교리에 가까이 다가갔다는 증거는 거의 없다. 물론 월스의 수정된 교리는 전통적인 로마가톨릭의 연옥 교리에서 문제가 되는 몇 가지 요소를 제거해낸 것이 사실이다. 하지만 심각한 결함 몇 가지는 그대로 남아 있다. 그런 이유로 월스가 연옥 교리를 개신교적으로 재구성한다고 해서 복음주의자들이 연옥교리에 호감을 느끼지는 않을 것 같다. 그 이유를 살펴보자.

1. 월스의 주장은 성경과 거의 관련이 없다

복음주의자들은 그 책[성경]의 사람들이다. 우리는 종교개혁의 좌우명인 "오직 성경으로"(*sola scriptura*)에 따라 죽고 사는 전통을 여전히 가지고 있다. 성경이 말할 때 하나님도 말씀하신다. 이는 믿음과 실천의 최종적 권위가 성경이라는 의미다. 우리의 양심은 하나님의 계시인 참된 말씀에 속박된다. 이런 방법을 통해 성경은 우리에게 실재를 정의해준다. 성경은 생명과 경건을 위해 우리가 필요로 하는 모든 것을 말해주고, 온갖 선한 일을 행할 능력을 갖추게 해준다(딤후 3:16-17; 벧후 1:3). 만약 어떤 교리가 성경의 명확한 가르침 —최소한 성경의 명확한 암시라도—에 기초하지 않는다면 그 교리는 양심을 속박할 권위를 조금도 가질 수 없다. 그런 교리에는 추론의 지위만 허락된다. 그런 교리는 신적 진리의 지위를 얻을 수 없다.

월스의 연옥 교리에서는 성경의 메시지가 거의 아무런 역할을 하지 못한다. 나는 월스의 본문(각주와 인용문 제외)에서 성경을 스쳐 지나가듯 언급하는 8개의 사례를 찾아냈다. 이 8개의 사례 가운데 성경 본문을 진지하게 해설하는 것은 하나도 없다. 월스는 기고문의 상당 분량을 연옥 교리의 역사와 연옥 교리에 관한 루이스의 공헌을 특별히 강조하는 내용으로 채운다. 그는 자신이 연옥 교리를 종교개혁의 중심 요소들과 대립시킬 필요가 없다고 믿는 이유를 설명한다. 그러나 독자에게 연옥 교리가 성경에서 나온다고 믿을 만한 이유를 조금도 제시하지 못한다. 이처럼 성경에 주목하지 않는다면 "오직 성경으로"를 진지하게 견지하는 복음주의자들을 결단코 설득할 수 없다.

2. 월스는 연옥을 가르친다고 믿는 "핵심" 본문을 잘못 해석한다

월스가 성경과 가장 폭넓은 대화를 나누는 부분은 두 문단에 걸쳐 고린도전서 3:11-15을 주석하는 내용을 담고 있다. 그는 고린도전서 3:11-15

이 "연옥을 좀 더 직접적으로 암시하는 핵심 본문" 가운데 하나라고 주장한다. 이 다섯 절의 말씀을 인용한 후 월스는 다음과 같은 결론을 내린다. "이 본문의 주제는…선행에 대한 보상과 관련된다. 바울은 우리의 공적이 영원한 가치를 가진다고 말한다. 그중 어떤 것은 참된 가치를 드러내는 심판의 불을 견뎌낼 것이다." 월스는 본문이 말하는 "불 가운데서" 받는 구원이 사후에 일부 신자들의 삶 속에서 펼쳐지는 성화 과정을 암시한다고 본다. 그렇게 보면 이 본문에서 바울이 제시한 심상은 월스가 주장하는 연옥 모델과 잘 어울린다.

여기서 가장 큰 문제는 월스가 해당 본문의 메시지를 완전히 잘못 이해하고 있다는 점이다. 고린도전서 3:11-15은 신자들이 사후에 맞게 될 연옥의 불길에 관한 내용이 아니다. 오히려 이 본문은 복음 전파의 보전과 그 열매에 관한 내용이다. 여기서 바울은 건축 이미지를 사용해 그리스도의 교회를 "세우는 일"에 관해 설명한다. 사도 바울은 고린도에서 그리스도를 전파함으로써 "터를 닦아둔…지혜로운 건축자"다(고전 3:10). 다른 전도자들은 바울의 뒤를 이어 그 터 위에 "집을 세웠다." 다시 말해 다른 전도자들도 그리스도를 전파함으로써 계속해서 공동체를 세워나갔다.

바울은 "이 닦아둔 것 외에 능히 다른 터를 닦아둘 자가 없으니 이 터는 곧 예수 그리스도라"(고전 3:11) 하고 말함으로써 자신이 본래 닦아둔 터에 다른 터가 더해질 수 없다고 말한다. 만약 다른 선생들이 와서 사람의 지혜나 설득력 있는 수사를 동원해 교회를 세우려고 획책한다면, 그것은 바울이 닦은 터 및 그의 사역과 맞지 않는 재료들로 집을 세우는 꼴이 되고, 그들이 세워놓는 것들은 심판 때에 불에 타버리고 말 것이다. 이때 그 선생 자신은 심판을 피할 수도 있는데 그것이 바로 "구원을 받되 불 가운데서 받은 것"이다(고전 3:15). 리처드 헤이스(Richard B. Hays)가 고린도전서 3:11-15을 주석하면서 지적한 것처럼 "바울은 최후 심판에서 정해지는 각 영혼의 운명에 관해 말하는 것이 아니라 하나님이 다양한 설교자와 지도자들의 세우는 사역을 대상으로 벌이시는 정밀 조사에 관해 말한다."[1] 헤이스는 연옥 교리를 염두에 두고 본문의 의미를 분명히 밝힌다.

> [바울은] 불 심판 심상을 개인의 운명이 아니라 다양한 교회 지도자들이 감당한 교회 설립 사역에 적용한다.…"죽음과 심판 사이에 있는 영혼의 상태에 관한 언급"은 전혀 찾아볼 수 없다. 또한 정화하는 불의 효력에 관한 묘사도 전혀 없다. 바울은 각 영혼의 정화에 관해 말하는 것이 아니라 다양한 사도적 일꾼들이 세운 교회의 견고함에 대한 하나님의 최종적 시험에 관해 말하고 있다.[2]

요약하면 고린도전서 3:11-15이 개개인의 영혼에 대한 사후 처분과 관련된다는 해석은 완전히 잘못되었다. 여기서는 연옥과 같은 것이 나타나지 않는다. 오히려 이는 바울의 고린도 선교 뒤에 이어진 복음 사역의 보전에 관해 말하는 본문이다. 따라서 월스가 연옥 교리를 지지하는 핵심 본문으로 제시한 이 단락은 연옥 교리를 지지하지 않는다. 전혀 지지하지 않는다!

3. 월스는 "보속"을 제거하는 것으로 연옥 교리를 회복시킬 수 없다

월스는 로마 가톨릭의 전통적인 연옥 교리가 **보속**과 **성화**의 두 부분으로

1_Richard B. Hays, *First Corinthians,* Interpretation (Louisville, KY: John Knox, 1997), 56.

2_Ibid, 55.

구성된다고 주장한다. 보속은 연옥의 형벌적 측면과 연관되고 성화는 연옥의 회복적 측면과 연관된다. 월스는 개신교인이 연옥에 대해 과민반응을 보이는 것은 **보속** 모델 때문이지 **성화** 모델 때문이 아니라고 주장한다. 그는 사람들이 연옥을 자신들의 죗값을 치르기 위해 가는 곳으로 간주해서는 안 된다는 주장에 동의한다. 그리고는 단순하게 사후에 연옥과 같은 장소에서 성화의 역사가 이루어진다는 사상은 성경의 교리와 얼마든지 조화될 수 있다고 주장한다. 월스는 이렇게 말한다. "연옥의 보속 모델에 대한 거부가 반드시 성화 모델의 거부를 의미하지는 않는다. 연옥의 성화 모델은…개신교 신학과 온전히 양립할 수 있고, 더 나아가 개신교 신학의 어떤 형태와는 자연스러운 조화를 이룬다."

실제로 월스는 전통적 연옥 교리에 들어 있는 매우 심각한 오류 몇 가지를 제거해버린다. 그의 연옥 교리는 연옥이 죄의 형벌을 치르는 곳이라고 말하지 않는다. 다시 말해 그가 말하는 연옥은 형벌의 장소가 아니다. 하지만 그렇더라도 월스의 연옥 교리는 여전히 오류로 물들어 있다. 단순히 "보속" 관념만이 비성경적인 것이 아니다. 사후에 이루어지는 점진적 성화 개념도 완전히 비성경적이다. 월스는 연옥에서의 성화가 "단번에 이루어지는 일이 아니라 점진적 과정"이라고 주장한다. 그러나 성경은 영화가 어떤 과정이 아니라 "순식간에 홀연히" 일어나는 사건이라고 말한다(고전 15:51). 또한 성경은 장래에 예수님이 나타나시면 우리가 그와 같이 되어 그의 참모습을 그대로 볼 것이라고 말한다(요일 3:2).

이런 본문들 가운데 어느 것도 사후에 있을 모종의 긴 과정을 암시하지 않는다. 오히려 이 본문들은 부활의 때에 순간적인 변화가 일어날 것이라고 말한다. 그러므로 다시 말하지만 월스의 연옥 교리는 성경의 명백한 지지를 얻지 못했다.

4. 윌스의 연옥 교리는 아르미니우스주의자들에게는 안성맞춤이지만 개혁파 그리스도인들에게는 거의 매력이 없다

윌스는 성화 과정 전체에 걸쳐 죄인의 자유로운 협력이 요구된다고 설명하고, "자유로운 협력"을 아르미니우스주의자의 용어로 정의한다. 곧 "가질 만한 가치가 있는 어떤 사랑이나 선이나 기쁨"은 자유로운 선택에서 비롯된다는 것이다. 그리고 윌스는 "우리가 성화를 진지하게 이해하고 우리의 협력이 성화를 이루는 데 본질적인 역할을 한다는 사실을 믿는다면 연옥 교리는 개연성을 가질 수 있다"고 말한다.

이런 주장에서 윌스의 연옥 교리는 자유지상주의자의 자유의지론에 의존한다. 하나님이 만약 죄인의 자유의지를 무시하고 그를 거룩하게 하신다면 그것은 사랑일 수 없다. 만약 하나님이 단독으로 죄악 속에 있는 우리의 몸을 영광 속에 있는 몸으로 변화시키신다면 하나님에 대한 우리의 사랑과 우리에 대한 하나님의 사랑은 퇴색할 것이다. 하지만 우리는 빌립보서 3:21에서 하나님이 분명하게 그렇게 하실 것이라고 말한다는 사실을 절대 잊지 말아야 한다. 물론 윌스는 이런 가능성을 단호하게 거부한다. 그 이유는 그 가능성이 자유지상주의자의 자유의지론적 견해와 일치하지 않기 때문이다. 여기서 자유지상주의자의 자유의지론을 모두 논할 수는 없다. 단 의지와 관련해서 개혁주의적 견해를 가진 사람이라면 누구나 윌스의 논증이 전혀 설득력이 없다는 사실을 알게 될 것이라는 점을 밝힌다.

5. 윌스는 사후 구원의 가능성에 문을 열어놓는다

윌스가 직접 강조한 사상은 아니지만 그의 기고문은 사실상 회개와 신앙의 기회가 사후에도 주어질 가능성에 문을 열어주었다. 윌스는 다음과 같이 말한다.

마지막 죽는 순간에 행해진 회개는 항상 받아들여지는데, 왜 사후에 이루어지는 회개는 너무 늦는가?…그렇다면 진실로 모든 사람을 사랑하고 그들의 구원을 바라시는 하나님이, 모든 사람이 당신의 은혜를 받아 누릴 충분한 기회를 얻도록 확실하게 보장하지 못하실 이유는 무엇인가? 이런 문제의 해결이 비록 사후에 복음을 받아들일 기회를 수반한다고 해도 생각해볼 일이다.

여기서도 윌스는 성경적 증거는 전혀 제시하지 않는다. 윌스의 주장은 단순히 하나님이 모든 사람을 사랑하시기 때문에 사후에도 회심할 기회를 주실 것이라는 전제에 기초한다. 그러나 내가 보편구원론자의 기고문에 답변할 때 지적했듯이 그 전제는 하나님이 내리시는 심판의 최종적이고 돌이킬 수 없는 성격에 관해 가르치는 성경의 명백한 진술과 모순된다(예를 들어 앞서 제시된 히 9:27에 관한 설명을 보라).

결론적으로 연옥 교리는 신적 계시보다 인간적 추론에 더 기반을 두고 있는 것으로 보인다. 윌스 자신의 말로 이 문제를 정리하면 다음과 같다. "연옥 교리를 지지하는 명시적인 성경 본문은 거의 없다.…어느 정도는 합리적 추론을 동원해야만 한다." 논란의 여지 없이 연옥 교리는 성경에 등장하는 사상도 아니고, 성경에서 가르치는 내용에서 반드시 도출되는 결과도 아니다.

종결적 형벌 지지자의 답변
존 G. 스택하우스 2세

나는 천국을 설명할 때 연옥이 포함될 충분한 이유가 있다는 점은 인정하지만 지옥을 설명할 때 연옥에 관한 설명이 포함되는 것은 이해할 수 없다. 적절히 이해하면－월스가 적절히 이해하도록 도움을 주었다－연옥은 단순히 "천국의 대기실"이지, "지옥의 대기실"이나 지옥을 가리키는 또 다른 명칭이 아니다.

월스의 기고문에서 종종 인용되는 루이스의 『천국과 지옥의 이혼』은 많은 요점을 제공하지만 모든 독자가 그 상징적 요점을 완전히 이해하기는 쉽지 않을 것이다. 여기서 좀 더 분명히 말해보자면 루이스가 묘사한 지옥은 단순히 일종의 더러운 곳, 음침한 음부(스올/하데스), 형이상학적 애매함이 깃든 어떤 곳이 아니다. 그리고 그런 개념은 요한계시록에서 절정에 달하는 신약성경의 매우 끔찍한 묘사에 따른 것도 아니다. 인간의 죽음과 최종적 운명 사이에 놓인 경험들이 무엇이든 간에 지옥 자체는 단순히 그런 경험들 가운데 하나일 뿐이다. 하나님의 의의 아궁이가 활활 타올라 악한 것을 다 태우고, 그래야 비로소 다음 세상의 새 우주는 순전히 선한 것이 된다.

따라서 월스가 올바르게 단언하는 것처럼 "연옥 교리는 온전한 기독교 신학이라면 응당 다뤄야 하는 질문에 좋은 답변을 제시한다. 이 사실은 매우 중요하다. 그 질문이란 은혜의 상태에서 죽었으나 충분히 성화되지 못한 신자가 어떻게 천국에 들어가는 데 적합하게 되는가 하는 것이다." 나는 여기서 윌스의 설명을 비판하기보다는 개신교인, 정확히 말하면 복음주의 개신교인이 가져야 할 연옥 견해를 명확히 제시하고 싶다.

그리스도의 고난과 죽음이 죄의 영원한 결과에 대해 완전한 대속을 이루었다고 믿는 개신교인은 믿음을 통해 하나님 앞에서 의롭다 함을 얻은 자에게 모종의 추가 속죄가 요구된다는 사상을 거부한다. 이런 점에서 윌스가 연옥의 보속 모델과 성화 모델을 분리하는 것은 확실히 적절하다.

그러나 의롭다 함을 얻은 뒤에 그리스도인들에게 어떤 일이 일어나는가? 개신교인과 가톨릭교인 모두에게 그다음에 오는 것은 **성화**의 단계다. 이는 곧 우리 안에 남아 있는 죄성을 벗어버리고 의를 추구하고 갈망하는, 그리스도다운 선함을 얻어가는 과정이다. "손이 깨끗하며 마음이 청결하지" 않으면 아무도 하나님 앞에 나아갈 수 없다(시 24:4). 따라서 우리가 처음에 회심하고 의롭다 함을 얻을 때(칭의)와 최종적으로 다음 세상에 들어갈 때(영화) 사이에 성화의 과정이 자리를 잡는다. 실제로 종교개혁자들은 (공식적으로) 의롭다 여김을 받은 상태와 (실제로) 의롭게 되는 과정을 혼동하지 않았다.

그 결과 여기서 개신교인들에게 문제가 생긴다. 삶을 마칠 때까지 완전히 성화되지 않은 그리스도인에게는 어떤 일이 일어날까? 이처럼 불완전한 사람들은 어떻게 다음 세상에 어울리는 완전한 상태로 바뀔 수 있을까? 이에 관해 로마 가톨릭 신도들은 "우리는 연옥의 정화를 거쳐 완전한 상태로 들어갈 준비를 하게 된다"고 말할 것이다.

성화의 관점에서 바라본 연옥은 단순히 우리가 현세의 삶 속에서 선명하게 보는 것들이 다음 세상까지 연장되는 것이다. 성화는 길고도 힘든 필수적 과정이다. 죽어서 남아 있는 악을 정화해야 할 필요가 있는 그리스도인들은 주의 재림이 있기 전인 중간 시기에 연옥에서 성화의 과정을 거칠 것이다. 그리스도의 재림이 있을 때까지 생존해 있는 그리스도인들은 아마도 그들 자신의 중간 상태로 들어갈 것이다. (이런 개념을 명시해서 가르치는 성경 본문이 없기에 추측해서 말할 수밖에 없다. 이 개념은 지금 펼치는 논리를 추론을 통해 연장한 것일 뿐이다.)

어떤 이는 이런 개념이 사후에 그리스도와의 직접적인 친교를 약속하는 성경 본문들과 대립한다고 생각할 것이다. 그러나 연옥에 있는 그리스도인들은 실제로 "주와 함께 있지" 못할 것이라고 두려워할 이유가 전혀 없다(고후 5:8). 첫째, 우리는 거듭나 성령이 내주하시는 순간 "주와 함께 있게" 된다. 둘째, 신자는 연옥에서 성화의 과정을 거치면서 충분히 하나님과 관계를 맺을 것이다. 따라서 신자들은 사후에 매 순간 증가하기만 하는 주님과의 연합을 직접 누리게 될 것이다. (사실 우리가 연옥에서 성령의 변함없는 내주로 위로를 받게 될 것이라는 사실을 확신시켜주는 여러 사람 중 하나는 아퀴나스다.)

이런 연옥 교리에 대한 전형적인 개신교의 답변은 단순하다. 연옥은 성경에서 가르치는 사상이 결코 아니라는 것이다. 실제로 연옥은 성경에서 한 번도 언급되지 않고, 심지어는 경외서에서도 수수께끼처럼 암시적으로만 나타날 뿐이다. 개신교의 소망은 대체로 인간 속에 남아 있는 죄성이 죽는 순간이나 죽은 직후에 제거되고 즉각 거룩한 상태가 완성되리라는 것이다. 루터의 보좌관이었던 멜란히톤(Philipp Melanchton, 1497-1560)은 죽음에 대한 두려움이 최후의 성화를 우리 영혼에 충분히 일으킬 수 있다고 느꼈다. 웨슬리(John Wesley, 1703-1791)는 완전한 성화가 현세에서도 가능하다고 가르쳤다. 하지만 그는 그런 축복이 극히 드물다는 사실을 인정했다. 성화에 관한 웨슬리의 일반적인 견해는 전형적인 개신교의 견해와 같았다. 곧 성화는 한평생에 걸쳐 점진적으로 이루어지는 힘든 과정이며 죽음이 엄습하는 잊지 못할 순간에 완성된다. 월스가 지적했듯이 찰스 하지는 하나님이 순전히 당신의 능력으로 사람이 죽는 순간에 순간적으로 성화를 일으키실 수 있다고 믿었다. 이는 정상적인 치료를 위해서는 정밀한 진단과 진료의 과정이 필요하지만 그리스도가 한순간에 피부병 환자를 고치신 것과 마찬가지다.

그러나 크든 작든 이런 순간적 성화에 관한 개신교인의 소망은 두 가지 질문을 불러일으킨다. ① 성화가 삶이 끝날 때 순간적으로 주어질 수 있다면 왜 하나님은 지금 우리에게 성화를 베풀어주시지 않는가? ② 성화가 현세에서 점진적이고 힘든 과정일 뿐이라면 왜 우리는 다음 세상에서의 성화가 다른 과정으로 이루어질 것이라고 예상하는가? 정말 아이러니하게도 세상의 악의 문제, 특히 끈질기게 이어지는 고난의 문제에 대한 기독교적 답변 가운데 하나는 고난을 겪는 것이 성화의 과정을 촉진할 수 있다는 대답이다. 그러나 성화가 순간적으로 일어날 수 있다면 왜 하나님은 그토록 많은 사람이 그토록 혹독한 고난을 겪게 하시는가? 이에 관한 좀 더 일관적인 관점은 성화 자체가 반드시 긴 과정을 요구하므로 고난도 때때로 긴 과정을 거친다는 것이다. 이때 하나님 역시도 고난을 순간적인 일로 줄여버리실 수 없다.

개신교인들은 여전히 성경이 연옥 개념을 명시적으로 가르치지 않는다고 말하고는 한다. 그러나 그들은 "죽을 때 거룩함이 급상승한다는" 관점 **역시** 성경에 명시적으로 나타나지 않는다는 불편한 진실도 인정해야 할 것이다. 오히려 정반대다. 이 순간적 성화 모델은 성경이 명시적으로 **가르치는** 성화의 본질 **및** 경험을 통해 우리가 배우게 되는 성화에 관한 모든 사실과 일치하지 않는 듯하다.

연옥에 관한 이런 견해를 어떻게 생각하든 간에 최소한 연옥 교리에 관해 자주 제기되는 세 가지 의혹과는 분리해서 이해해야 한다. 첫째, 연옥은 사후 복음 전도의 가능성과 분리된다. 연옥은 그리스도인으로 죽은 자의 성화와 관련된다. 하지만 사후 복음 전도는 현세에서 복음을 받아들이지 않았거나 적절한 방식으로 복음을 받아들이지 못한 자에게 복음을 받아들일 기회가 주어진다는 개념이다. 우리는 부적절한 방식으로 복음을 전해 들은 자의 운명과 같은 주제가 아니더라도 이 책에서 다뤄야 할 논쟁거리를 많이 가지고 있다. 따라서 여기서는 사후 복음 전도에 관한 윌스의 추론을 다루지 않고 넘어가겠다.

둘째, 연옥 개념은 지옥을 연옥으로 바꾸어버리는 보편구원론과 분리된다. 보편구원론이 이해하는 연옥이란 비신자가 (예수님이 그들을 대신해 고통을 당하시지 않으므로) 자기들의 죄로 인해 고통을 겪으나 결국에는 오래 참으시는 하나님의 도움을 받아 변화되고, 하나님의 아름다운 매력에 압도되어 결정적으로 지옥의 뒷문을 열고 나와 천국으로 들어가게 하는 곳이다. 다시 말하지만 본래 연옥은 이미 그리스도의 피를 덧입고, 자기들의 죄에 대한 속죄를 충분히 누리며, 성화의 초기 단계에서 이미 성령과 협력하고, 지금은 다음 세상에서 충분한 복을 누리기 위해 기꺼이 마지막 준비를 하는 사람들이 성화를 이루는 장소다. 우리는 최후 심판의 장소로서의 지옥에 관한 전통적인 교리를 포기하지 않으면서 개신교적 연옥 교리―사실은 로마 가톨릭의 연옥 교리다―를 확실히 견지할 수 있다. 실제로 로마 가톨릭은 오랫동안 연옥과 지옥 사이에 명확히 선을 그어왔다.

셋째, 연옥 개념은 인간이 구원의 과정에서 하나님과 협력할 능력을 갖추고 있다는 사상과 분리된다. 이런 견해는 "신인협력설"이라는 전문 용어로 알려져 있다. 이 견해에 따르면 연옥에는 하나가 아니라 2개의 출구가 있다. 곧 최종적으로 천국의 문을 열 준비가 될 때까지 성화의 과정을 계속하기로 선택하거나 다른 출구를 선택해 지옥으로 갈 수 있다. (『천국과 지옥의 이혼』이 이런 식으로 이해될 수 있다.) 나는 사람이 성화의 과정에서 최종적으로 주님을 저버릴 수 있는지—현세에서나 내세에서나—에 관한 해묵은 문제는 개신교인 간의 신학 논쟁에 맡겨두겠다. 여기서 우리의 목적에 부합하는 요점은 정통파 단동설 지지자도 신인협력설 지지자만큼이나 쉽게 복음주의적인 연옥 교리를 믿을 수 있다는 것이다. 왜냐하면 이두 부류의 그리스도인들은 모두 성화가 점진적이고 힘든 과정으로서, 죽을 때까지 완성되는 일이 거의 없다고 믿기 때문이다.

우리는 절대로 구원의 근본적인 동력을 잊으면 안 된다. 그 동력은 하나님의 은혜, 우리의 구원을 위해 발휘되는 하나님의 사랑의 능력이다. 그러나 죄인인 우리는 아무리 좋은 가르침이라도 오염시키며, 바울이 우리에게 경고한 것처럼 은혜에 대한 강조를 죄에 대한 허용으로 쉽게 왜곡한다(롬 6:1). 칭의를 단호하게 옹호하는 태도가 그와 동급으로 강력한 성화에 관한 가르침을 가로막아서는 안 된다. 연옥에 관한 개신교의 이해는 거룩하게 되기 위한 훈련—이는 힘들지만 필수적이고 궁극적으로 즐거운 훈련이다—에서 하나님과의 진지하고 지속적인 협력이 불가피한 중요성을 띤다는 사실을 확증해준다.

성화는 현세에서 단기간에 이룰 수 없는 점진적인 훈련 과정으로 남아 있다. 그렇다면 내세에는 성화의 지름길이 있다고 생각해야 할 이유가 무엇인가? 그 대신 우리는 연옥의 **가능성**만이라도 숙고하면서 할 수 있는 한 부지런히 하나님의 뜻과 일하심에 부응해 오늘 우리의 구원을 이루어가야 한다.

논평
보편구원론 지지자의 답변

로빈 A. 패리

맞다…

월스는 개신교 친화적인 연옥 교리를 제시하고 옹호한다.[3] 나는 그가 자신의 견해를 대체로 잘 설명했다고 생각한다. 나 역시 보속이 아니라 성화의 관점에서 바라보면 복음주의자가 연옥 개념에 대해 지나치게 과민 반응을 보일 이유가 전혀 없다고 본다.

물론 성경은 연옥을 직접 가르치지 않기에 연옥에 관한 주장은 사변적일 수밖에 없다. 그런데도 연옥 교리는 포괄적 의미에서 여전히 성경적이라고 할 수 있다. 연옥 교리는 성경이 가르치는 개념들로부터 나오는 추론이자 그 개념들의 연장이다(예를 들어 말 3:3과 고전 3:11-15에서 불로 연단 받는 신자들의 종말론적 시련을 보라). 또한 연옥 교리는 성경이 명시적으로 가르치는 것에서 자연스럽게 불거지는 질문에 답변하는 한 가지 방법이다(여기 성경이 명시적으로 가르치는 것이란 우리가 하나님을 보려면 거룩함이 있어야 한다는 것과 하나님이 신자들에게 허락하시는 힘든 성화의 여정이 그들을 그리스

3_ 이 글의 초안을 주의 깊게 살펴준 Brad Jersak에게 감사한다.

도의 형상을 닮은 자로 빚어간다는 것이다). 윌스는 이렇게 묻는다. "은혜의 상태에서 죽었으나 충분히 성화하지 못한 신자가 어떻게 천국에 들어가는 데 적합하게 되는가?" 윌스의 연옥 교리는 매우 적절한 이 질문에 대한 개연성 있는 한 가지 답이 될 수 있다.

그러나…

앞의 질문에 대한 전통적인 복음주의자의 답변은 하나님이 성화 사역을 순간적으로 이루신다는 것이다. 이 답변은 대체로 신자들이 "마지막 나팔에 **순식간에 홀연히** 다 변화되리니"라고 말씀하는 고린도전서 15:51-52이나, "그[그리스도]가 나타나시면 우리가 그와 같을 줄을 아는 것은 그의 참모습 그대로 볼 것이기 때문"이라고 말하는 요한1서 3:2과 같은 본문에 기초한다. 성경에 명시적인 연옥 교리가 없다는 사실과 함께 이 본문들은 하나님이 한순간에 변화 과정을 완료하신다는 생각의 근거로 자리한다. 윌스가 이 본문들을 다루었다면 좋았을 것 같다.

솔직히 말해 요한1서 3:2은 우리가 **순간적으로** 예수님과 같이 된다고 말하지 않는다. 거기에는 어떤 과정의 여지가 남겨져 있다. 그러나 고린도전서 15:51-52은 무언가 좀 복잡하다. 사실 고린도전서 15장 본문은 성화보다는 부활에 관해 말한다. 그런데 바울이 죄를 우리의 부패한 인간성 곧 "육신"과 아주 긴밀하게 연결된 것으로 본다는 점을 고려하면 죄와 사망의 영향을 받지 않고 영광으로 들어간 몸을 가진 사람들이 죄로부터 정화될 필요가 있다고 상상하기란 쉽지 않다. 물론 연옥 교리가 고린도전서 15장 본문과 양립할 수 없다는 말은 아니다. 생각해보면 하나님은 그 과정을 아주 짧은 시간(순식간에, 홀연히)에 압축해서 이루어내실 수 있고, 신자는 그것을 주관적으로 긴 성화의 과정으로 경험할 수 있다.

우리는 공상과학 영화에서 사람마다 시간의 속도가 다를 수 있다는 개념을 자주 접한다. 아인슈타인(Albert Einstein, 1879-1955)이 밝혔듯이 그런 개념은 허구가 아니다. 또는 우리는 사람들이 차가 충돌하기 직전의 상황을 묘사하는 것에서도 그런 개념을 확인할 수 있다. 그 순간 뇌는 초 공간으로 들어가고, 사람들은 그 찰나에 수많은 장면이 느린 화면으로 지나가는 것을 경험한다. 한평생이 "눈 깜짝할 사이"에 지나가는 것이다. 그렇게 보면 하나님은 확실히 성화 과정을 아주 짧은 시간에 이루실 수 있다.[4] 물론 그럴지도 모른다. 하지만 나는 여전히 연옥 교리를 지지하는 사람들이 이런 본문들을 주의 깊게 주석하며 내놓는 신학적 설명을 소중하게 다룰 것이다.

월스 자신이 잘 설명해준 것처럼 그의 논증에서는 변화의 과정 자체가 중요하다. 만약 평생을 악하게 산 사람이 순간적으로 완전히 순전하고 자비로운 자가 된다면 정체성과 관련한 까다로운 질문이 제기될 수 있다. A상태에서 B상태로의 변화를 매개하는 중간 지점이 없다면 그는 과연 **같은 사람**일까? 본래의 그는 완전히 사라지고 그 대신 그의 기억을 물려받은 다른 어떤 존재로 대체된 것은 아닐까? 연옥을 무시하고 싶다면 이런 문제들을 해결해야 할 것이다.

4_ "분명히 우리는 이 세상의 시간 측정에 따라 이 변화 순간의 '지속 기간'을 계산할 수 없다. 이 만남의 변화 '순간'은 땅의 시간 계산을 벗어난다. 그것은 마음의 시간이고, 그리스도의 몸으로 하나님과 친교를 갖는 '통과'의 시간이다"(Benedict XVI, *Spe Salvi* [2007], 47).

불에 관한 묵상

많은 사람이 나의 지옥 견해가 연옥 교리와 일치하는지를 궁금해한다. 분명히 밝히지만 연옥을 인정하는 것이 보편구원론을 인정하는 것은 아니다! 모든 형태의 고전적 연옥 교리는 지옥에 가는 자(탈출이 불가능하다)와 연옥에 가는 자(탈출이 불가피하다) 사이를 날카롭게 구분했다. 경계가 약간 모호하기는 하나 월스도 지옥과 연옥을 구분한다. 물론 월스는 사람이 지옥으로부터 구원받을 가능성을 열어놓았고 나는 이 점에 관해 월스를 칭찬하고 싶다. 월스는 보편구원론자가 되지 않은 것만 빼면 최고의 멋쟁이다(다른 말로 그는 자유의지론적인 신정론자다). 그러나 상당히 완강한 멋쟁이다!

나는 버크, 스택하우스, 월스의 통찰력에 도움을 받아 지옥과 연옥에 관한 신학적 단상을 떠오르는 대로 간단히 제공하고 싶다. 신학적으로 말하면 나는 지금 걸어 다니는 나무처럼 보이는 사람들을 볼 따름이다. 그러니 제발 이것을 의도된 그대로, 곧 생각하기 위해 말하는 것으로 봐주기를 바란다. (생각은 허용된다.)

신적 임재로서의 불

성경에 나오는 불의 심상을 살펴보자. 첫째, 불은 **신적 임재**의 상징이다. 신현 사건들을 정리해보면 하나님은 아브람이 바친 제물 사이를 통과하는 횃불로(창 15:17), 떨기나무의 불길 속에서(출 3:1-6), 시내산 정상의 불길 속에서(출 19:18; 24:17; 신 4:11), 인도하고 보호하는 불기둥으로(출 14:24), 오순절에 제자들의 머리에 떨어진 불 속에서(행 2:3) 나타나셨다. 이런 사례들은 얼마든지 더 제시할 수 있다. 버크가 지적하는 것처럼 불은 "하나님의 거룩하신 임재의 상징"이다. 이는 하나님을 파악할 수 있게 하는 심상이 아니고 하나님을 전율과 매혹의 신비(*mysterium tremendum et fascinans*), 곧 사람의 마음속에 경외감과 두려움까지 불러일으키는 동시에 매우 아름답고 매력적인 신비로 생각하게 하는 심상이다.

신적 형벌로서의 불

둘째, 불은 **신적 형벌**의 상징이다. 곧 소멸하는 불은 죄를 물어 소돔과 고모라를 멸망시키고(창 19:24), 제사 규정을 어긴 나답과 아비후(레 10:1-2) 및 거역하는 고라의 추종자들(민 16:35, 26:10)을 태워버렸다. 버크와 스택하우스가 증명하는 것처럼 지옥을 불로 언급하는 모든 본문이 이와 연관된다. 히브리서 10:26 이하에 나오는 무서운 경고를 살펴보자.

> ²⁶우리가 진리를 아는 지식을 받은 후 짐짓 죄를 범한즉 다시 속죄하는 제사가 없고 ²⁷오직 무서운 마음으로 심판을 기다리는 것과 대적하는 자를 **태울 맹렬한 불**만 있으리라.…³¹살아 계신 하나님의 손에 빠져 들어가는 것이 무서울진저(히 10:26-27, 31).

정신이 번쩍 들게 하는 말들이다. 히브리서 12:28-29은 다시 한번 소멸하는 불을 주제로 다룬다. 하나님은 "소멸하는 불이시므로 경건함과 두려움으로 기쁘게" 섬겨야 한다(신 4:24의 인용). 여기서 **하나님 자신**이 소멸하는 불이라는 사실이 눈길을 끈다. 죄인들을 불사르는 불은 거룩하신 하나님의 임재 자체다. 이는 아무도 하나님의 얼굴(직접적인 신적 임재의 상징)을 보고 살 수 없다는 성경의 심상을 상기시켜준다(출 33:20).

지옥은 대조되는 심상들을 통해서만 적절하게 표현될 수 있는 어떤 것이다. 지옥은 하나님으로부터의 소외다. 지옥은 신적 잔치가 있는 집에서 "바깥 어두운 데로" 쫓겨나는 것이다(마 8:12; 22:13; 25:30). 또한 지옥은 하나님이 거하시는 거룩한 성 밖에 있는 게헨나 골짜기로 던져지는 것이다. 따라서 한편으로 지옥은 하나님이 **없는** 곳이다. 그러나 이는 비유다. 신적 부재는 항상 역설적이다. 곧 임재 속의 부재다. 따라서 다른 한편으로 "지옥"은 하나님이 부재하신 곳이 아니고 하나님이 **너무 많이 계신** 곳이다. 요한계시록은 짐승을 경배하는 자가 "**어린 양 앞에서** 불과 유황으로 고난을 받는" 장면을 묘사한다(계 14:10). 앞서 확인한 것처럼 하나님 자신이 거룩한 불이시고, 죄인들이 하나님의 임재 앞에 드러날 때 그 불은 "맹렬한 거룩함"으로 불타오른다.

정화로서의 불

스택하우스가 지적하는 것처럼, 불은 또한 **신적 시험과 정화**의 상징이다. 불은 성도들이 겪어야 하는 시련을 상징할 수 있다. 이때 불은 순수한 것만 남기고 불순한 요소들을 다 태워버리는 효력을 보인다(예. 벧전 4:12). 이 불은 상처를 입히지만 그것을 통과하는 자의 유익을 위한 것이다. 니사의 그레고리오스는 이에 관해 다음과 같이 말했다.

> 금이 들어 있는 원재료에서 금을 제련하는 사람이 불순물을 없애기 위해 그것을 녹일 뿐 아니라 그 안에 있는 순금도 함께 녹여야 하고, 그때 불순물들은 다 사라지고 금만 남는 것처럼 악도 정화의 불 속에서 소멸하려면 이 악이 섞여 있는 영혼도 불순물이 불에 타 소멸될 때까지 불가피하게 불 속으로 들어가야 한다.[5]

5_ Gregory of Nyssa, *On the Soul and the Resurrection* 7(Crestwood, NY: St. Vladimir Seminary Press, 1993).

이런 설명을 인간이 거룩하신 하나님의 임재를 접하는 방식을 묘사하는 심상으로 이해하면 어떻게 될까? 하나님의 임재는 거룩한 불길로 순전하고 아름답지만 하나님의 임재를 경험하는 인간은 자신이 처한 상태에 따라 그것을 다르게 접하게 될 것이다. (이스라엘인과 애굽인이 불기둥으로 임하신 하나님의 임재를 대조적으로 경험했다는 사실을 생각해보라.) 신학적으로 말하자면 사람이 죄와 사망의 종으로 팔린 "아담 안에" 있을 때 하나님의 임재는 불타는 진노, 응보적인 형벌, 소멸하는 불과 같은 것, 곧 크고 두려운 심판의 날로 다가온다.[6] 우리 안에 있는 죄는 신적 순결함과는 결코 양립할 수 없고, 이 둘이 만나면 고통을 낳고 생명에서 떠나 사망과 어둠 속으로 던져진 것과 같은 느낌을 일으킨다. 그리고 우리 안에 다양한 정서적 반응이 일어나는데 슬피 울며 이를 갈 정도의 분노, 절망, 우리가 겪은 파산의 의미를 점점 더 깊이 깨닫는 것 등이다. 스택하우스가 지적하는 것처럼 "지옥"은 "생명의 원천이신 하나님과 분리되어서 어떤 다른 길로 가기로 선택한 도덕적 행위자에게 임하는 자연적인 결과"다.

하나님의 진노에 관해 말하는 것은 우리가 지은 죄의 결과를 우리에

6_ 초기 교회는 하나님에 관한 성경의 신인동형론적 표현들과 씨름해야 했다. 성경은 하나님의 손, 발, 얼굴, 귀, 눈 등에 관해 말한다. 하나님은 문자적으로 우주 속 어딘가에 존재하는 몸을 갖고 계시는가? 때때로 성경은 하나님을 그와 같이 묘사한다. 하지만 그런 언어들은 당연히 상징적이고 은유적인 의미로 해석되었다. 그러나 하나님이 마음을 바꾸시거나 어떤 일을 후회하시거나 어떤 일에 충격을 받으신다는 성경의 표현은 어떤가? 이런 언어들도 **문자적** 의미로 이해되지 않았다. 하나님은 모든 일을 알고 계시고 처음과 끝을 보고 계시는 지혜 자체시다. 또한 초기 교회는 성경이 하나님을 표현하는 요소 가운데 하나인 진노에 관해서 숙고했다. 분노는 악덕의 하나로 이해되지만 하나님은 온전하신 분이시다. 초기 교회에서 제시된 유일한 견해는 아니지만 한 가지 통상적인 견해를 소개하면, 하나님의 진노에 관한 말은 어떤 사람에 대한 하나님의 "감정"을 **문자적으로** 묘사하는 것이 아니다. 오히려 그런 표현은 우리 죄인들이 하나님의 거룩하신 임재를 경험하고 우리의 죄가 드러나며 하나님의 거룩하신 임재 앞에서 우리의 죄가 불살라질 때 그 임재가 **우리에게 어떻게 느껴지는지**를 묘사하는 한 방식으로 이해할 수 있다. 우리는 하나님의 거룩하신 임재를 응보적인 분노처럼, 또 우리의 죄가 우리와 함께 가는 것처럼 경험한다. 초기 교회의 신적 분노에 관한 개념은 Paul Gavrilyuk, *The Suffering of the Impassible God: The Dialectics of Patristic Thought* (Oxford: Oxford University Press, 2004), 51-60을 보라.

게 넘기시는 하나님에 관해 말하는 것이다(롬 1:18-28). 그러나 그리스도와 연합되어 생명의 부활에 참여한다면 우리는 **동일한** 거룩한 임재와 **동일한** 신적 불을 정화의 불, 곧 우리를 새 창조에 적합하게 만들어주는 사랑의 불길로 경험하게 되는 것이다. 나는 여기서 윌스가 루이스의 『천국과 지옥의 이혼』에서 인용한 내용을 떠올리게 된다. 회색 도시를 뒤에 두고 떠나는 자는 그들이 경험하는 불길이 지옥이 아니라 연옥임을 알게 된다. **동일한** 불길이 우리가 그것에 어떻게 반응하느냐에 따라 각기 다른 목적으로 작용할 수 있다.

하나님의 순결하심에 비추어 죄의 참된 본질을 깨닫기 시작하는 바로 그때 우리는 신적 임재를 "지옥 불"로 경험하고 그 불은 지옥과 같은 해를 입힌다. 지옥 불은 죄가 전혀 나쁘지 않다는, 우리 스스로 만들어내는 모든 환상을 제거한다. 정통파 신학자 중 일부는 지옥 불이 우리가 우리 자신을 있는 그대로 바라볼 때 느끼는 내면의 심리적인 불이라고 말한다. 바로 이런 이유에서 지옥 불은 우리가 죄를 멀리하고 하나님을 향해, 곧 그리스도 안에서 인간이 되는 새로운 길을 향해 나아가도록 이끄는 역할을 할 수 있다.

하나님의 임재 안에서 이루어지는 이런 자기 확인을 통해 우리는 자신에 대한 신뢰를 포기하고 예수님 안에서 주어지는 긍휼과 은혜를 추구하는 힘을 얻을 수 있다. 이런 일은 순간적으로 이루어지지는 않을 것이다. 인간은 복잡한 피조물이고 하나님은 우리의 자유의지에 반해서가 아니라 우리의 자유의지에 맞추어(우리의 의지를 자유롭게 하기 위하여) 일하시기 때문이다. 그러나 그와 동시에 우리는 하나님의 형상으로 지음 받은 피조물이며 우리의 마음은 하나님 안에서 안식을 찾을 때까지 안식을 누릴 수 없다. 인간성의 가장 깊은 곳을 들여다보면 우리는 **모두** 진, 선, 미를 갈망한다는 사실을 알 수 있다. 비록 그 갈망이 겹겹이 쌓인 오물 아래에 묻혀 있더라도 말이다.

이는 하나님이 당신을 사랑하도록 사람들을 괴롭히는 것과는 전혀 다르다. 하나님은 단지 당신의 거룩한 임재를 사람들에게 드러내실 따름이다. 하나님의 임재는 우리의 책임을 추궁하고 우리를 심판한다. 그러나 그렇게 함으로써 더 나은 길을 가리킨다. 사람들이 은혜를 향해 나아가면 그들의 지옥은 연옥이 되고 소멸하는 불이 정화의 불이 되는 것을 깨닫게 된다. 그들은 이제 "하나님의 맹렬한 사랑"을 "영원한 자비"와 "영속적인 긍휼"로 경험한다. 이제야 사람들은 그것이 항상 그랬다는 사실을 깨닫는다. 그리하여 그들은 궁극적으로 새 예루살렘에 들어가기에 합당한 자들이 될 것이다. 그곳은 문이 늘 열려 있고 생명 나무가 치료하는 잎사귀를 맺으며 하나님의 임재가 생명을 주는 강과 같이 되는 곳이다.

▶ 결론
◤ 프레스턴 M. 스프링클

이 책에 소개된 네 가지 기고문에서 각 기고가는 제 역할을 다해냈다. 다시 말해 그들은 자기 견해를 뒷받침하는 성경적이고 신학적인 증거를 명확하고 깊이 있게 제시해주었다. 서론에서 밝혔듯이 4명의 기고가 가운데 지옥의 존재를 부인하는 사람은 아무도 없다. 전통적 지옥 교리를 옹호한 버크는 10개의 성경 본문을 상세히 검토하면서 명확하고 깊이 있는 해석을 내놓았다. 스택하우스는 버크와 마찬가지로 지옥이 돌이킬 수 없는 처벌의 장소라고 본다. 하지만 그는 그 처벌의 기간이 제한되어 있다고 주장한다. 그에 따르면 심판을 모두 받은 비신자는 절멸된다. 패리는 지옥이 실재라는 사실과 사람들이 계속되는 형벌을 겪게 될 것이라는 사실을 믿는다. 그런데 그는 만물의 궁극적 화목을 내다보는 성경 내러티브가 지옥에 있는 모든 사람까지를 그 대상으로 포함한다고 주장한다. 즉 모든 사람이 궁극적으로 구속받는다는 것이다. 월스는 버크의 전통적 지옥 견해에 동조한다. 하지만 그는 신자들이 사후에 거룩하게 되는 성화 단계를 거침으로써 영원한 삶을 위한 준비를 하게 된다고 주장한다.

나 자신도 옳다고 믿는 견해가 있지만 여기서는 최대한 공정하게 각 견해를 평가해보려 한다.

영원한 의식적 고통

버크는 성경 해석자들이 하나님과 죄에 관해 높은 관점을 갖고 지옥 문제를 다루어야 한다는 열정적인 외침으로 자신의 주장을 개진하기 시작한다. "우리는 죄를 과소평가ー죄로 말미암은 심판에 관해서도 마찬가지다ー하는 관점으로 기울곤 한다. 이는 하나님을 과소평가하는 우리의 관점 때문이다." 따라서 버크는 "영원한 의식적 고통에 관한 질문은 사실 하나님이 누구신가 하는 문제로 귀착된다"고 주장한다. 다시 말해 하나님과 죄에 관해 높은 관점을 가진 해석자는 주석적 증거가 분명한 만큼 지옥을 영원한 의식적 고통으로 보는 견해를 수용ー더불어 칭송ー하게 된다는 것이다.

버크는 자신의 견해가 열 가지 성경 본문에 토대한다고 주장한다. 그 본문들은 이사야 66:22-24, 다니엘 12:2-3, 마태복음 18:6-9과 25:31-46, 마가복음 9:42-48, 데살로니가후서 1:6-10, 유다서 1:7, 13, 요한계시록 14:9-11과 20:10, 14-15이다. 버크는 철저한 주해를 통해 이 모든 본문이 지옥을 최종적 분리, 끝없는 경험, 정당한 형벌로 가르친다고 주장한다. 버크는 명확하고 강력한 논증으로 전통적 견해를 확고하게 변호한다. 무엇보다 버크는 학자로서만이 아니라 목회자의 관점에서 지옥 문제를 바라보며 실제적인 권면을 몇 가지 덧붙임으로써 논증을 갈무리한다.

나는 여러 가지 면에서 버크와 뜻이 같다. 특히 "최종적 분리"나 "정당한 형벌"이라는 측면은 그가 인용한 열 가지 본문에서 분명하게 확인할 수 있다. 그러나 나는 이 본문들이 "끝없는 경험"이라는 측면을 버크의 생각만큼 분명하게 가르친다고 확신할 수는 없었다.

예를 들어 버크는 이사야 66:24에 기록된 "시체들"이 끝없는 고통을 겪는다고 주장한다. 그 본문이 "[시체를 먹는] 그 벌레가 죽지 아니하며

[시체를 태우는] 그 불이 꺼지지 아니하여"라고 말하기 때문이다.[1] 따라서 버크는 이사야 66:24이 "전통적 견해를 명백히 지지한다"고 말한다. 하지만 그 본문이 영원한 의식적 고통을 언급한다고 치자면 그것은 **조금도** 명백하지 않다. 버크는 "시체들"이 악인들의 부활한 몸을 가리키며, 그 몸은 영원히 죽지 않는 벌레와 꺼지지 않는 불로 인해 발생할 파괴를 견뎌낼 수 있어야만 한다고 말한다. 그에 따르면 "본문이 구체적으로 명시하지는 않지만 이 장면은 하나님의 원수들에게 끝없는 형벌을 받기에 적합한 몸이 주어진다고 가정하는 듯하다." 하지만 악인의 부활은 이사야 66:24에 구체적으로 명시되지 않을뿐더러 여기서 말하는 "시체들"은 이사야 66:16이 말하는 "여호와께 죽임당할 자"와 같은 사람들이다.

> 여호와께서 불과 칼로 모든 혈육에게 심판을 베푸신즉 **여호와께 죽임당할 자**가 많으리니(사 66:16).

따라서 "여호와께 죽임당해" 생명을 잃고 그 "시체들"이 땅바닥에 널브러진 사람들이 사실은 지옥에서 영원히 고통을 겪는 중이라고 말하는 것은 비약이다. 이는 적어도 버크가 내세운 "명백"과는 거리가 먼 이야기다. (버크가 자신의 논증을 견고히 하려고 인용한 사 26:19은 악인이 아니라 의인의 부활을 언급할 뿐이다.)

게다가 "꺼지지 않는 불"이라는 개념도 영원한 의식적 고통을 분명하게 가리킨다고 볼 수 없다. 구약성경에서 심판을 다루는 문맥에 등장하는 "꺼지지 않는 불"은 하나님의 진노가 방해받거나 뒤집힐 수 없다는 의미

1_ 원서의 성경 인용은 주로 NIV를 따랐다[이 책에서는 개역개정 성경을 따르고 필요한 부분을 덧붙였다].

를 나타낼 뿐이다. 그 진노가 끝없이 쏟아진다는 의미와는 거리가 멀다. 예를 들어 에스겔 20:47-48과 예레미야 17:27, 아모스 5:6을 보라. 이 세 본문은 모두 히브리어 "카바"(꺼지다)를 사용해 할 일을 다 하기 전에는 절대 꺼지지 않을 만큼 아주 강한 불을 묘사한다. 말하자면 "카바"는 본래 불이 문자적으로 결코 끝이 없고, 완전히 다 탈 때까지 영원히 산송장들을 태우고 또 태우는 것을 의미하지 않는다. "카바"는 불의 지속 기간이 아니라 불의 힘(즉 하나님의 심판)을 강조한다. 곧 결코 **소멸하지**(die out) 않을 것이 아니라 **꺼질**(put out) 수 없는 상태를 가리킨다.

"죽지 아니할" 벌레에 관한 언급은 더 난해하다. "죽지 아니할" 것이 사람들의 "시체들"이 아니라 단지 벌레라는 점을 주목해야 한다. 어쨌든 이사야는 하나님이 이 벌레에게 영원한 내세를 주실 것이라고 약속하는 것인가? 이 벌레에게 생명 나무를 갉아 먹는 것이 허용될 것인가? 이사야는 죽지 아니하는 벌레 심상을 하나의 은유로 사용할 뿐이다. 또한 이 벌레는 꺼지지 않는 불과 평행 관계를 이루며 심판의 지속 기간이 아니라 심판의 힘과 확실성을 강조하는 의미를 띤다. 이는 예레미야 7:33에 등장하는 짐승/새와 매우 흡사하다. 그것들은 결코 두려움 때문에 자신들이 먹잇감으로 삼은 시체들에서 쫓겨가는 법이 없다.

이사야 66:24이 "전통적 견해를 명백히 지지하는지" 재검토하면 다른 본문들 역시 그리 분명하게 전통적 견해를 지지하지는 않는다는 사실이 드러난다. 버크는 "거기에서는 구더기도 죽지 않고 불도 꺼지지 아니하느니라"고 말하는 마가복음 9:8이 이사야 66:24에 기초한다고 정확히 지적한다. 예수님이 이사야서 본문을 올바르게 해석하셨다고 할 때, 아마도 예수님이 영원한 의식적 고통을 염두에 두고 계시지는 않은 듯하다. 다시 말해 다른 성경에서 사용되는 용례에 비추어 해석해볼 때 이사야서 본문의 심상들은 영원한 의식적 고통을 가리키지 않는다고 할 수 있다.

유다서 1:7에 대한 버크의 해석은 특히 흥미롭다. 유다서 1:7은 소돔과 고모라의 멸망―그들의 고통이 아니다―을 경건하지 아니한 자에게 일어날 일의 한 사례로 언급한다. 버크는 유다서 1:7을 인용하면서 다음과 같이 주장한다. "소돔과 고모라의 멸망은 지옥에 떨어진 악인들이 겪을 모종의 종말론적 절멸을 암시하지 않는다. 오히려 이 악명 높은 성읍들에 쏟아진 불은 '영원한 불' 또는 '오는 시대에 임할 불'이 현시대에 침투한 사건의 본보기 중 하나다." 그러나 유다는 소돔과 고모라가 "땅에서 멸망 당할 때 영원한 불의 형벌을 받음으로 거울이 되었느니라"고 말한다 (유 1:7). 우리는 창세기 19장에서 소돔과 고모라의 멸망에 관한 기사를 읽을 수 있다. 창세기 19장 본문에는 지속적 고통에 관한 언급이 없다. 또한 소돔과 고모라는 여전히 "영원한 불"에 타고 있는 것이 아니다. "영원한 불"(퓌로스 아이오니우)이라는 말은, 다시 말하지만 하나님이 내리시는 심판의 지속 기간이 아니라 그 심판의 강도를 가리키는 데 사용된 구약성경의 심상이다.

유다서 1:7의 의미는 이와 평행을 이루는 베드로후서 2:6을 통해 확증된다. 유다서 1:7과 베드로후서 2:6에서 사상, 심상, 논증, 의미의 흐름은 놀라울 정도로 서로 겹친다. (그리고 이에 대해 아무도 왈가왈부하지 않는다.) 그러므로 유다서 1:7과 베드로후서 2:6을 상호 참조하는 것이 중요하다.

[하나님이] 소돔과 고모라 성을 멸망하기로 정하여 재가 되게 하사 후세에 경건하지 아니할 자들에게 본을 삼으셨으며(벧후 2:6).

버크는 베드로후서 2:6을 다루지 않았으므로 이 본문에 대해서 그가 어떻게 말할지 잘 모르겠다. 그러나 베드로후서 2:6은 분명히 소돔과 고모라를 "[불살라] 재가 되게 하사 후세에 경건하지 아니할 자들에게 본을 삼으셨다"고 말한다. 이처럼 유다서 1:7과 유사한 사상과 용어의 평행이 두드러지는 베드로후서 2:6(그리고 나는 유다서 1:7도 그렇다고 주장하겠다)은 정직하게 주석하면 전통적 견해를 지지하는 의미로 해석할 수 없다.

내 생각에는 버크가 전통적 견해를 옹호하기 위해 제시한 최고의 본문은 마태복음 25:46이다. 마태복음 25:46에서 예수님은 악인들은 "영벌에, 의인들은 영생에 들어가리라"고 말씀하신다. "영벌"과 "영생"의 평행은 버림받은 자의 처벌이 영원히 이어질 것이라는 점을 강력히 암시한다. 왜냐하면 구원받은 자에게 주어진 생명이 영원히 이어질 것이기 때문이다. 그러나 버크는 형용사 "영원하다"(아이오니오스)가 처벌 **행위**가 아니라 그 **결과**를 묘사할 가능성, 또 여기서 예수님이 형벌의 영원한 지속(punish*ing*)이 아니라 형벌의 영원한 상태(punish*ment*)에 관해 경고하시는 것으로 볼 가능성—어떤 이는 개연성이라고 말할 것이다—을 보지 못하고 있다. 이때 형벌의 영원한 상태는 다른 성경 본문(마 10:28; 요 3:16; 롬 6:23)에서 사망과 멸망으로 묘사된 것을 의미한다. 어쨌든 히브리서 9:12이 우리의 "영원한 속죄"를 언급할 때 그 말은 끝없는 구속 행위의 지속(redeem*ing*)이 아니라 하나님의 구원 행위로부터 나오는 끝없는 구속의 상태(redemp*tion*)를 가리킨다고 보아야 한다.

지옥에 관한 영원한 의식적 고통 견해를 옹호한 버크의 확언이 옳을지도 모른다. 이 견해는 확실히 역사 대대로 저명한 신학자들의 수많은 지지를 받아왔고 그 전통은 결코 무시될 수 없다. 그러나 이 견해가 버크가 기초로 삼은 성경 본문들 속에 명확히 나타나는 것처럼 보이지는 않는다.

종결적 형벌

나는 스택하우스가 지옥에 관한 질문을 다룰 때 철학, 신학, 성경 주석을 건전하게 결합하는 점이 마음에 든다. 지옥에 관한 논쟁들은 종종 충분한 주석 없이 철학적 주장에 머무르거나 신학적 불일치를 다루지 않고 주석적 사실만 상술하는 쪽으로 흐르는 경향이 있다. 그러나 스택하우스는 세 가지 모든 차원 곧 철학, 신학, 주석 차원에서 다양한 문제들을 다루며 그 안에서 이루어지는 상호 작용을 언급한다. 그러면서도 스택하우스는 그가 옹호하는 절멸주의, 또는 그가 말하는 "종결적 형벌" 견해를 주장할 때 성경 주석에 우선권을 두려고 했다.

스택하우스의 견해에서 내가 반복해서 읽으며 긍정하고 싶은 내용이 몇 가지 있다. 첫째, "영원하다"(아이오니오스)라는 말에 관한 스택하우스의 설명은 다시 살펴보고 진지하게 고찰할 필요가 있다. 해석자들은 때때로 "처벌"과 같은 행동 명사를 묘사할 때 사용되는 "아이오니오스"가 처벌 행동이 영원토록 이루어지는 것을 의미한다고 추정한다. 그러나 스택하우스는 이것이 결단코 사실이 아님을 증명한다. 스택하우스는 다음과 같이 주장한다. "분명한 것은 일정 시간 동안 일어나는 사건이나 행동과 그 사건이나 행동의 '끝없는' 결과 사이에 중대한 차이가 있다는 점이다. 물론 그 사건이나 행동의 결과에는 영속적 함축성이 있기에 그 사건이나 행동 자체가 '영원한' 것으로 불리기도 한다." 다시 말해 "영원한 속죄"라는 말에서 영원한 것은 하나님의 구속 행위 자체가 아니라 그 행위의 **결과**다.

달리 말하면 지옥의 지속 기간은 문맥에 따라 파악되어야 한다. 단순히 "아이오니오스"라는 말에서 추론되어서는 안 된다.

둘째, 스택하우스는 악인의 운명을 묘사하는 데 사용된 성경의 지배적 용어가 모종의 "종결적 형벌"을 암시한다고 지적한다. "사망", "멸망", "멸하다", "소멸"과 같은 말이 다른 어떤 말보다 더 빈번하게 사용되고, 이런 말들의 자연적 (그리고 사전적) 의미는 지속적인 의식적 실존보다 종결성을 가리킨다는 것이다. 그러나 이는 사전에서만 그렇다. 실제 의미는 개별 본문의 문맥을 주의 깊게 살펴보아야 한다.

셋째, 스택하우스는 "죄의 삯은 **사망**"(롬 6:23)이라는 성경의 주제에 주의를 기울인다. 성경에 따르면 범죄에 적합한 형벌은 사람들이 계속해서 고통을 겪는 것이 아니라 자기들의 죄에 대해 사망을 겪는 것이다. 사망─생명의 중단, **사형**─이 죄의 결과다.

넷째, 마지막으로 스택하우스는 불멸성이란 타락한 인간의 본질적 요소가 아니고 예수님의 죽음과 부활로 말미암아 신자들에게 주어지는 선물이라는 점을 강조한다. 그래서 스택하우스의 입장을 가리키는 말로 "조건적 불멸설"이라는 용어가 종종 사용된다. 사람들이 불멸의 존재가 아니라면 그들은 그 본성에 따라 어느 시점에 죽게 된다. 그리고 오직 예수님을 믿는 자만이 영원히 살 것이다. 그러나 이 책에 제시된 지옥에 관한 다른 견해들은 **모든 사람**이 영원히 살 것이라고 입을 모아 말한다. 버크와 월스는 어떤 사람들은 영원한 지복 상태에서 영원히 살고, 다른 사람들은 영원한 의식적 고통 속에서 영원히 살 것이라고 믿는다. 패리는 모든 사람이 회개하고 영원한 지복 상태에서 영원히 살게 될 때까지 어떤 고통을 겪으며 살게 될 것이라고 믿는다. 스택하우스는 이들과는 사뭇 다르다. 그 이유는 악인은 영원히 살지 못하며 그들의 생명이 어느 시점에 끝나게 될 것이라고 믿기 때문이다.

스택하우스에 따르면 성경의 증언은 영원히 사는 것[영생]의 조건이 예수 그리스도를 믿는 믿음이라는 사실을 매우 분명히 한다(딤후 1:10; 고전 15:53-55; 참조. 창 3:22). 그렇다면 스택하우스를 제외한 다른 기고가들은 성경적으로 예수님을 믿지 **않는** 자가 어떻게 불멸성을 갖게 되는지 설명해야만 한다. 패리는 이 질문에 쉽게 대답하는데 그것은 그가 모든 사람이 예수님을 믿게 될 것이고, 그 결과 모든 사람이 끝없는 삶을 경험할 것이라고 믿기 때문이다. 하지만 패리는 불멸의 존재가 아닌 버림받은 자가 믿음을 갖게 되기까지 매우 긴 시간을 어떻게 지옥에서 견뎌낼 수 있는지 설명해야 한다. 패리의 견해에 따르면 회개한 후에 완전한 불멸의 허가증이 주어질 때까지는 그들에게도 모종의 불멸성이 허락되어야 한다. 그러나 나는 이런 견해에 동조할 수 없다.

그런데 여기서 나는 스택하우스의 입장을 어느 정도 비판하려고 한다. 사실 여기서 비판하는 내용은 내가 동의하는 내용이다. 스택하우스는 인간의 불멸성에 관해 말할 때 "영생은 **신자들**에게 주어진 하나님의 선물"(요 3:16; 고전 15:50-54)이라고 주장한다. 확실히 맞는 말이다. 하지만 "영생"에 관한 성경의 개념은 생명의 지속 기간, 곧 끝없이 사는 것으로 제한되지 않는다. 성경은 생명의 지속 기간만이 아니라 생명의 **질**도 똑같이 강조한다. 예수님은 이렇게 말씀하신다. "영생은 곧 유일하신 참 하나님과 그가 보내신 자 예수 그리스도를 아는 것이니이다"(요 17:3). 따라서 신자에게 영생을 약속하는 요한복음 3:16과 다른 본문들도 신자에게 특별히 주어지는 생명의 질과 연관될 수 있다. 이 본문들은 본질상 신자만 영원히 살 것이라는 의미로 **결코** 고정되지 않는다. 성경에 따라 생각하면 악인과 의인은 이론상 모두 영원히 살 수 있으나 신자만 **영원한** 생명을 경험한다.

비판을 덧붙이자면 나는 스택하우스가 악인이 지옥에서 끝없이 고통을 겪을 것이라는 전통적 견해의 근거로 제시되는 본문들을 철저히 다루었다고 생각하지 않는다. 스택하우스는 마태복음 25:46은 "명백하게" 끝없는 처벌의 과정이 아니라 돌이킬 수 없는 처벌의 결과(따라서 그의 견해를 지지하는)에 대해 말한다고 주장한다. 어쩌면 스택하우스가 옳을 수 있다. 하지만 나는 스택하우스가 요점을 증명하기 위해서는 더 탄탄하고 건전한 주석적 증거를 제시해야 한다고 본다. 마태복음 25:46을 액면 그대로 다룬다면 다른 의미를 띠는 것으로 보이기 때문이다.

또한 요한계시록 14:9-11에 관한 스택하우스의 설명도 만족스럽지 않다. 스택하우스의 해석이 전통적 견해가 제공한 간명한 해석보다 더 어렵게 느껴지기도 한다. 요한계시록 14:9-11은 짐승을 경배하는 자가 "고난"을 받을 것이라고 말하지 단순히 죽임당할 것이라고 말하지 않는다. 또한 "짐승과 그의 우상에게 경배하고 그의 이름 표를 받는 자는 누구든지 밤낮 쉼을 얻지" 못할 것이다. 물론 이런 묘사는 상징으로서 처벌 행위를 가리키는 것이 아닐지도 모른다. 그러나 이는 단순한 추정이 아니라 주석을 통해 증명되어야 한다. "밤낮 쉼을 얻지 못하리라"는 말은 어떤 사람이 죽음을 맞아 종결적 형벌에 이르는 모습의 묘사로는 어울리지 않는다.

적어도 정직한 해석자라면 그토록 많은 그리스도인이 역사적으로 요한계시록 14:9-11을 해석하면서 악인이 세세토록 처벌을 받을 것이라는 사실을 확신했다는 사실에 충격을 받아서는 안 된다. 세밀한 사항들에 대해서는 흠을 잡을 수 있겠으나 전통적 견해에는 최소한 어느 정도의 주석적 요소가 포함되어 있다.

궁극적 화목(보편구원론)

내가 보기에 패리의 기고문은 매우 매력적이다! 정말 정직하게 말한다면 패리의 기고문은 획기적인 전환점을 이루었다고 생각한다. 내가 이렇게 말하는 것은 패리의 최종적 결론에 동의하기 때문이 아니라(나는 동의하지 않는다), 패리가 종종 이단으로 추정되었던 견해를 성경적 주석과 신학이 활동하는 무대 속에 들여놓았기 때문이다. 그리스도인들은 더 이상 패리의 견해가 비정통적이라고 무시할 수 없다. 우리는 이제 진정으로 성경을 활짝 펼쳐놓고 너그러운 베뢰아 사람들(행 17:11)처럼 "이것이 그러한가?" 하고 상고해보아야 한다.

보편구원론 또는 궁극적 화목 견해는 모든 길이 천국에 이르는 길이라고 주장하는 다원주의를 연상시키기 때문에 종종 무시를 당한다. 그러나 패리는 보편구원론이 다원주의보다 훨씬 더 복합적이라는 사실을 증명했다. 패리가 증명한 것처럼 궁극적 화목 견해를 지지하는 데 사용될 수 있는 성경 본문들은 꽤 많다. 롭 벨로 대표되는 대중 저술가들은, 결국 사랑이 승리할 것이라고 주장하면서 정서적 호소와 수사학(그리고 다소 끔찍한 주석)에 의존함으로써 보편구원론에 해를 끼쳤다. 그런데 유감스럽게도 패리의 견해는 대중의 인기를 끄는, 주석적으로 빈약해서 학자들의 외면을 받는 이런 주장들과 함께 묶여버렸다.

그러면 우리는 패리의 주장을 어떻게 생각해야 할까? 만약 스택하우스가 옳다면 패리는 잘못되었다고 곧바로 말할 수 있다. 만약 악인이 그리스도가 재림하실 때 종결적 형벌(사망)에 이른다면 그리스도를 영접할 기회는 다시 얻지 못할 테니 말이다. 전통적 견해(윌스의 연옥 견해를 포함하여)는 버림받은 자가 언젠가는 회개하고 지옥에서 해방될 것이라는 패리의 주장을 논리적으로 인정할 여지가 있지만 스택하우스의 종결적 형벌 견해는 그럴 여지를 완전히 없애버린다.

그러나 스택하우스가 옳지 않다면 패리의 궁극적 화목 견해를 어떻게 이해해야 할까?

첫째, 나는 패리가 그리스도의 속죄 사역에 중점을 두는 견해를 옹호하고 있다는 사실을 강조하고 싶다. 패리는 예수님의 죽음은 매우 강력하고, 예수님의 피는 너무 효력이 커서 얼마든지 인간의 불신앙을 압도하고 반전시킬 수 있다고 믿는다. 만약 패리의 기고문을 읽고 패리는 "모든 길이 천국으로 통한다"고 생각하는 다원주의자라고 결론을 내린 사람이 있다면 그는 패리의 기고문을 제대로 읽은 것이 아니다. 패리는 그렇게 믿지 않는다. 패리는 그리스도의 죽음과 부활이 구원의 유일한 수단이라는 점과 하나님이 값없이 제공하시는 용서는 현세에서나 내세에서나 회개하고 믿는 모든 자에게 유효하다는 것을 믿는다. 어쨌든 오늘의 하나님은 내일의 하나님과 같지 않으신가? 그렇다면 용서하시는 하나님이 왜 미래에는 용서하시지 않는 분으로 바뀌겠는가?

복음주의자들은 패리의 주장을 깊이 그리고 비판적으로 —무엇보다 **성경적으로**—숙고할 필요가 있다. 솔직히 말하자면 나는 정말 패리가 옳았으면 하고 바란다.

그러나 패리의 기고문은 여전히 몇 가지 주석 문제에 대해 제대로 된 답변을 내놓지 못하고 있다. 종결적 형벌을 지지하는 모든 성경적 증거는 패리의 견해를 배제하는데, 나는 패리가 그렇게 절멸을 지지하는 것처럼 보이는 성경 본문들을 성공적으로 설명해냈다고 생각할 수 없다. 내가 보기에 그 본문들을 성공적으로 설명하지 못한다면 패리는 궁극적 화목의 힘을 주장하면서 종결적 형벌에 반대할 자격이 없는 것이다.

또한 패리는 구약성경을 근거로 하나님이 이스라엘에 내리신 "형벌"은 단순한 응보적 고통이나 파괴가 아니라 "성화"의 관점에서 주어진다고 주장한다. 다시 말해 (바벨론) 유수 사건 —옛 언약의 관점에서 보면 궁극적인 형벌—은 결코 이스라엘의 존속을 종결시키거나 고통을 무기한 지속시키기 위해 마련된 것이 아니었다. 오히려 유수 사건은 불순물을 태워버려 이스라엘을 정화하고 의인들을 하나님 나라에 더 합당한 존재로 만들기 위해 준비된 것이었다. 패리는 구약성경이 심판받는 자에게 무덤 너머에 소망이 있다는 사실을 강조한다고 주장한다.

그러나 이런 주장은 결정적인 논점을 증명 없이 옳은 것으로 가정한 결과로 보인다. 구약성경에서의 형벌은 **집단적으로** 정화를 목표로 하는 것처럼 **개인적으로도** 항상 똑같이 정화를 목표로 삼는가? 패리는 그렇게 추정하는 것 같다. 하지만 나는 패리의 그런 전제를 인정할 수 없다. 대다수 이스라엘 사람들이 바벨론의 침략으로 죽임을 당했다는 사실을 떠올려보자(겔 5:1-12). 오직 남은 자만 포로로 잡혀갔고 나중에 귀환한 자는 훨씬 더 적었다. 다시 말해 대부분의 이스라엘 사람들은 심판의 이면에서 소망을 발견하지 못했다. 대다수 사람이 죄에 관한 하나님의 언약적인 진노에 따라 죽임을 당했다. 그리고 스택하우스가 패리의 기고문에 답변하면서 지적한 것처럼 구약성경에서도 정화에 관한 모든 본문은 이스라엘 전체가 아니라 이스라엘의 남은 자에게만 소망이 있음을 말한다고 볼 수 있다(호 1:9-10). (그리고 신약성경은 새 언약 시대의 유대인/이방인 신자들을 이스라엘의 남은 자라고 본다[롬 9-10장].)

집단적 정화로 모든 개인의 불순물이 불태워지는 것은 아니다. 하나님이 옛 세대에 속한 사람들이 다 죽을 때까지 40년 동안 약속의 땅에 들어가지 못하고 광야에서 방황하게 하심으로써 이스라엘을 처벌하실 때(민 14:26-35), 그 형벌은 (최소한 부분적으로는) **이스라엘 민족**을 정화하려는 의도가 있었겠지만 **죽은 자**의 정화와 관련된다는 암시는 전혀 없다. 마찬가지로 노아의 가족을 제외하고 모든 사람을 쓸어버린 홍수는 **인류**를 정화하려는 의도를 가질 수 있지만(창 6:11-8:19), 이미 **지옥에 떨어진 자**를 정화하려는 의도가 그 홍수에 있었다고 믿을 만한 이유는 조금도 볼 수 없다. 베드로와 유다는 이런 사건들을 마지막 날에 일어날 일의 본보기로 제시함으로써(벧후 2:5; 유 1:5), 집단적으로 정화될 인간이 있더라도 불순물과 같이 불살라질 악인들은 그렇지 않다는 사실을 암시한다.

만약 패리가 구약성경에서 집단적 정화를 위한 형벌 개념으로부터 개인적 정화 개념을 이끌어내는 것이 옳다면, 또 신약성경이 (최종성과 같은 것이 아니라) 개인적 성화로서의 형벌 개념을 공유한다면 패리는 강력한 논거로 무장할 수 있다. 그러나 신약성경은 패리가 구약성경에 표현되어 있다고 주장하는, 일종의 악인을 위한 무덤 너머의 소망을 주장하는 것처럼 보이지 않는다.

내가 보기에 신약성경에는 악인에 대한 하나님의 돌이킬 수 없는 심판이 매우 흔한 주제로 나타난다. 우리는 이것을 쭉정이, 가라지, 가지를 태워버리는 것(마 3:12; 7:19; 13:40; 요 15:6), 무너진 집, 내버려진 물고기, 뽑힌 나무, 찍혀버린 포도나무(마 7:27; 13:48; 15:13; 눅 13:7), 땅에 떨어진 가루 또는 흩어진 가루(마 21:41, 44; 24:51) 등과 같이 악인의 최후 상태를 묘사하는 무수한 비유들에서 확인한다. 비록 이것들이 모두 비유이며 문자적 묘사가 아니라고 해도, 그 비유들은 모두 악인의 심판이 최종적이라는 사실을 암시한다.

또한 돌이킬 수 없는 하나님의 심판은 멸망에 연관되는 신약성경의 용어(아폴뤼미, 올레테로스)에서 극명하게 확인된다. 이 말들이 때때로 "멸망"(destruction)이 아니라 "파괴"(ruin)만을 의미하는 것도 사실이지만(예. 막 3장), 공관복음서에서 능동태로 "아폴뤼미"(멸망하다, 죽이다, 파괴하다)가 사용되어 한 인격적 행위자가 다른 인격적 행위자에게 가하는 행동을 묘사할 때는 언제나 "죽이다"나 "처형하다"를 의미한다(예. 마 2:13; 10:28; 21:41; 27:20; 막 3:6; 9:22; 눅 6:9).[2] 이 의미는 신약성경에서, 특히 미래의 심

2_ Glen Peoples, "Introduction to Evangelical Conditionalism," in *Rethinking Hell: Readings in Evangelical Conditionalism*, eds. Christopher M. Date, Gregory G. Stump, Joshua W. Anderson (Eugene, OR: Cascade Books, 2014), 21-22을 보라.

판을 염두에 두고 있는 문맥에서 한 행위자가 다른 행위자에게 가하는 행동을 "아폴뤼미"로 표현하는 거의 모든 용법 속에 내포되어 있는 것으로 보인다.

우리는 이런 비유와 용어의 목록에 소돔과 고모라의 멸망도 추가할 수 있다(눅 17:27, 29, 32; 벧후 2:6; 유 1:7). 이는 종종 미래에 악인에게 임할 심판의 본보기로 간주되는 사건이다. 앞서 살펴보았듯이 베드로는 하나님이 소돔을 "[불살라] 재가 되게 하사 후세에 경건하지 아니할 자들에게 본을 삼으셨다"고 말한다(벧후 2:6). 이에 관해 페리는 "[불살라] 재가 되게 하신 것"이 실제로는 "후세에 경건하지 아니할 자들에게 본"이 되지 **않는다**고 해석해야만 하는 어려움에 빠진다.

페리는 에스겔 16:53-58에 나오는 소돔의 운명에 관해 흥미로운 질문을 제기한다. 거기서 하나님은 "소돔과 그의 딸들의 사로잡힘과 사마리아와 그의 딸들의 사로잡힘을 풀어줄"(겔 16:53) 것이라고 말씀하신다. 이는 하나님이 문자적으로 소돔 거민들을 부활시켜 그들에게 영생을 주실 것을 의미하는가? 이런 해석이 가능하기는 하지만 나는 그런 의미로 생각하지 않는다. 예언자 에스겔은 수사적 용법을 신학적 (그리고 논리적) 범주를 넘어 사용하는 것으로 유명하다. 에스겔 16장은 하나님이 길에 버려진 아이를 자식으로 삼은 후 그와 혼인하시는 것으로 묘사한다(겔 16:1-14). 그러면 야웨(YHWH)가 근친상간을 저지르는 하나님이란 말인가? 또한 에스겔 23장에 기록된, 하나님이 두 아내 곧 오홀라와 오홀리바를 두고 계신다는 말을 문자적으로 이해하면 어떻겠는가?

확실히 에스겔의 수사법은 논리적 범주 속에 집어넣을 수 없다. 오히려 에스겔은 남 왕국 유다를 부끄럽게 하려는 의도에서 소돔을 긍정적으로 평가한다. "**네가 네 형과 아우를 의롭게 하였은즉** 너는 놀라며 네 수치를 담당할지니라"(겔 16:52). 여기서 에스겔의 초점은 고대의 소돔이 맞을 미래의 구원이 아니라 유다의 죄악에 있다. 예수님도 비슷한 수사법을 사용해 소돔이 유대의 성읍인 고라신, 벳새다, 가버나움보다 더 낫다고 말씀하신다(마 12:20-24). 그리고 베드로와 유다가 말한 것처럼 소돔이 궁극적으로 심판받을 것이라고 말씀하시지 구원받는다고 말씀하지는 않으신다.

하나님의 심판이 돌이킬 수 없는 성격을 갖고 있음을 명백히 진술하는 다른 본문들도 패리의 주장과 어긋나는 것으로 보인다. 예를 들면 패리가 언급하지 않는 누가복음 13장을 보라. 거기서 예수님은 좁은 문 비유를 말씀하신다. "집주인이 일어나 문을 한 번 닫은 후에 너희가 밖에 서서 문을 두드리며 '주여, 열어주소서' 하면"(눅 13:25). 패리의 견해에 따르면 회개하고 문에 들어갈 기회가 영원한 선택으로 남아 있어야 한다. 그러나 예수님의 비유는 문이 닫히고 다시는 열리지 않을 때가 있으리라는 점을 매우 확실히 말해준다. 또한 누가복음 13:28에서 슬피 울며 이를 가는 자의 심상은 예수님이 내세를 염두에 두고 계셨음을 암시한다.

비록 패리의 견해가 주석적 문제점을 많이 갖고 있다고 하더라도, 나는 특별히 강력해 보이는 패리의 두 가지 주장을 강조하고 싶다. 그러나 이에 관한 나 자신의 견해는 밝히지 않겠다. 여기서 이 두 주장을 추천하고 싶은 이유는 여러분이 이 두 주장의 힘을 숙고해보기를 바라기 때문이다.

첫째, 바울은 로마서 5장에서 "한 범죄로 **많은 사람**(all people)이 정죄에 이른 것 같이 한 의로운 행위로 말미암아 **많은 사람**(all people)이 의롭다 하심을 받아 생명에 이르렀느니라"(롬 5:18)고 말한다. 만약 첫 번째 "많은 사람"이 모든 사람―문맥에 비추어볼 때 가장 개연성이 큰 의미다―을 가리킨다면, 두 번째 "많은 사람"은 무엇을 의미하는가? 전자는 "모두"를 의미하지만 후자는 단지 "어떤"을 의미한다는 주장은 어떻게 보아도 주석적으로 의심스럽다.

둘째, 요한계시록 15장은 "주의 의로우신 일이 나타났으매 만국(All

nations)이 와서 주께 경배하리이다"(계 15:4)라고 말한다. 패리가 지적하는 것처럼 요한계시록에서 "만국[민족들]"이라는 말은 항상 "회개의 촉구를 끝까지 거부하고"(계 14:6) 성도들 및 어린 양에 맞서 최후의 전쟁에 나서는(계 20:8), 그리하여 하나님의 종말론적 진노의 대상이 되는 악인들을 가리킨다(계 11:8; 12:5; 19:15). 그러나 요한계시록 15:4과 새 예루살렘의 성문이 만국이 들어가도록 열린다고 말하는 요한계시록 21:24-25은 마지막 때에 "만국"에 소망이 있다는 사실을 선언하는 것으로 보인다. 나는 신학교에서 그리스어 본문을 주석하면서 한 단어나 어구의 의미를 알아내는 한 가지 방법은 성경 저자가 다른 본문에서 그 말을 어떻게 사용하는가를 파악하는 것이라고 배웠다. (패리에 따르면) 요한계시록에서 "만국"은 항상 악인들을 가리키기 때문에 나는 나의 주석 규칙에 따라 요한계시록 15:4에서 "만국"은 **모든 사람**을 가리키고, **모든 사람**이 하나님께 "와서 경배할" 것이라고 결론 맺을 수 있다.

　독자 여러분은 이 두 주장을 깊이 생각해보기 바란다.

연옥

월스의 기고문은 다른 세 기고문과 차이가 있는데, 그것은 월스가 악인이 아니라 의인을 기다리고 있는 내세에 초점을 맞추기 때문이다. 월스는 자신의 기고문에서, 그리고 버크의 기고문에 관한 논평에서 말한 것처럼 악인을 위해 마련된 지옥의 본질과 지속 기간에 관해 전통적 견해를 가지고 있다. 비신자는 지옥에서 영원한 의식적 고통을 당할 것이라고 본다는 말이다. 그러나 월스의 초점은 전통적 견해를 전개하고 옹호하는 데 있지 않다. 오히려 그는 전통적으로 로마 가톨릭이 의인의 내세관으로 주장하는 것으로 알려져 있고 개신교인은 생각조차 하기 싫어하는 연옥 교리를 검토하고 옹호한다.

월스는 연옥에 관한 두 가지 신학적 관점을 중대하게 구분한다. 한 관점은 연옥을 **보속**의 수단으로 보는 것이고, 다른 하나는 **성화**의 수단으로 보는 것이다. (물론 논리적으로는 둘 다 포용할 수 있다.) "성화 모델은 도덕적·영적 변화에 초점이 있다. 하지만 보속 모델은 공의의 빚을 갚게 하려고 형벌을 부과하는 것에 초점이 있다." 월스에 따르면 종교개혁자들은 연옥 교리를 거부할 때 명확히 보속 모델을 거부한 것이며 그 이유는 보속 모델이 그리스도의 십자가 속죄 사역을 부인한다고 생각했기 때문이다. 그러나 월스는 다음과 같이 지적한다.

연옥의 보속 모델에 대한 거부가 반드시 성화 모델의 거부를 의미하지는 않는다. 연옥의 성화 모델은 우리에게 왜 연옥이 필요한지에 대해 근본적으로 다른 설명을 제공한다. 실제로 연옥의 성화 모델은 개신교 신학과 온전히 양립할 수 있고, 더 나아가 개신교 신학의 어떤 형태와는 자연스러운 조화를 이룬다.

내가 이 설명에 주의를 기울이는 것은 개신교인들에게 연옥의 "성화 모델"이 어떤 성경적 또는 신학적 장점을 갖고 있는지 재고하거나 숙고하도록 처음으로 문을 열어놓았기 때문이다. 확실히 월스는 연옥의 성화 모델에 그런 장점이 있다고 말한다.

성경적으로 월스는 히브리서 12:14과 요한계시록 21:27과 같은 본문들을 활용한다. 이 두 본문은 의인이 주의 임재 속에 들어가려면 순전하고 거룩해야 한다고 말한다. 말하자면 신자들은 그들의 첫값이 치러졌다고 해도 거룩해질 필요가 있다는 것이다. 이 두 본문은 성화의 결과를 가리키고, 월스가 지적하는 것처럼 이 성화는 신적 행위와 인간적 행위를 모두 포함한다(예. 빌 2:12-13). 성화는 현세에서 신적 행위 및 인간적 행위를 모두 포함하므로, 논리적으로-또는 신학적으로-성화되기 전에 죽는 자는 내세에서 성화 과정을 계속 거쳐야 한다는 결론이 충분히 도출될 수 있다.

월스는 성경이 연옥 교리를 명시적으로 가르치는 것은 아니라는 점을 인정한다(하지만 고전 3:10-16을 보라). 그 대신 연옥 교리는 다른 명확한 교리들에서 신학적으로 추론한 것이다. 여기서 월스가 삼위일체 교리를 연옥 교리의 유비 사례로 제시하며 펼친 논증은 설득력이 있다. 성경은 **삼위일체**라는 말을 사용하지 않는다. 또 그와 관련된 니케아 신조의 조항을 명시적으로 진술하는 것도 아니다. 하지만 복수의 신적 위격이 하나님의 단일성과 결합하면서 삼위일체 교리의 성경적 기초를 제공한다.

나는 월스가 이처럼 명쾌하고 매력적인 논문을 쓴 것을 칭찬하고 싶다. 나는 이 기고문 때문에 분명히 많은 생각을 하게 되었다. 그러나 나의 첫 번째 질문은 조금 전에 연옥 교리-심지어는 성화 모델도-가 성경적 증거를 결여하고 있다고 말한 것과 관련된다. 신약성경은 성화에 관해 많은 지면을 할애한다. 신자들에게 거룩함을 추구하라고 권면하지 않는 본문은 거의 없다. 또한 신약성경은 미래에 있을 신자들의 부활에 대해서도 자주 언급한다. 그러므로 내가 보기에 이 두 주제와 관련된 이처럼 중대한 요소-부활 이전에 성화의 시기가 있다는 것-가 신학적 추론에 맡겨지는 것은 합당하지 않은 것 같다.

더구나 패리가 월스의 기고문에 답변할 때 지적한 것처럼 신약성경은 고린도전서 15:51-52과 같은 본문에서 예수님이 재림하실 때 순간적 변화가 일어날 것이라고 약속한다. 이 고린도전서 본문은 신자들이 "마지막 나팔에 순식간에 홀연히 다 변화될" 것이라고 말한다. 또한 요한1서 3:2도

"그[그리스도]가 나타나시면 우리가 그와 같을 줄을 아는 것은 그의 참모습 그대로 볼 것이기 때문이니"라고 말한다. 나는 패리가 제시한 본문 목록에 데살로니가전서 4:13-17과 빌립보서 3:20-21도 추가할 것이다. 빌립보서 3:20-21은 "주 예수 그리스도는…우리의 낮은 몸을 자기 영광의 몸의 형체와 같이 변하게 하시리라"고 말한다(참조. 롬 8:18-23). 물론 신약성경은 이미 죽은 신자들의 직접적 상태(즉 죽음과 부활 사이의 중간 상태)를 상세히 설명하지 않는다. 하지만 이 상태를 언급하는 두 본문(고후 5:1-5; 빌 1:21-23)은 죽은 신자가 곧바로 그리스도의 임재 속에 들어간다고 말한다. 연옥에서의 사전 준비 단계에 관해서는 아무 언급이 없다.

따라서 우리는 그리스도가 재림하실 때 신적 행위로 말미암아 일어날 순간적 변화에 관해 말하는 것처럼 보이는 본문은 있지만, 사람의 죽음과 부활 사이에 신인협력을 통해 변화가 일어나는 시기가 있다는 것을 명확히 말하는 본문은 하나도 없다는 사실을 확인할 수 있다. 비록 개신교의 십자가 신학이 연옥 교리를 인정할 수 있다손 치더라도, 바로 이런 이유 때문에 나는 연옥 교리에 대해 의문을 품지 않을 수 없다.

우리는 여기서 어디로 가는가?

이 책은 독자에게 기독교의 내세관, 특히 지옥의 본질에 관한 다양한 견해를 더 깊이 생각하도록 자극을 주려는 의도로 기획되었다. 다시 말하지만 이 책의 모든 기고가가 지옥의 존재를 인정한다. 다만 지옥의 본질에 관해서는 각기 견해가 다르다. 각 기고가는 자신의 견해에 관해 견고한 성경적·신학적 논증들을 제공했다. 서론에서 말한 것처럼 성경을 믿는 그리스도인들은 이들의 견해를 무시하기보다는 붙들고 씨름하려는 태도를 지녀야 한다.

일부 보수적인 그리스도인은 패리의 "궁극적 화목"(보편구원론) 견해와 월스의 "연옥" 견해는 복음주의 기독교의 범주에 들지 못한다고 생각할 것이다. 그러나 다시 말하지만 나는 월스의 연옥 견해가 개신교의 속죄 신학과 대립하거나 종교개혁자들에게 거부당한 연옥의 낙인을 간직한 것이 아니라는 사실을 강조하고 싶다. 월스의 기고문은 그 안에 담겨 있는 신학적 장점에 비추어 평가되어야 한다.

패리의 기고문은 복음주의자의 심기를 불편하게 할 수 있으나 그의 논문이 성경적 주석의 인도를 따른다는 사실은 누구도 부인할 수 없다. 복음주의자를 자처하는 자라면 누구나 패리가 말씀의 권위에, 특정 본문의 엄밀한 주석에, 그리고 성경 신학을 진지하게 적용하는 것에 얼마나 헌신적인지 인정할―또는 인정해야 할―것이다. 나는 패리의 견해에 동조하지 않는다는 의사를 표명했다. 하지만 그렇다고 해서 내가 성경에 몰두하고 성경의 참 저자(하나님)를 사랑하는 패리의 모습을 크게 칭송한다는 사실이 변하는 것은 아니다.

나는 버크와 스택하우스의 전통적 견해에 많은 논란이 뒤따를 것으로 예상한다. 버크는 소위 "전통적" 견해가 단순히 전통적인 것이 아님을 증명했다. 버크는 그 견해를 지지하는 것으로 보이는 다양한 성경 본문을 진지하게 다루는 데 목표를 두었다. 내가 보기에 그의 논증은 어떤 부분에서 다른 사람들보다 더 강력하다. 우리는 전통적 견해가 교회 역사 대대로 그토록 많은 그리스도인의 지지를 받았다는 사실에 놀라서는 안 된다. 절멸주의는 종종 보편구원론으로 나아가는 중간 단계의 하나로 여겨진다. 그러나 내가 지적한 것처럼 절멸주의는 논리적으로 보편구원론을 배제하는 지옥에 관한 유일한 견해다. 어떤 이는 감정적 판단에 따라 절멸주의를 옹호하고 전통적 견해를 거부한다. 그들은 영원한 의식적 고통 견해를 감정적으로 견딜 수 없어 한다. 하지만 스택하우스는 절멸주의를 지지하는 성경적 증거가 충분하다는 사실을 증명했다.

다시 말해 성경을 믿는 그리스도인들은 절멸주의가 다른 견해들보다 성경적 근거를 더 많이 갖고 있는지 확인하기 위해 관련 본문들을 검토하지 않으면 안 된다. 적어도 정직한 주석가라면 누구를 막론하고 절멸주의가 믿을 만한—확실히 성경적인—복음주의적 대안이라는 사실에 동의해야 한다.

논의를 발전시켜가기 위해 더 깊이 탐구할 만한 가치가 있는 네 가지 분야를 제시하겠다. 이 네 가지 분야는 해석자가 추구해야 할 질문들을 계속 만들어낸다. 그런 질문들 가운데 일부는 학문적 논설과 논문에서 다루어져왔다. 어쨌든 이 네 가지 분야는 이 책의 기고문들을 평가할 때도 염두에 두었던 것이다.

첫째, 그리스어 "아이오니오스"는 간단히 다루어졌으나 복잡하고 다양한 그 단어의 의미는 어떤 지옥 견해를 설명하든 간에 전면에 내세워 다룰 필요가 있다.[3] 또한 "아이오니오스"가 행동의 결과가 영속적인 것을 묘사하는 데 사용된다는 주장이나 이 용어가 무엇보다 영속적인 것을 가리키지 않는다는 주장을 검증하려면 더 깊은 연구가 필요하다. 유감스럽게도 "아이오니오스"를 사용하는 본문의 번역본으로부터 해당 어구를 인용하는 사람은 그 말의 참된 의미를 전혀 포착하지 못할 것이다.

둘째, 악인의 운명을 묘사하는 데 가장 흔하게 사용되는 "멸망"을 가리키는 그리스어 단어들(아폴뤼미, 올레테로스 및 기타)에 관한 주석적 연구가 더 깊이 이루어져야 한다. 전통주의자는 "멸망하다"라는 말이 때때로

3_Ilaria Ramelli, David Konstan, *Terms for Eternity: Aionios and Aidios in Classical and Christian Texts*(Piscataway, NJ: Gorgias, 2013)를 보라.

"파괴하다"(ruin)를 의미할 수 있다고 지적함으로써 절멸주의에 반대할 것이다. 반면 절멸주의자는 "아폴뤼미"가 "죽이다"나 "처형하다"를 의미한다고 말한다. 각 진영은 자기들이 선호하는 본문을 각자 인용한다. 여기서 이 말들이 신약성경이나 관련 문헌에서 어떻게 사용되는지에 대한 더 철저한 검토가 요구된다. 예를 들어 정확히 "아폴뤼미"가 ("죽이다"를 의미하지 않고) "파괴하다"를 의미할 때는 언제이고 "처형하다"를 의미할 때는 언제인가?

셋째, 지옥 주제를 둘러싸고 여전히 두려움을 주는 수사법을 사용하는 사람들이 있는데, 이 책에서는 그런 수사법을 거의 찾아볼 수 없다는 점이 고무적이다. 만약 어떤 사람이 전통적 견해를 의심한다면, 곧 전통적 견해가 이단적이라거나 자유주의적이라거나 죄에 관대하다고 주장한다면, 그는 **성경**이 실제로 그 주제에 관해 무엇을 말하는지 아무에게도 이해시키지 못할 것이다. 두려움을 부각하려는 의도를 가진 주석은 결코 정직한 결과를 낳지 못한다. 논의가 진전되어가기를 바란다면 우리는 때때로 비정통적인 것으로 간주되는 견해의 지지자들을 악마같이 취급하는 비겁한 태도를 (단순히 파괴하는 것이 아니라) 완전히 척결해야 한다.

넷째, 관련 본문들은 유대교 및 그리스-로마의 배경에 비추어 검토되어야 한다. 신약성경은 유대교의 뿌리와 어떻게 일치하는가, 아니면 그 뿌리에서 어떻게 벗어나 있는가? 그리고 그리스-로마의 내세관은 "타르타로스"라는 신화적 용어를 사용하는 베드로후서 2:4을 비롯해 고린도후서 5:1-5과 같은 본문들에 관해 무엇을 알려주는가?

다행스럽게도 이런 중요한 주제들에 관해 좀 더 생산적인 토론을 위한 문을 연 것이 바로 이 책이다.

성경 색인

지옥 논쟁

지옥에 관한 네 가지 성경적·신학적 견해

Copyright ⓒ 새물결플러스 2019

1쇄 발행 2019년 8월 10일

지은이   데니 버크, 존 G. 스택하우스 2세,
              로빈 A. 패리, 제리 L. 월스
옮긴이   김귀탁
펴낸이   김요한
펴낸곳   새물결플러스

편 집   왕희광 정인철 박규준 노재현 한바울 정혜인
         이형일 서종원 나유영 노동래
디자인   윤민주 황진주
마케팅   박성민 이원혁
총 무   김명화 이성순
영 상   최정호 조용석 곽상원
아카데미   차상희

홈페이지   www.holywaveplus.com
이메일   hwpbooks@hwpbooks.com
출판등록   2008년 8월 21일 제2008-24호
주 소   (우) 04118 서울특별시 마포구 마포대로19길 33
전 화   02) 2652-3161
팩 스   02) 2652-3191

ISBN 979-11-6129-118-5 93230

책값은 뒤표지에 있습니다.

이 도서의 국립중앙도서관 출판예정도서목록(CIP)은 서지정보유통지원시스템 홈
페이지(seoji.nl.go.kr)와 국가자료공동목록시스템(nl.go.kr/kolisnet)에서 이용
하실 수 있습니다. CIP2019029586